주재우의 지략지계

북미 관계, 그 숙명의 역사

[주재우의 지략지계]

북미 관계,
그 숙명의 역사

초판 1쇄 인쇄 2022년 1월 21일
초판 1쇄 발행 2022년 1월 25일

지은이 주재우
펴낸이 최재훈
편 집 허웅, 박찬미
디자인 디자인파인 02-324-8207

펴낸곳 도서출판 경계
출판등록 2011년 1월 19일, 제2012-000279호
주 소 서울시 마포구 동교로 129, 형진빌딩 301-B
전 화 02-3144-1313
팩 스 02-3144-0852
이메일 gyeonggyebooks@gmail.com

값 15,000원
ISBN 979-11-972002-0-5(03340)

※ 이 도서는 한국출판문화산업진흥원의 '2021년 출판콘텐츠 창작 지원 사업'의 일환으로 국민체육진흥기금을 지원받아 제작되었습니다.

“Give peace a chance.”

\- John Lennon

저의 은사이신 량쇼우더(梁守德) 교수님께 이 책을 바칩니다.

CONTENTS

[주재우의 지략지계] 북미 관계, 그 숙명의 역사

일러두기

1. 이 책의 맞춤법과 띄어쓰기는 국립국어원의 표준국어대사전을 기준으로 하였으며, 외래어와 외국어 표기는 원음에 가깝게 표기하는 것을 원칙으로 삼았다. 단, 법령은 띄어쓰기를 하지 않는 것을 원칙으로 하였다.

2. 본문에서 정기 간행물, 신문, 방송, 잡지 등은 「」, 단행본, 논문, 보고서, 법률, 협약은 『』. 단체와 기관, 회의명은 별도로 필요한 경우에만 <>로 표시하였다.

머리말

이 책은 북한 핵 문제의 해결을 위해 미국과 북한이 벌이는 협상 과정을 소개하기 위한 목적이 아니다. 북미 양국이 북한의 비핵화를 구현하지 못한 이유를 규명하려는 것도 아니다. 따라서 합의된 사항이 왜 제대로 이행되지 않았는지, 그 누구의 잘잘못을 따지거나 잘못된 점을 지적하기 위함도 아니다. 그렇다고 해서 북한 비핵화를 위한 구체적인 방법을 제시하기 위함도 아니다. 나아가 북한 비핵화의 관건이 되는 전제가 북미 수교라면, 이것이 언제 어떻게 이뤄질 것인지를 예측하고 전망하기 위해 쓰인 것도 아니다.

이 책의 목적은 지난 30여 년 동안 진화를 거듭해 온 북한 핵 문제의 본질적 변화를 재조명하면서 북미 양국이 어떤 식으로 각자의 협상 전략을 조정해왔는지를 들여다보는 데 있다. 협상 전략이 진화했다는 것은 협상국의 전략 목표와 의도, 그리고 인식에 본질적인 변화가 있었음을 의미한다. 따라서 이 책은 북미 협상이 지속될 것이라는 가정하에 북한 비핵화의 협상 과정에서 나타날 의제의 순위 변동, 북미 양국의 입장과 전략 변화, 그리고 해법의 전략 구상을 예상함으로써 우리의 국익과 입지 확보를 위한 사전 전략 마련에 도움을 제공하고자 한다.

그러므로 책에서는 북미 양국의 협상 과정을 역사적으로 고찰함으로써 북미 수교 협상의 의제를 예상하고, 북미 두 나라가 각자 선호하는 협상 의제의 우선순위를 진단할 것이다. 더불어 이를 근거로 각각의 협상 의제 및 우선순위에 관한 양국의 입장과 이유를 분석함으로써 이들이 협상 테이블에서 구사하는 전략을 짚어낼 것이다. 물론 그 중간 단계의 분석 과정으로 각 의제에 대한 북미 양국의 속내를 엿보는 것도 잊지 않을 참이다.

이 책이 의도하는 작업이 필요한 이유는 북한의 핵 개발 노력이 '살아 있는 생물체'라는 전제에 있다. 북한의 핵 개발 노력은 시간이 지날수록 진화 혹은 발전을 거듭하고 있는 것이 사실이기 때문이다. 북한 핵 개발의 진척 속도는 상황의 변화에 따라 가속될 수도 있고 더뎌질 수도 있다. 그리고 진전의 폭 역시도 상대국의 정책과 전략 변화에 따라 발생하는 국내외적 상황의 변화에 맞춰 결정된다. 북한의 핵무기 개발 노력에 성과가 있을 때마다 북한의 핵 위협 능력도 그에 비례해 증대해왔다. 따라서 북미 양국의 협상 전략은 북한의 핵 개발 발전 단계에 따라 나타나는 결과에 상응하는 상황의 변화와 조정의 요구를 수용해야만 했다.

그럼에도 우리를 포함한 주변국들은 지금까지 북한 핵 개발의 진화 과정과 북미 양국의 전략 변화를 간과하고, 모든 분석의 초점을 북한이 협상에서 보여준 외교 행태에만 맞춰 왔다 해도 과언이 아니다. 우리 스스로가 분석의 시야와 범위를 과도하게 좁히면서 대응책도 그때그때 나타나는 상황 변화에 한시적으로 대응하는 성격의 것으로 남발해 왔다. 그 바람에 우리의 전략적 선택 또한 단순하기 짝이 없었다. '북한이 다음에는 이렇게 나오겠지' 한 다음 '미국의 반응은 이럴 거야'라는 식의 접근 방법으로 인해 졸속한 대응책이 이어져 온 것이다.

이렇듯 지금까지 북미의 협상 전략에 대한 우리의 대응은 판세를 제대로 읽지 못하고 몇 수 앞도 내다보지 못한 채 눈앞의 결과에만 집착하고 만족해 왔다. 우리가 처한 상황을 제대로 파악하지 못하고, 장기적으로 사고하지 못하는 우를 되풀이했다. 숲을 보지 못하고 나무에만 집중하는, 물고기를 잡으려고 연못의 물을 말리는, 눈앞의 결과가 우리에게 독배가 되는 줄 모르고 행한 이 모든 처사가 북한과 미국 사이에서 우리가 원하는 지분과 역할을 획득할 기회와 능력을 모두 저해했다.

북미 협상을 대하는 우리의 태도는 흡사 '용한 점쟁이'가 되려는 것과 같았고, 그때그때 닥치는 상황을 모면하는 데 급급했다. 상황 변화의 동인과 그 발전적 의미는 무시하면서 말이다. 장님이 코끼리 만지듯 감으로만, 정황상의 근거로만 대응책을 마련하려는 데 집중했다. 그러다 보니 우리의 지분을 챙기기란 너무나 어려운 일이었다. 그나마 지분 챙기기에 성공한 경우는 그야말로 미국이나 북한에 '떼를 써서' 얻어낸 결과에 불과했다. 북한이 통미봉남通美封南[1] 전략을 내세우면 한미 동맹의 의미를 역설한다든지, 북미 양자 간의 긴밀한 회동에 노골적으로 반대하면서 겨우 우리의 지분을 확보할 수 있었던 것이다. 혹은 미국에게 우리의 몫을 강력히 요구하면서 그들을 당혹하게 만들어 미국이 '울며 겨자 먹기'식으로 이를 수용할 수밖에 만드는 경우도 있었다.

그러나 이제는 그런 수법이 통하지 않는다. 북한 핵 문제에 본질적인 변화가 일어났기 때문이다. 실제로 북한의 핵 위협은 이제 미국에게 실질적인 위기와 현실이 되었다. 북한이 미국을 핵으로 직접 위협할 수 있는 수단과 방법이 다양해진 것이다. 그들은 대륙 간 탄도 미사일ICBM과 잠수함 발사 탄도 미사일SLBM로 미국 본토를 직접 강타할 수 있는 능력을 갖추는 데 성공했다. 그리고 중장거리 핵미사일 개발로 아시아의 미군 기지 모두가 북한의 사정권에 들어왔다. 북한의 핵 위협은 이제 주한

---

1) '통미봉남' 전략은 한반도의 핵심 현안들을 해결하는 데 있어서 남한을 배제하고 미국과 직접 담판을 짓겠다는 북한의 외교 전략이다.

미군의 생명을 위협하는 수준을 완전히 넘어선 것이다. 이 모두는 북한의 핵 개발 능력이 진화한 결과이다.

따라서 비핵화를 전제로 양국이 내거는 요구 조건에도 본질적인 변화가 있을 수밖에 없다. 그것은 더 이상 과거와 같이 북한 핵 개발 프로그램의 동결이나 검증 또는 핵무기 개발 기술의 이전과 확산 중단 같은 성질의 것이 아니다. 그렇다고 핵 동결에 상응하는 경제 원조를 주느냐 마느냐의 문제도 아니다. 이런 요구 조건이 통했던 1차 북핵 위기부터 첫 번째 핵 실험까지는 북한이 여전히 핵무기를 개발하는 중이던 시기였다. 따라서 미국이 요구하는 동결이나 사찰을 수용하는 데 있어 북한에게 사활적인 전제 조건은 그에 상응하는 경제 지원을 확보하는 것이었다.

그러나 북한의 핵 문제는 첫 번째 핵 실험 이후 본질적인 변화를 겪게 된다. 미국이 싫든 좋든 이제는 북한의 핵무기 보유 가능성을 협상의 대전제로 삼아야만 하게 된 것이다. 따라서 북미 양국이 각각 관철시키려는 협상 의제의 순위에도 변동이 생길 수밖에 없고, 이들의 협상 전략에도 근본적인 변화가 야기될 수밖에 없다. 실제로 북한이 여섯 차례의 핵 실험과 무수한 미사일 발사 시험을 진행하는 과정에서 북미 협상의 테이블에는 새로운 우선순위와 의제가 등장하게 되었다.

구체적으로는 과거의 북미 협상에서 우선순위 의제였던 핵 기술의 이전과 확산, 검증의 문제가 여전히 유효한 가운데 미국도 이제는 북핵 위협에 맞선 자국의 안전 보장을 새로운 의제로 상정할 수밖에 없게 되었다. 다시 말해 북한의 핵 억지력이 강화되면서 역으로 이 억지력의 공격성을 미국이 의식하지 않을 수 없게 됐다는 것이다. 오늘날 안전 보장의 문제는 북한에게 있어서뿐만 아니라 미국에게도 반드시 관철되어야만 하는 협상 의제로 새로이 부상했다.

협상 전략 역시 마찬가지다. 북한이 실질적으로 핵무기를 보유하고, 실제로 미국의 아시아 군사 기지는 물론 본토까지 타격할 수 있는 수송체를 구비하면서 북미 양국의 협상 전략에도 근본적인 변화가 일어났다. 지난 30여 년 동안 미국은 북한이 미국 본토에 직접적인 위협을 가할 수 있는 정도로 성장할 가능성을 감히 상상도 못했다. 그러나 그런 꿈도 못 꿀 일이 현실이 되었다. 미국은 이제 어떠한 대가를 감수하고서라도 북한의 핵 위협을 억제하고 줄여야 한다.

게다가 북한의 비핵화를 위한 협상은 이제 북미 양국만이 그 실마리를 찾아야만 하는 상황으로 변질되었다. 4자 혹은 6자 회담 같은 다자간 협상이나 제3국에 중재를 위탁해서 해결할 수 있는 성격이 아닌 것이다. 주변국들은 오로지 북한과 미국 양자 사이의 협상 추이와 결과를 지켜만 볼 뿐이다.

정리하자면, 북한의 핵 개발 능력은 살아있는 생명체다. 갈수록 진화를 거듭한다. 그리고 그러한 진화에 상응해 북한의 협상 행태에도 변화가 뒤따른다. 더불어 미국의 협상 전략에도 변화가 있을 수밖에 없다. 이런 진화와 변화 과정을 이해하기 위해 사회 과학이라는 학문이 동원된다. 사회 과학은 사회적 행동을 분석하는 학문이다. 그 행동 또한 살아있는 생명체다. 상황의 변화에 따라 행동은 바뀔 수밖에 없다. 상황이 바뀌면 인식도 바뀌고, 인식이 바뀌면 목적도 바뀐다. 목적이 바뀌면 전략도, 방향도 바뀐다. 그러면 행동도 자연스럽게 바뀔 수밖에 없는 것이다. 그리고 이 모든 변화를 정당화하고 합리화하기 위한 명분과 이유도 다 바뀌기 마련이다. 문제의 본질이 변색되는 것이다.

그러나 지금까지 어떠한 사회 과학 이론도 북미 양국의 행위 변화를 정확히 진단하지 못했다. 이론은 특정 행위나 현상을 장기간 관찰한 후, 그 결과를 일반화하여 변수와 논리를 적용해 특정 행위나 현상의 발생 원인과 결과를 예측할 수 있는 도구다. 이러한 이론의 가장 큰 맹점은 모든 변수, 즉 모든 상황의 변화를 다 수용하지는 못한다는 데 있다. 입체적이거나 다층적이지 못한, 매우 단편적이고 일차원적인 해석의 한계를 때로 극복하지 못한다는 의미다. 일례로 합리적 선택 이론의 관점에서 보면 북한이 경제적으로 넉넉지 않은 상황에서도 무리하게 핵 개발을 추진하는 이유를 설명하기 어렵다. 해당 이론에서는 핵을 포기하고 미국과의 적대 관계를 청산함으로써 개혁 개방의 길로 들어서는 게 북한의 입장에서는 최선이라 말한다. 그럼에도 북한은 비대칭적인 역학 구조 속에서 현실주의자가 주장하는 국가의 근본 목표인 '생존'을 위해 최고의 군사 억지력을 갖춘 핵무기 개발을 최선책으로 여긴다. 하지만 북한은 스스로 마련한 군사 억지력과 향상된 방위력에 만족하는 동시에 나날이 엄중해지는 반대급부를 극복할 여력이 없는 국내외 환경 속에서 자신의 생존을 보장하기 어려워지는 모순에 자연스레 빠져든다. 그래서 그들은 비핵화 협상을 통해 타결된 일련의 협약(제도)으로 생존을 담보하며 생존의 환경을 개선하려 한다. 그러나 우리는 북미 양국 간의 오래된 불신으로 그 협약이 제대로 이행되지 않는 모습을 내내 지켜봐 왔다. 이러한 현실은 제도의 구속력과 억지력의 효과를 신봉하는 (신)자유주의 이론에 치명타를 안긴다.

지금까지 국내외에서 북한의 핵무기 개발의 동인과 발전의 추동 요인, 비핵화 협상 과정이 진전을 이루지 못하는 이유를 역사적으로나 과학적으로 또는 역학 구조에서 분석해 소개한 연구 결과물들은 많았다. 그러나 다양한 시각과 각도에서 각양각색의 기법으로 북핵 문제 해결의 실마리를 찾기 위한 분석들이 지난 30여 년 동안 어떠한 단초도 발견하지 못하고 있는 것 또한 현실이다. 그 사이 우리는 1993년의 1차 북한 핵 위기와 21세기 초의 2차 북한 핵 위기를 겪었다. 2006년에는 급기야 북한의 첫 핵 실험을 수수방관할 수밖에 없었고, 2013년에는 북한이 자신의 헌법에 '핵보유국'임을 공포하는 모습을 넋 놓고 지켜볼 수밖에 없었다.

이 책은 북미 양국이 경제 제재부터 비핵화, 수교와 평화 협정 체결 문제에 이르기까지 어떠한 의제를 중시하며 무엇을 우선적으로 해결하고 싶어 하는지, 또 그를 위해 어떠한 전략적 사고로 협상에 임하는지 등을 분석한다. 이를 근거로 우리의 입지와 영향력 확보라는 차원에서 북미 양국의 협상 행보를 미리 읽어내는 동시에 우리의 대응 전략 마련에 대한 고민을 담아냈다. 다시 말하지만 지금까지 우리 정부는 북미 협상에 있어 임시방편에 지나지 않는 일시적이고도 즉흥적인 대응에서 벗어나지 못하는 모습을 보여 왔다. 이 책은 정부가 그러한 관행에서 탈피할 수 있는 기반을 제공하고 싶은 마음에서 출발한 결과물로, 필자는 앞으로 소개할 해석과 고민들이 북미 협상 과정에서 우리의 이익을 정당하고, 논리적이고, 설득력 있게 요구할 수 있는 외교력의 밑바탕이 되리라 믿는다.

물론 나의 이런 염원을 담아낸 학문적 시도가 무모해 보일 수도 있다. 보는 관점에 따라 북한과 미국이 각자 중시하는 의제에 대해서는 얼마든지 이견이 있을 수 있기 때문이다. 그럼에도 나의 이런 생각과 아이디어를 글로 풀어내는 데 아낌없는 지지와 지원을 해준 이들에게 감사를 표한다. 특히 최재훈 도서출판 경계 대표에게 감사의 말씀을 올린다. 졸고의 교정과 교열, 편집을 직접 맡아 해주신 데 대해 무한한 감사를 표한다. 지난 2권의 책과 마찬가지로 나의 투박하고 거친 문체를 순화시켜주면서 가독성을 좋게 해준 박찬미 제자에게도 감사한 마음을 전한다. 이 밖에 항상 응원해 주는 가족들에게도 심심한 감사의 마음을 전한다.

마지막으로, 이 책을 내가 박사 과정을 밟을 당시에 지도 교수님이셨던 량쇼우더梁守德 교수님께 봉헌한다. 그의 가르침에 어떻게 보답해 드려야 하는지 늘 고민이었다. 이런 소책자로는 부족하다는 걸 잘 알지만, 그러나 이 책을 바쳐서라도 량 교수님께 진심 어린 감사의 마음을 전하고 싶다. 한국어로 쓰인 이 책을 비록 읽으실 수는 없겠지만 말이다. 그분은 23살의 '고삐 풀린 망아지' 같았던 나의 고삐를 부드럽게 잡아주시면서 학문의 길로 인도해 준 분이셨다. 6년이 넘는 세월 동안 매 주말 저녁이면 어김없이 교수님 댁에서 한 끼의 식사를 함께해 주신 분이기도 하다. 중국 국제정치학계의 대부代父이신 그분의 가르침은 간단했다. 중국 문헌 속에서 사용되는 한문 단어 한 자字의 변화를 감지하라는 것이었다. 거기서 중국의 변화가 시작된다는 말씀이었다. 어차피 외국에서 문헌 분석에 의존하며 살아가야 하는 나에게는 말 그대로 꿀팁이었고, 지금까지 그 말씀을 유념하며 유용하게 활용하고 있다.

2022년 1월, 주재우
(KHU-20140104)

1장

북한 핵 개발 이전의 북미 대화 발자취

- 북한의 오랜 북미 대화 러브 콜
- 북미 관계에 불어온 훈풍
- 역사적인 첫 고위급 회담의 성사와 중단

1장 | 북한 핵 개발 이전의 북미 대화 발자취

북한은 한국 전쟁 이후부터 미국과의 대화를 일관되게 원해 왔다. 이유는 단 한 가지였다. 대화를 통해 미국으로부터 정권의 안전을 보장받을 수 있는 기회를 포착하기 위해서이다. 이는 북한 정권의 최대 과제이기도 하다. 아니, 역사적으로 모든 공산 국가의 염원이었다. 국가를 불문하고 그들 모두에게 최대의 위협은 미국이었다. 과거 소련이 그러한 인식에서 세력 확장을 꾀했고, 군비 경쟁으로 미국에 맞섰다. 같은 맥락으로 냉전 시기 중국 외교의 핵심 역시도 반미反美였다. 지금도 중국 공산당은 미국의 견제로부터 정권의 안보를 수호하는 것을 국가 안보의 '핵심 이익'으로 정의한다.

거기에는 북한도 예외는 아니다. 그들은 미국과의 비대칭적 전력 구도에서 정권의 세습을 견지하고, 독자적으로 생존을 방어해야 한다. 미국의 위협을 완전히 제거할 수 없다면 최소화라도 해야 한다. 그 결과 북한의 모든 정책과 전략은 미국에 초점이 맞춰져 있다. 북한의 국방과 외교는 반미反美의 틀에서 벗어날 수 없다. 다만 그들은 군사적으로는 미국의 위협에 대응할 방어 능력과 억지력을 추구하는 반면, 외교적으로는 미국과 모종의 타협을 통해 정권의 안보를 견지하려 한다.

북한에게 있어 '안전 보장'의 의미가 국가가 아닌 정권에 무게를 두는 이유는, 그들이 '당-국가party-state'를 주축으로 한 공산 국가이기 때문이다. 그들의 체제에서 당의 집권과 지도 체제, 즉 영도력의 안전은 국가 혹은 국민보다 우위를 점하며, 따라서 북한이 말하는 안전 보장은 북한 노동당의 존속과 김씨氏 일가의 안위와 정권의 세습 보장을 의미한다.

북한의 전략은 '미국으로부터의 안전 보장'이라는 명료한 목적 아래 크게 두 가지로 압축된다. 하나는 군사력의 강화, 다시 말해 핵을 개발해서 미국의 군사 위협에 대항할 수 있는 억지력과 방어 능력을 강화하는 것이다. 반면 또 다른 경로인 외교는 미국과의 반목을 줄이는 동시에 매우 포괄적인 개념으로서의 안전 보장을 추구한다. 우선 한국 전쟁 말미에 체결한 정전 협정을 평화 협정으로 전환하여 전쟁을 종식하고, 미국과의 관계 정상화를 모색하는 것이 그 시작이다. 여기서 미국과의 관계 정상화, 곧 수교는 양국 간의 적대 관계를 청산하는 법적 근거로서 한반도 평화 체제 구축의 토대가 된다.

물론 한반도 통일이라는 지름길도 있다. 다만 북한은 한반도가 공산 정권하에서 통일되길 염원한다. 1950년에 발발한 한국 전쟁은 그러한 목적을 위해서라면 무력도 마다하지 않겠다는 그들의 강한 야욕을 여실히 드러내 주었다. 이 같은 무력 통일을 향한 집착이 비로소 끊어진 것은 1975년에 접어들어서였다.[1] 당시 북한의 김일성 주석은 중국에게 무력 통일에 필요한 지원과 지지를 마지막으로 요청했다. 그러나 북한이 더 이상 무력을 앞세워 한반도를 뒤흔들 여력이 없음을 확신했던 중국이 이를 일언지하에 거절하면서, 북한은 이제 자신들의 구상을 실현하는 데 필수적인 '동맹'의 군사적 지원을 영원히 기대할 수 없게 되었다. 당시

1) 하지만 북한은 2021년 1월에 열린 조선 노동당 8차 당 대회에서 당 규약을 수정함으로써 다시금 무력 통일의 야욕을 드러냈다.

중국의 거절은 북한과 중국이 그때껏 쌓아 올린 신뢰를 단번에 무너뜨리는 동시에 김일성에게 커다란 수치와 치욕을 안겨 주었고, 아마도 그것이 그로 하여금 핵 개발에 박차를 가하게 만든 동력이 되었을 것이다. 그 직후인 1980년을 기점으로 과거에 중단되었던 북한의 핵 개발 프로그램이 되살아났기 때문이다.

한편 1983년 중국의 최고 지도자였던 덩샤오핑鄧小平은 중국을 방문한 캐스퍼 와인버거Casper Weinberger 미 국방 장관에게 북한이 재래식 무기로는 한국을 이길 수 없다고 평가한 바 있다. 특히 주한 미군과 한미 동맹이 존재하는 상황에서 무력 통일은 불가능했다. 북한이 미국과의 외교 협상으로 안전을 도모한다는 새로운 전략을 꺼내 든 원인도 바로 여기에 있다. 실제로 국제 정세가 데탕트로 전환할 때마다 북한은 그에 편승해 미국과 대화의 물꼬를 트고자 했다. 냉전 시기 세계는 두 차례의 데탕트를 경험했는데, 1970년대 초와 1980년대 초가 각각 그런 시기였다. 이렇게 세계의 긴장이 해빙의 기류를 맞이할 때마다 북한은 미국의 문을 두드렸다. 그리고 그 목적은 한결같았다. 대화를 통한 양국의 관계 개선과 내부의 안전 보장이라는 두 마리 토끼를 잡고 싶었던 것이다. 반면 냉전 시기 그에 대한 미국의 반응은 거의 무반응에 가까웠다. 워싱턴은 1980년대 중반에 북한의 핵 개발에 직면해서야 비로소 조금씩 변화의 조짐을 보이기 시작했고, 냉전이 종식되고 북한 핵 문제가 당면한 관심사로 좀 더 부각된 이후에야 북한과의 대화에 적극적으로 임하기 시작했다.

이처럼 20세기 후반의 북미 관계는 북한이 계속해서 보내는 구애에도 미국은 시종 냉담한 반응으로 일관하다가, 핵이라는 변수가 등장하고 나서야 그들에게 주목하는 장면을 연출했다. 그 뒤로 미국과 북한은 30년 이상의 시간을 가지고 대화와 협상의 끈을 이어갔으며, 그 결과 2018년과 2019년 두 차례에 걸쳐 양국 정상이 서로 손을 맞잡는 모습으로 세계의 이목을 집중시켰다. 하지만 그럼에도 오늘날 북한 핵 문제는 여전히 안갯속을 걷고 있다. 이 대목에서 우리는 그들이 과연 진정으로 문제를 해결할 의지가 있었는가를 의심하지 않을 수 없다. 따라서 북한이 매 순간 대화를 제의해온 배경이 무엇이었는지, 그리고 그에 대한 미국의 반응이 어떠했는지를 역사적으로 고찰함으로써 지금의 꽉 막힌 상황에 대한 최소한의 답이라도 구해 볼 필요가 있다. 그런 맥락에서 본 장章에서는 북미가 대화와 협상에 나섰던 동인動因과 그를 추동하는 동력動力을 제대로 파악해 저들의 전략 사고와 사상에 대한 해답, 더 나아가 지지부진한 북핵 문제를 이해할 실마리를 찾고자 한다.

북한의 오랜 북미 대화 러브 콜

1950년대 이래로 북한은 줄곧 미국과의 대화를 추진해 왔다. 정상급이든 고위급이든 실무 차원이든 북한이 보낸 줄기찬 구애의 목적은 단 한 가지, 미국이라는 최대 위협 요소를 제거하여 한반도 통일을 이룩하는 것이었다.

한국 전쟁을 중단케 한 정전 협정은 주한 미군의 주둔과 한미 동맹의 존재를 정당화한다. 해당 협정은 한반도에서 발발할 수 있는 일촉즉발의 상황을 기술적으로 합법화하며, 미국이 북한에 대해 적대 정책을 유지할 수 있는 당위성마저 제공한다. 따라서 무력 통일을 꿈꾸는 북한의 관점에서 볼 때 미국과 관련된 요소들은 분단을 고착화하는 결정적 요인인 동시에 북한 안보에 있어 치명타이다. 현재 북한의 재래식 군사력은 한미 동맹에 조금도 대적할 수 없는 수준이다.

'동맹' 관계로서 북한과 중국, 러시아를 묶어 봐도 지금의 상황에 변화를 몰고 오기란 불가능에 가깝다. 사실 그들의 관계는 일반적인 개념으로서의 동맹 관계로 볼 수 없다. 동맹의 네 가지 전통적인 특징이 거의 부재하기 때문이다. 우선 북한 방어에 대한 중국과 러시아의 의지는 한미 동맹의 그것만큼 확실하지 않다. 이들 '동맹국'은 북한이 외부의 침략을 받을 때만 북한 방어에 나설 것을 규정했다. 하지만 중국이 이를 1990년대에 공식화한 반면 러시아는 2000년에 새로이 조약을 체결할 당시 북한 방어에 대한 책임 조항을 아예 삭제해 버렸다. 둘째, 두 나라는 북한에 군대를 주둔시키지 않았다. 1956년 중국이 한국 전쟁으로 잔류 중이던 군대를 모두 철수시킨 이래 북한 국내에 동맹군은 전무하다. 셋째, 북한은 한 번도 이들 '동맹국'과 정례화된 연합 군사 훈련을 해본 적이 없다. 넷째, 90년대 초 이후로 이들 '동맹국'은 무기 관련된 부품 거래와 원조 차원에서의 무기 제공은 간헐적으로 해왔지만, 무기 체계 수준의 무기를 '공식적'으로 판매한 기록은 존재하지 않는다.

반면 남한은 지속적인 국력 증강으로 1970년대 말부터 모든 면에서 북한을 압도하기 시작했다. 1983년에 덩샤오핑이 인정했듯이 남한의 재래식 군사력은 북한을 월등히 앞질렀고, 한미 동맹 역시 부단히 강화되었다. 비록 과거에 비해 규모는 축소되었으나, 주한 미군의 병력과 화력은 미국의 동아시아 전략에 따라 이제는 중국 견제의 일환으로서 꾸준히 증강되고 있다. 그러므로 결국 북한은 한미 동맹이 곁들어진 비대칭 구조 속에서 연명에 급급할 수밖에 없다. 북한의 안보는 더 이상 재래식 군사력만으론 부족한 상황에 직면했고, 비빌 언덕이 없는 북한으로선 핵무기 개발과 미국과의 관계 개선이 유일한 차선책이 되어 버렸다.

북한이 본격적으로 미국에 대화를 요청하기 시작한 건 1970년대부터였다. 그들의 목적은 명확했다. 주한 미군의 철수, 북미 관계의 정상화, 경제 발전을 위한 환경 조성의 토대로서의 평화 협정 체결, 이 세 가지 의제가 끊임없이 북한과 미국 사이를 오갔다. 주한 미군의 철수 문제는 1956년에 중국군이 북한에서 철수한 이후부터 적극 개진되었는데, 북한은 중국과 소련 등의 사회주의 진영 국가나 제3세계 국가의 입을 빌려 유엔이 문제 해결에 나서줄 것을 적극 주장했다. 실제 중국을 비롯한 해당 국가들은 한 해만 빼고 줄곧 유엔에서 북한의 입장을 대변한 바 있다. 하지만 1973년에 남북한이 유엔에서 옵서버 국가observer nation의 지위를 부여받으면서 북한은 이제 독자적으로 문제를 해결하려는 노력을 배가시키기 시작했다.

하지만 사실 미국을 향한 북한의 러브 콜의 역사는 1970년대 이전인 1969년으로 거슬러 올라간다. 당시 북한은 여러 경로를 통해 미국과의 관계 개선 의지를 드러냈는데, 북한 당국이 미 의회와 의원들에게 직접 서한을 보내거나, 때로 외신 등의 언론 매체를 통해 김일성 주석이나 고위급 인사들이 직접 나서는 방식의 공개적이고 적극적인 구애가 끊이지 않고 미국에 전달되었다.

북한이 미국에 적극적으로 접근하게 된 배경에는 국제 정세의 긴장 완화, 즉 데탕트가 있었다. 1969년 미국의 리처드 닉슨Richard Nixon 대통령은 괌에서 일명 '닉슨 독트린Nixon Doctrine'이라 불리는 『괌 독트린』을 발표했다. 아시아의 문제를 아시아인들 스스로가 해결할 것을 촉구하면서 아시아에 주둔한 미군의 감축 계획을 주요 골자로 한 해당 선언은, 이후 닉슨이 아시아의 평화와 안정, 그리고 베트남 전쟁의 종결을 위해 중국, 소련과의 관계 개선을 추진하게 되는 신호탄이 되었다. 그 결과 그는 1972년에 중국, 이듬해에는 소련을 잇달아 방문한 첫 미국 대통령으로 역사에 남았다.

바로 그 무렵인 1969년 11월 25일, 북한은 미 일간지 「뉴욕 타임스」에 김일성의 영문 자서전 광고를 게재해 자신들의 존재감을 여지없이 드러냈다. 그게 가능했던 배경엔 두 가지 요인이 있었는데, 그중 하나가 1966년에 미국에서 탄생한 혁명 정치 조직인 <블랙 팬서당Black Panther Party, 흑표당>의 존재였다. 이들은 반제·반식민주의와 세계 공산 혁명에 대한 미국 내 일부 급진주의자들의 관심이 폭증하던 당시의 시류를 타고 등장했으며, 당의 지도 인사는 엘드리지 클리버Eldridge Cleaver였다. 클리버는 1969년 9월 북한의 초청을 받아 평양을 방문한 후[2] 당이 발행하는 신문에 김일성의

---

2) 클리버는 <미 제국주의 공세에 대항하는 세계 언론인의 임무를 위한 국제회의(International Conference on Tasks of Journalism of the Whole World in their Fight against U.S. Imperialist Aggression)>가 개최된 평양을 2년 연속 방문했다. 그는 북한 방문을 금지한 미국의 법망을 뚫고 1969년 9월 11일에 처음으로 평양을 방문했다. 그리고 이듬해인 1970년 7월 15일에 재차 평양에서 개최된 같은 회의에 참석했다. Benjamin R. Young, "Juche in the United States: The Black Panther Party's relations with North Korea, 1969-1971," Asia-Pacific Journal, Vol. 13, No. 13.

주체사상과 북한을 찬양하는 기사를 작성했는데, 이는 북한이 미국의 유력 일간지에 자기네 영도자의 광고를 실을 수 있는 분위기를 마련하는 역할을 했다.

다른 하나는 닉슨 미 대통령이 중국과의 관계 개선을 모색하기 시작하던 1969년 이래로 유럽에서 빈번히 개최된 미국과 중국 간의 대사급 회담이었다. 이러한 미중 간의 해빙 무드에 합류하고 싶었던 북한은 1971년에 루마니아 부통령을 통해 최초로 미국과의 접촉을 시도했다. 그리고 같은 해 8월 미국의 헨리 키신저Henry Kissinger 국가 안보 보좌관이 중국을 극비리에 방문했다는 사실을 전해 들은 김일성은 9월에 있었던 일본 「아사히신문」과의 인터뷰에서 미국과의 대화 의사를 공개했다.

뒤이어 1972년 3월 북한 외무성 대변인은 북한과 미국, 일본 사이에 관계 정상화의 시기가 도래했음을 밝히며, 미국의 학자와 기자, 의원들을 초청했다.[3] 그리고 미국 역시 이에 호응하듯 북한 학자의 미국 학회 참석을 허용했다. 1972년 5월 김일성 주석은 「뉴욕 타임스」 기자 두 사람을 접견해[4] 북미 양국 관계의 발전을 방해하는 세력은 북한이 아닌 미국임을 지적했다. 그러나 곧이어 그는 양국 관계의 발전은 전적으로 미국의 태도에 달려있으므로, 만약 미국이 대북 정책을 바꾼다면 북한의 대미 정책 역시 그에 상응하는 결과를 보일 것이라고 덧붙였다.[5]

김일성이 이들과 인터뷰를 가진 목적은 세 가지였다. 첫째, 이들을 통해 북한이라는 국가의 이미지를 제대로 알려주고자 했다. 김일성은 북한이 작은 국가이긴 하지만 산업이 발달했고, 그렇게 잘 사는 나라임에도 항상

---

3) 이 중 언론사 기자들과의 교류가 더 왕성하게 이뤄졌다. 「뉴욕 타임스」 기자들의 첫 평양 방문 이후 1972년부터 1976년까지 4년간 약 30명의 미국 언론인들이 북한을 방문했다. S Jameson, “N. Korea agrees to private U.S. contacts,” Los Angeles Times, October 22, 1976.

4) 1972년 5월 <북한 언론 협회>는 미국의 언론인들을 정식으로 초청했다. 당시 북한 방문을 허가받은 미국 기자들은 「뉴욕 타임스」의 해리슨 솔즈베리(Harrison Salisbury)와 존 M. 리(John M. Lee) 등이었다. 이들은 한국 전쟁 이후 처음으로 북한을 방문한 미국 언론인으로 역사에 기록되었다.

5) 조선중앙통신사, 『조선중앙연감』, (평양: 조선중앙통신사 1972년), 216쪽.

주한 미군의 위협 속에 살고 있다고 호소했다. 둘째, 북미 양국의 현안에 대한 자신의 정치적 입장과 목표를 대외적으로 널리 알리려 했다. 그는 주한 미군이 한반도 평화와 통일의 장애물이기 때문에 반드시 철수되어야 한다는 메시지를 강조했다. 한반도 문제의 본질이 북미 양자 회담과 긴밀히 연계되어 있음을 암묵적으로 전한 것이다. 셋째, 북미 관계 개선에 대한 강력한 의지를 피력하고자 했다. 김일성은 미국이 강대국과의 관계 개선에만 집중하는데, 약소국과의 관계도 무시해서는 안 된다고 말문을 열었다. 그는 미국 정부의 호전적^belligerent 대북 정책에 본질적 변화가 도래한다면, 북한의 반미 감정 역시 전환점을 맞을 것이라고 지적했다. 더불어 쌍방의 변화는 양국의 이해 증진, 나아가 국민 간 교류의 확대로 이어질 것이라는 논리를 이어갔다. 북미 관계 개선을 향한 그의 이러한 의사는 만찬 중에도 거듭 드러났다. 그는 "미국인 친구를 더 많이 가지고 싶소"라는 건배사로 잔을 들었다.[6)]

김일성의 그러한 발언을 들은 미국의 반응은 흥미로웠다. 1972년 6월 27일 미국의 국무 장관 윌리엄 로저스^William P. Rodgers는 사상 처음으로 북한을 '조선 민주주의 인민 공화국'이라는 공식 명칭으로 호칭했다. 이는 미국이 북한의 존재를 어느 정도 인정했다는 방증이었다.

그러나 미국의 궁극적인 대응은 북한의 예상을 빗나갔다. 사실 미국은 북한이 대화를 요청할 때마다 줄곧 남북 대화를 선제 조건으로 내세운 바 있는데, 이는 양국 간 소통의 결정적인 걸림돌이었다. 그러한 미국의 입장은 이번에도 변함이 없었고, 결국 북한은 세계적인 데탕트 분위기를 빌어 미국의 조건을 마지못해 수용했다. 1972년 5월부터 남북 고위급 회담을 개최하고, 7월 4일 판문점에서 『남북 공동 성명(이른바 '7.4 공동 성명')』을 채택해 공표한 것은 북한에게 있어 일종의 준비 과정이었다.

---

6) Harrison E. Salisbury, "North Korean leader bids U.S. leave the South as step to Peace," New York Times, May 31, 1972.

미국의 전제 조건을 충족시켰다고 확신한 북한은 1973년부터 미 의회와 직접 접촉하기 시작했다. 1973년 4월과 이듬해 3월, 북한은 최고 인민 회의 명의로 미국 의회에 서신을 보냈는데,[7] 거기엔 모두 4가지 제안, 즉 (1) 군사 충돌을 유발할 수 있는 모든 가능성의 해소, (2) 군비 확장의 중단, (3) 남한에 주둔한 모든 외국군의 철수, (4) 평화 조약 체결을 위한 평양과 워싱턴 간의 담판 진행 등이 담겼다.[8] 그리고 미국과의 대화에 대한 공식적인 지지를 요청하며, 처음으로 미 의회에 주한 미군의 철수와 정전 협정의 평화 조약으로의 대체를 촉구했다.

미국의 응답은 1974년 4월 30일 이집트에서 구두를 통한 간접적인 방식으로 북한에 전달되었다. 당시 이집트를 방문한 헨리 키신저 미 국무 장관은 안와르 사다트Anwar Sadat 이집트 대통령과의 회담 자리에서 김일성을 좋은 사람이라고 평가했는데, 그러자 사다트는 기다렸다는 듯이 김일성의 남동생인 김영주가 현재 이집트에 체류 중이며, 그에게 미국과의 연락망을 구축할 것을 요청했다고 밝혔다. 하지만 키신저는 북한의 요구는 이미 잘 알고 있으나 그들이 번지수를 잘못 찾았다며, 미국과 직접 대화하길 원한다면 의회가 아닌 관련 부서에 연락을 취해야 한다고 쓴소리를 내뱉었다. 키신저는 미국이 북한과 대화를 시작할 수는 있으나 비밀이 보장되어야 하며, 반드시 사다트를 통해야 한다고 역설했다. 그 자리에서 그는 미국과 북한 간의 비밀 회담 가능성을 배제하지 않았다.[9]

그리고 같은 해 8월 26일, 루마니아 대통령의 특사 바실리 풍간Vasile Pungan이 키신저 국무 장관을 찾았다. 그는 루마니아 대통령의 지시로 북한

7) 그중 첫 번째 서한은 미 의원들뿐만 아니라 재계 인사들에게도 전달됐다.

8) 조선중앙통신사, 『조선중앙연감』, (평양: 조선중앙통신사 1974년), 265쪽.

9) Meeting between President Sadat and Secretary Kissinger, Memorandum of Conversation: 30 April 1974, National Archives. Record Group 59. Department of State Records. Records of Henry Kissinger, 1973-1977. Box 7. Apr 1974. Nodis Memcons; Courtesy of The Digital National Security Archives, https://sadat.umd.edu/sites/sadat.umd.edu/files/Meeting%20between%20President%20Sadat%20and%20Secretary%20Kissinger%2C%20Memorandum%20of%20Conversation.pdf, (검색일 : 2016년 12월 7일).

최고 권력 기관을 대신해 미국과의 연락 채널을 구축하러 왔음을 전했다. 그런데 키신저의 반응은 불과 넉 달 만에 달라져 있었다. 그는 북미 대화의 성사 여부는 미국의 의사에 달려 있다고 대답했다. 원칙상 미국은 북한과 연락망을 구축할 필요가 있으나, 이는 매우 중대한 사항이기 때문에 충분한 검토와 논의를 거쳐야 한다는 상당히 외교적인 반응이 풍간 특사에게 되돌아왔다. 키신저가 북한과의 직접 대화에 별 흥미가 없음을 암시해 주는 대목이었다.[10)]

그러자 북한은 다시 미국 언론을 공략했다. 미국 정부의 관심을 끌겠다는 목표 아래 1975년 3월 김일성의 주체사상이 다시 한 번 미국 언론에 등장했고, 같은 해 6월 「워싱턴 포스트」지에 북한이 1973년 4월 6일 미 의회에 보낸 편지가 공개됐으며, 5월에서 6월 사이 김일성의 연설문이 언론 지면들을 채웠다. 하지만 김일성의 서한 공세는 실패로 돌아갔고, 이즈음 키신저는 중국의 저우언라이[周恩來] 총리와의 만남에서 그 원인으로 북한의 전략 실패를 꼬집었다. 그가 지적한 북한의 패착은 이집트에서 밝힌 것과 같았다. 미국 정부와의 대화를 원하면 의회가 아닌 백악관으로 편지를 보내야 한다는 것이 그의 결론이었다. 미국의 눈에 북한은 계속 첫 단추를 잘못 끼우고 있었던 것이다.

이와 같은 미국의 계속된 무반응에 북한은 끝내 언론 공세를 단념했다. 대신 1973년에 획득한 유엔 옵서버 국가의 지위를 활용하여 주한 미군의 철수와 한반도 평화 문제에 대한 자신들의 견해를 국제 사회에 적극적으로 피력하는 방향으로 선회했다. 그 무렵 남북 관계에도 변화가 일었다. 남한의 핵 개발 계획이 폭로되고 1973년에 김대중 납치 사건이 발생하자, 북한은 더 이상 남북 회담을 지속해야 할 필요성을 느끼지 못했다. 그들은 이를 계기로 자국의 안보와 한반도의 평화 통일이란 문제에 있어 미국과의 직접적인 대화와 협상만이 유효하다고 확신하게 되었다.

---

10) 夏亞峰, "革命與緩和: 中美和解進程中的中國對朝政策 (1970–1975)", 『冷戰國際史研究』, 2013年 第2期, pp. 49–50.

특히 평양은 무엇보다 주한 미군 철수 문제만큼은 미국 정부와의 직접적인 협상을 통해서만 해결할 수 있다는 확신에 사로잡혀 있었는데, 이는 당시 노동당 주임이었던 김영남의 입을 통해서도 그대로 입증되었다. 그는 더 이상은 외신과 접촉하지 않을 것이며, 한반도와 관련된 제반의 문제들이 미국 정부의 소관 아래 있는 이상 그들과의 직접적인 대화만이 유일한 해결책임을 확신한다고 선언했다.

이에 1974년 11월 미 국무부의 필립 하비브Philip Habib 아시아·태평양 차관보는 소련과 중국이 한국을 승인하면 미국 역시 북한을 승인하겠노라고 응수했다. 이른바 한반도의 '교차 승인'이었다. 이듬해인 1975년 9월에는 당시 미 국무 장관이었던 키신저가 30차 유엔 총회에서 그런 방안을 위한 기반으로서의 4자 회담의 개최를 건의했다. 정전 협정의 효력을 유지한 채 북한과 그 동맹국들이 한국과 관계를 개선하면 미국 또한 북한과의 관계를 개선할 것이라는 설명은 그의 주장에 당위성을 부여해 주었다.[11]

그런데 이번엔 북한의 반응이 예상을 빗나갔다. 1975년 북한 노동당 창당 30주년 행사에 참석한 김일성은 한반도 긴장 완화의 전제가 평화 협정의 체결과 주한 미군의 철수에 있음을 재차 강조하며, 그러한 기존 견해에 변화가 없음을 재확인했다.[12] 그리고 1976년에 터진 전대미문의 사건이 북미 간 대화의 가능성을 아예 봉쇄시켜 버렸다. 판문점에서 발생한 이른바 '도끼 만행' 사건이었다. 북한군 30여 명이 주한 미군 2명을 도끼로 살해한 이 사건은 한반도를 다시금 긴장 속으로 밀어 넣었다. 당시 미국의 제럴드 포드Gerald Ford 대통령은 주한 미군 사령관 리차드 스틸웰Richard G. Stilwell에게 북한 인민군이 공동 경비 구역JSA 내에 설치한 불법 방호벽을 제거할 것을 명령하며, 남한에 전투 준비 태세인 데프콘 3단계를 발령했다.

---

11) Young-nok Koo and Dae-sook Suh, eds., Korea and the United States: A Century of Cooperation, (Honolulu: University of Hawaii Press, 1984), pp. 173-4.

12) 조선중앙통신사, 『조선중앙연감』, (평양: 조선중앙통신사 1976년), 134쪽.

또한 미국은 일본 오키나와의 가데나嘉手納 미 공군 기지에서 F-4 전폭기 24대, 미국 본토에서 핵무기 탑재가 가능한 F-111 폭격기 20대, 괌에 주둔 중이던 B-52 폭격기 3대 등을 한반도로 급파했다. 함재기 65대를 탑재한 미 해군 7함대 소속 항공 모함 미드웨이호 역시 순양함 등 5척의 중무장한 호위함을 이끌고 한반도 인근 해역에 배치되었다. 김일성은 미군의 무력이 한반도 전역을 뒤덮고 나서야 비로소 '유감 성명'을 전했다. 북한은 이후 1년 반 동안 준전시 상태를 유지했다.

북미 관계에 불어온 훈풍

이렇게 한차례 태풍이 지나간 뒤, 북한은 과거의 전술로 회귀했다. 다시 언론에 의존하고, 미국이 제시한 다자 회담을 수용했다. 1977년 3월 17일 <국제 의원 연맹IPU>의 북한 대표단 단장을 맡은 조총련 간부 리계백이 도쿄의 한 호텔로 미국 특파원을 초청한 것이 그 방증이었다. 리계백은 북한 정부가 북미 관계를 정상화할 의사를 지니고 있으며, 지금이 바로 양국이 그를 논의할 적절한 시기임을 대변했다.

여기서 눈여겨볼 만한 사실은 북한이 내세운 대화의 조건이 무조건無條件으로 전환된 것이다. 이는 그들이 주한 미군의 철수를 의제로 삼지 않겠다는 의미였다. 대신 북미 당국자들 간에 평화 협정, 주한 미군 철수, 민간 교류 등의 문제를 놓고 논의해 보는 자리를 우선 갖자는 것이었다.[13] 1977년 7월, 김일성은 외신 기자들과의 인터뷰 자리에서 북한이 새롭게 제시한 대미 카드의 진정성을 입증해 주었다. 그는 미 당국이 원하면 북한은 언제든지 대화에 응할 것이며, 미국의 문이 열릴

---

13) Andrew. H. Malcolm, "North Korean officials in Japan looking to talks with U.S. on ties," New York Times, March 18, 1977.

때까지 계속 두드릴 것이라는 확고한 의사를 전했다.

북한이 조건 없는 대화로 선회한 가장 큰 이유는 미국의 새로운 대통령 지미 카터Jimmy Cater에게 있었다. 그 스스로가 주한 미군의 철수 계획과 공산 국가와의 수교 의사 등을 밝혔기 때문에 북한으로선 굳이 이를 강조할 필요가 없었던 것이다. 1977년 1월 카터의 취임식이 열리던 날, 김일성은 파키스탄의 줄피카르 부토Zulfikar Ali Bhutto 총리를 통해 카터의 주한 미군 철수 결정을 환영하며 북미 대화가 하루속히 개최되길 희망한다는 메시지를 전했다.

김일성 주석의 축하에 카터 미 대통령은 그해 3월 미국 국민의 북한 여행 금지를 취소하고, 과거의 적대국과의 외교 관계 수립을 긍정하는 것으로 화답했다. 당시 카터 행정부는 공산 국가들에 대한 여행 제재를 완화하고 베트남에 대표단을 파견하는 동시에 중국과의 수교 협상에 돌입했는데, 이는 북한이 미국에 대한 기대치를 높이는 배경이 되었다. 북한은 카터 정부의 새로운 동아시아 정책으로부터 어느 정도의 낙수 효과를 기대했다. 하지만 워싱턴의 대북 행보는 여행 금지 취소 처분에서 더는 나아가지 않았다. 미국엔 여전히 1976년 8월의 판문점 도끼 만행 사건의 여파가 남아 있었고, 무엇보다 워싱턴이 남한 없이는 북한과의 대화도 없다는 원칙을 고수하고 있었기 때문이다.

그러나 같은 해 6월에 열린 기자회견에서 카터 미 대통령은 미국이 모든 나라와 외교 관계를 수립하길 원하며, 그 대상은 소련이 주도한 『바르샤바 조약Warsaw Pact』[14]의 모든 회원국들을 포함한다고 밝혔다. 김일성 역시도 이즈음 외신 기자와의 접견을 통해 북한은 미국과 대화할 준비가 되어 있으며, 미국이 적대 정책을 바꾸기만 한다면 양국이 우호 관계를 구축할

---

14) 미소 간 이념 대립이 첨예하던 1955년 5월, 동유럽 8개국(소련, 폴란드, 동독, 체코슬로바키아, 헝가리, 루마니아, 불가리아, 알바니아)이 서유럽 진영의 공동 방위 기구인 북대서양 조약 기구(NATO, 1949년 3월 미국, 영국, 프랑스, 베네룩스3국, 캐나다 등 총 12개국이 결성)에 대항하기 위하여 체결한 상호 우호 및 원조에 관한 조약이다.

수 있다는 뜻을 피력했다.[15)]

한반도에서 교차 승인을 이루려는 미국의 다자 회담 제안을 줄기차게 거부했던 북한의 기존 태도에도 변화가 일었다. 과거 북한은 남북한의 교차 승인을 한반도에 분단을 고착하고 두 개의 조선을 조장하는 책동으로 여겼다. 그러나 1977년에 카터 행정부의 신임 국무 장관 시러스 밴스Cyrus Vance가 5자 회담이라는 카드를 꺼내 들었을 때,[16)] 북한은 종전과는 다른 반응을 보였다. 일본을 제외한 남북한, 미국, 중국, 소련, 이렇게 5개국이 참여한 다자 회담을 제안하고 나선 것이다.[17)]

이는 북한이 미국의 속내를 읽은 것이 결정적으로 작용한 것이었다. 사실 그 무렵 미국은 북한과의 수교는 차치하고라도 북미 관계의 개선 또한 염두에 두고 있지 않았다. 그들은 다만 한국이 참여한 가운데 열린 북미 대화를 통해 한반도 평화와 안정, 나아가 남북 화해라는 목적을 충족시키고자 하였다. 즉 당시의 미 행정부에게 북한과의 대화는 목적이 아닌 수단에 불과했던 것이다. 미국이 양자 회담이 아닌 다자 회담을 줄기차게 제안한 것도 같은 맥락이었다. 카터 미 행정부의 대북 정책은 (1) 교차 승인을 기반으로 한 남북한의 유엔 동시 가입, (2) 한국의 참여를 전제로 한 북미 관계 개선이라는 두 가지 기본 원칙을 견지했다.[18)]

결론적으로 북한의 새로운 전술은 2년 후에야 비로소 작은 열매를 맺었다. 1979년 4월 북한은 평양에서 개최된 세계 탁구 선수권 대회에 미국을 초청했다. 그리고 미국 선수단 35명과 미국 언론인 3명이 이 초대에 응해 평양 땅을 밟았다. 한국 전쟁 이후 최대 규모의 미국인 방문단이었다.

---

15) 陳峰君, 王傳劍, 『亞太大國與朝鮮半島』, (北京: 北京大學出版社, 2002), p. 78.

16) 다자 회담은 그 이전인 1975년에 이미 키신저 당시 국무 장관이 한 차례 언급한 바 있다.

17) N. Kempster, "U.S. is bound to full Peking ties, Vance says," Los Angeles Times, June 30, 1977.

18) 陳峰君, 王傳劍, 『亞太大國與朝鮮半島』, p. 78.

그 뒤 1984년 이후로 북한은 미국과의 대화는 물론 남북 관계의 개선까지 다시 모색하기 시작했다. 국내 경제 발전 전략과 정책의 변화에 따른 전환이었다. 그 무렵 중국이 개혁 개방을 표방하자, 북한 내에서는 소련에 기생할 수밖에 없는 상황을 타개하고 자주적인 발전을 이룩하자는 목소리가 커졌다. 그리고 1984년 1월, 북한의 7기 3차 최고 인민 회의는 "남남(저개발이나 개발 도상국들) 간의 협력과 대외 경제 사업을 강화하여 무역을 한층 발전시킬 데 대하여"라는 결의문을 발표하여 이를 가시화했다.

이후 대외 무역 확대, 『합영법合營法』, '8.3 인민 소비품 생산 운동 전개'와 같은 구체적인 경제 건설 개혁 방침이 진행되었고, 이에 따라 개혁의 성공을 위한 안정적인 대외 환경의 조성이 중요해졌다. 경제 전략에 맞물려 북한의 대외 전략도 전환기를 맞은 것이다. 북미 간의 직접 협상으로 북미 평화 협정을 체결하자는 과거의 견해는 이제 3자 회담으로 남북한 불가침 선언과 북미 평화 협정의 체결을 동시에 추진하자는 것으로 바뀌었다.

물론 북한에게 있어 무게의 추는 여전히 미국과의 평화 협정에 있었다. 정세 변화에 따라 때로 남북 대화와 북미 대화의 병행을 수용하긴 했지만, 그들은 기본적으로 미국과의 평화 협정 체결과 한반도 평화 체제의 구축을 우선시했다. 북한의 시각에서 남북 대화는 북미 대화의 부속물이자, 심지어 미국과의 대화를 유도하기 위한 전술 카드에 지나지 않았다.

북한의 신념은 확고했다. 그들에게 있어 한반도의 영구적인 평화 구축은 미국의 선제적 행동에서 시작되어야만 했다. 미국이 먼저 대북 적대 정책을 포기하고, 한국 전쟁의 당사자로서 체결한 정전 협정을 평화 협정으로 전환한 뒤, 주한 미군의 철수, 핵우산을 포함한 전략 핵무기의 전술적 배치 철회, 그리고 한미 동맹의 파기가 선행되어야 한다는 것이다.

북한에게 미국은 제국주의의 선봉 국가로서 타도의 대상인 동시에 국가 안보 차원에서 타협의 대상이다. 그래서 그들은 북미 접촉과 회담을 강력히 추동했다. 1985년부터 1989년까지의 신년사에서 북한이 '미제美帝'나 '미 제국주의'라는 용어를 자제한 배경에는 대내외 정책에서 급진적 변화를 추구하려는 의도가 다분히 깔려 있었다.

북한은 미국과 수교하기만 하면 적대 정책은 물론이고 모든 대북 제재가 해소될 것이라고 확신한다. 과거 미국과 중국, 미국과 베트남, 미국과 쿠바의 선례가 존재하기 때문이다. 20세기 말에 찾아온 냉전의 종결은 북한이 다시금 북미 수교를 위한 대화를 추진하는 동력으로 작용했고, 다시 도래한 데탕트 속에 북한 지도부는 북미 대화를 자연스러운 결과로 인식했다. 김일성 역시도 1992년 4월 12일에 「워싱턴 타임스」 기자들과의 간담회 자리에서 냉전의 종식으로 북미 간의 비정상적인 관계를 개선해야 한다는 문제가 부상하는 것은 자연스러운 귀결이라고 지적한 바 있다.

역사적인 첫 고위급 회담의 성사와 중단

북한이 변화를 보이자, 미국도 대북 정책과 전략을 재검토하기 시작했다. 1991년에 발표된 『국가 안보 검토 보고서NSR-28』는 북한의 대량 살상 무기Weapons of Mass Destruction, WMD 개발과 확산 방지를 북한 문제에 있어서 최대 우려 사안으로 수정했다. 또 이와 관련해 미국의 전략적 이익과 동맹국에 미칠 군사·외교·정치적 영향에 대한 검토의 필요성을 제기했다.[19] 그리고 그해 9월 미국은 주한 미군 기지에서 전략 핵무기를 철수할 것과 한국의 비핵화를 선언했다.

---

19) NSR-28 "Toward North Korea's Nuclear Weapons Program," February 6, 1991, National Security Review (NSR) [Bush Administration], https://fas.org/irp/offdocs/nsr/nsr28.pdf (검색일: 2019년 3월 28일).

미국이 핵무기를 철수하기로 발표함에 따라 1992년 1월 22일에는 역사상 처음으로 미국과 북한 간의 고위급 회담이 개최되었다. 미국 측 대표로는 아놀드 캔터Arnold Kanter 국무부 정무 차관이, 북한 측에선 김영선 정치국 후보 위원이자 노동당 국제 담당 비서가 참여했다. 뉴욕에서 열린 공식 회의는 3시간 동안 진행됐고, 캔터는 이 기회를 빌려 미국이 북한에게 위협이 되지 않는다는 사실을 확인시키려 하였다. 그는 김영선에게 한국에서 미국의 핵무기가 모두 철수되었음을 언급하며, 남북한 비핵화 선언의 이행과 주한 미군 기지의 검증을 제안했다. 소위 '소극적 안전 보장negative security assurance'으로 축약되는 당시 제안은 핵무기가 없는 북한을 상대로 미국이 핵무기를 사용하거나 사용을 위협하지 않을 것임을 함축했다.

캔터는 아시아 태평양 지역에 있는 많은 나라들의 기적적인 경제 발전 사례를 소개하며 북한에게 선택권을 주려는 구도로 대화를 개진했다. 북한으로 하여금 국제 사회에 동참하여 핵 개발 검증을 포함한 각종 우려 사안에 협력함으로써 이득을 취할 것을 권고하려는 시도였다. 물론 그렇지 않을 경우에는 기대하지 않는 반대급부를 맞게 될 것이라는 경고도 잊지 않았다. 그가 제시한 부정적 결말은 북한의 고립 심화와 경제적 도태였다. 문제는 그가 말한 '이득'에 구체적인 형상이 부재하다는 데 있었다. 당시 미 정부 당국이 구체적인 언급 자제를 당부했던 터라, 캔터는 발언 내내 북한의 의무만을 강조했다. 그는 북한 측에게 국제 원자력 기구IAEA의 사찰을 이행할 것과 한국과의 양자 검증을 할 수 있는 제도적 기반을 마련할 것을 촉구했다. 북한이 미국의 요구, 즉 핵 검증을 수용해야 비로소 혜택을 맛볼 수 있다는 메시지가 회담장을 가득 메운 가운데, 곧이어 그는 북미 수교를 위한 다음의 7가지 조건을 제시했다.

(1) 모든 탄도 미사일의 수출 중단
(2) 화학과 생물 무기 프로그램의 국제적 통제 제도 수용
(3) 한국 전쟁 때 희생된 미군 유해와 실종된 미군MIA의 귀환을 위한 제도 마련

(4) 테러 지원이나 관여 중단 선언
(5) 남북 대화의 '실질적인 진전'을 위한 노력 개진
(6) 남북 이산가족의 상봉 허용을 포함한 인권 상황의 개선
(7) 핵무기 개발을 위한 플루토늄 처리 문제의 해결

이에 김영선은 미국의 군사적 위협 중단과 한국에서의 핵무기 철수를 요구하는 것으로 응수했다. 이미 미국이 주한 미군 기지와 남한에서 전략 핵무기를 철수하겠다고 선언했음에도 불구하고, 재차 이를 지적한 것이다. 곧이어 그가 꺼낸 화제는 한반도 통일 이후 주한 미군의 존재 문제였다. 김영선은 북한이 통일 이후에도 주한 미군의 주둔을 용인할 준비가 되어 있으며, 주한 미군이 남북한 간의 전쟁 발발을 억지하는 존재로서 주둔할 경우에는 철수할 필요가 없다고 대변했다. 이러한 그의 발언은 미국의 예상을 완전히 뒤엎은 것이었다.[20]

당시의 발언이 최소한 진심이었음은 이후 김일성 주석을 통해 확인되었다. 김일성은 그해 4월 12일 「워싱턴 타임스」 기자들과 만난 자리에서 미국과 화해할 준비가 되어 있다면서 "가능한 한 빨리" 미국 대사관이 평양에 들어오기를 기대한다는 뜻을 밝혔다. 그리고 지역 안보에 최대 위협인 일본을 상대하기 위한 협력의 필요성도 제시했다.[21]

하지만 미국은 북한과 가진 첫 고위급 회담을 더는 지속하고 싶어 하지 않았다. 단순히 북한을 불신했기 때문만은 아니었다. 근본적인 문제는 북미 수교라는 과제가 미 행정부가 독단적으로 결정할 수 있는 사안이 결코 아니라는 데 있었다. 미 의회의 협력과 승인이 결정적인 상황에서 그들이 북한을 적국으로 인식하고 북한의 핵 개발 활동을 적대 행위로 인지하는 한, 행정부만의 독단적인 협상은 절대 이루어질 수 없었다.

---

20) 좀 더 자세한 내용은 뒷장에서 다룰 예정이다.

21) Leon V. Sigal, Disarming Strangers: Nuclear Diplomacy with North Korea, (Princeton, N.J.: Princeton University Press, 1998), p. 36.

고위급 회담을 더 이상 지속하고 싶어 하지 않는 미국의 의중은 회담이 종결된 후 양측 대표가 가진 비공식 자리에서 그대로 드러났다. 회담 후 약 한 시간 동안 술을 마시는 자리에서 캔터는 공동 성명이나 고위급 회담에 대한 미국의 의사를 발표하자는 김영선의 제안을 거절하기에 바빴다. 미국은 김영선의 제안이 초래할 큰 외교적 파장을 고려하지 않을 수 없었다. 그것은 자칫 미국이 북한 측과 대화를 지속해 나가겠다는 뜻으로 해석될 수 있었고, 따라서 캔터는 북한의 노골적인 속내에 손사래를 칠 수밖에 없었던 것이다.

이후 북미 회남의 목표는 수교에서 북한 핵 문제의 해결로 전환되었다. 그에 따라 북한의 대미 주요 의제는 안전 보장, 군사적 위협 해소(핵 위협과 무기 제거), 그리고 평화 협정과 북미 수교 모두를 포괄하게 되었다. 과거 북한의 줄기찬 대화 요구에 무 대응으로 일관했던 미국의 입장과 태도에도 변화가 생기기 시작했다. 북한의 핵 개발 야심이 점차 커지면서 그를 저지하기 위해서는 선택의 여지가 없게 되었다. 다시 말해 미 행정부는 미 의회의 의구심과 일부 강경파의 반대에도 불구하고 북한의 핵 개발 야욕을 해결하기 위해 부득이 대화와 협상에 임해야 하는 상황에 직면하게 된 것이다.

2장

게임 체인저가 된 북한의 핵 개발

- '북한=불량 국가'라는 미국 사회 내 인식의 뿌리
- 미온적이던 미국의 태도에 불어온 변화
- 대화의 중심이 핵 문제로 옮겨가다
- 북한, 핵 개발 카드의 효용을 깨닫다

2장 | 게임 체인저가 된 북한의 핵 개발

북한의 핵이 문제로 대두되기 전, 미국은 북한에 대해 냉담하거나 뜨뜻미지근한 반응을 유지했다. 물론 1977년에 카터 미 대통령이 취임한 직후부터 다자 대화의 틀 안에서 북한과의 대화를 검토한 적은 있었다. 그리고 판문점에서 남북미 3자 대화를 열 가능성도 시사했다. 1983년에는 중국이 남북미 3자 회담을 주선하고 나서기도 했다. 하지만 미국이 북한과의 대화를 적극적으로 고려하기 시작한 것은 1980년대 말에 이르러서의 일이었다.

미국의 태도 변화에는 미 중앙 정보국CIA의 북한 핵 개발 동향에 대한 보고서가 한몫을 담당했다. 1982년에 북한 영변 핵원자로에 대한 보고가 처음 올라왔을 때만 하더라도 미국의 정보 당국은 북한 핵의 군사적 목적을 저평가했다. 즉 북한이 말하는 핵의 '평화적 이용' 주장을 그대로 수용했던 것이다. 그들은 북한이 경제 개발에 필요한 발전량을 보충하기 위해 핵원자로 건설에 매진하는 것이라 인식했다. 그러나 CIA는 1987년부터 북한 핵 개발 활동의 저의와 목적을 의심하기 시작했고, 그들이 관련 보고서를 백악관에 제출하자 미국의 대북 자세와 입장에 적지 않은 변화가 일기 시작했다.

그간 미국이 북한의 대화 요청에 매몰찼던 이유를 한마디로 정리할 수는 없다. 우선 한국 전쟁에서 서로 총을 겨눈 적국인 북한과 완전한 종전終戰이 이뤄지지 않은 상황에서 대화한다는 것 자체가 어불성설이었다. 냉전 시기에는 민주 진영과 공산 진영이라는 피아彼我가 분명한 양극의 세계에서 미국은 섣불리 북한을 주권 국가로도 인정하지 못했다. 특히 남북한 간의 치열한 외교 경쟁에서 한국의 동맹국이 적국의 주권을 인정하기란 쉽지 않은 일이었다.

그러나 미국이 대화 제의에 냉담한 반응을 보인 더 큰 이유는 한반도 분단 이후부터 미국 내에 고착된 북한에 대한 인식에 있었다. 레온 시걸Leon Sigal은 이를 미국이 '공유하는 이미지shared image'라 명명했는데, 필자가 보기에 이는 강박 관념 혹은 선입견에 더 가깝다.

로버트 저비스Robert Jervis에 따르면, 미국이 아는 북한은 다음의 세 가지 경로를 통해 만들어진다. 하나는 전통적 인식pre-existing images of others으로, 가장 적극적인 증인은 미국과 중국의 정치 지도자들이다. 1974년을 전후하여 미국의 닉슨 대통령과 키신저 국무 장관, 중국의 저우언라이 총리는 회담에서 한민족韓民族이 "야만스럽고 호전적인" 민족이라는 데 공감한 바 있다. 다른 하나는 전반적인 인식general views of others으로, 공산 독재 국가라는 이미지의 유효성을 의미한다. 나머지 하나는 특정 경험에 근거한 인식images from specific experiences이 토착화되는 것이다. 이는 북한의 행태를 다년간 분석한 결과에 따른 것이다.

'북한=불량 국가'라는 미국 사회 내 인식의 뿌리

이와 같은 북한에 대한 미국의 인식이 오늘날에도 유효한 가장 큰 이유는 '이데올로기' 때문이다. 북한이 공산주의를 통치 사상으로 견지하는 한 북한과의 대화는 건설적인 결과를 양산해 내기가 지극히 어렵다. 인식 형성 과정에서 이데올로기가 정보의 수집 범위와 수집된 정보의 처리 과정을 제약하기 때문이다. 다시 말해 "보고 싶은 것만 보고, 듣고 싶은 것만 듣는" 양상이 연출되기 때문에 북미 양국의 대화는 일방적인 주장만 오가는 장이 되기 쉽다.

북미 양국이 대화를 시작하고 30여 년이 지난 오늘날까지 작은 타협점마저 찾지 못하는 근본적인 이유가 바로 여기에 있다. 예를 들어 서로를 겨냥한 위협에 대응하는 과정에서 두 나라는 전형적인 '안보 딜레마'에 봉착한다. 각자가 가진 이데올로기의 간격만큼이나 서로에 대한 반감과 불신이 팽배해진다. 북한은 미국을 호시탐탐 자신들을 침공하려는 제국주의 국가로 인식한다. 반대로 미국의 정계와 사회 지도층 사이에는 북한이 전형적인 공산 국가로서 기만과 무책임한 행동을 반복하기 때문에 대화의 결과 차원에서 그들에게 보상을 제공하는 것은 어불성설이라는 인식이 팽배하다. 결국 북한과 미국이 군사적 대치를 지속하는 상황에서는 설령 방어적인 조치라 할지라도 상대방은 그것을 공세적이고 위협적인 것으로 인식할 수밖에 없다.

어쨌든 북한에 대한 미국의 판단은 다음의 틀에서 벗어나지 못한다. 첫째, 북한은 '전형적인 불량 국가an archetypal rogue state'이다. 둘째, 그렇기 때문에 핵 문제의 원흉일 수밖에 없다. 셋째, 불량 국가의 핵 개발 의지를 단념시키는 일은 그들을 무법자로 악마화하거나 강압적으로 비핵화시킬 때에야 비로소 가능하다. 넷째, 평화적 핵 폐기나 비확산을 원한다면 미국은 지속적인 비용 투자를 감수해야 한다. 문제는 이러한 유화책엔 보상이 따르기 마련인데, 미국이 북한에 그러한 정치 경제적 비용을 지급할 용의가 있느냐는 것이다. 여기서 말하는 비용은 재정적인 부담뿐만 아니라 북한 비핵화 이후 북미 수교 등으로 파생된 정치·외교·안보·군사적 구조의 변화에 따라 발생하는 미국의 전략 변화의 비용까지 포괄한다. 또한 여기에는 주한 미군과 한미 동맹의 문제까지 포함된다. 만약 이런 노력이 여의치 않을 경우, 미국은 최소한 핵 폐기 대상국이 보상에 상응하는 절차를 착실히 수행하고 있다고 믿을 수 있어야 한다. 하지만 북한은 다년간의 기만행위로 이미 신뢰를 상실했다.

이러한 경험과 고정된 인식 때문에 미국은 북한의 핵 개발 야욕을 죄와 벌로써 다루려 한다. 하지만 국제 사회에 법적 구속력을 가지고 북한을 징벌할 수 있는 기구와 제도가 부재한 현 상황에서 미국이 효과적인 징벌을 기대하기는 어렵다. 북한을 옥죄기 위한 경제 제재를 취해도 뚜렷한 효과가 없다. 그들의 경제가 세계 경제 체제에 편입되어 세계 시장과 상호 의존하는 구조가 아니기 때문이다. 다시 말해 지난 70여 년 동안 고립돼 살아온 북한에게 경제 제재는 기존 상황의 연장이나 다름없다. 더욱이 제재에 비교적 소극적인 전통적 우호국들인 중국과 러시아가 그마저도 무력화시키는 데 앞장서고 있다.

과거 1970년대에 미국이 북한의 대화 요청을 수락한 건 두 차례였다. 첫 번째 대화의 장은 1973년 8월 27일 베이징 주재 미 연락 대표부에서 마련되었다. 그날 오후 5시 30분 미 연락 대표부의 부주임 앨프리드 젠킨스Alfred Jenkins는 북한의 주중 대사 이재필과 1등 서기관 신지도 일행을 접견했다. 이는 북한 대사가 요청한 결과였고, 북미 간의 첫 관방(외교관) 접촉이었다. 이재필과 신지도는 북한이 유엔 산하 기관인 세계 보건 기구WHO에 가입한 이후 뉴욕 유엔 본부에 대표단을 상주시키는 문제를 논의하고자 했다. 유엔 본부가 미국 뉴욕에 있기 때문이었다. 북한은 자국 외교관의 거주에서부터 안전, 치외 법권의 적용, 공항 세관의 검사 면제, 유엔 내부의 사무실 운영, 그리고 국기 게양과 같은 문제들에 대해 미국의 의견을 경청하고자 했다. 이에 미 연락 대표부는 최선을 다해 답해줄 것을 약속했고, 그에 덧붙여 젠킨스는 이번 대화의 성사 배경과 목적에 관한 어떠한 추측도 배제할뿐더러 대화 자체를 기밀로 붙일 것을 요구했다. 여기에는 북측도 동의했다.

당시의 대화를 기화로 관방 차원에서의 북미 대화의 전망은 한층 밝아지는 듯했다. 주중 미 연락 대표부 주임 데이비드 브루스David Bruce는 백악관에 이번 대화가 북한이 "미국을 떠보려는 시도" 같다고 보고했다. 그리고 여태껏 북한은 유엔 문제로 제3국에서 미국과의 접촉을 모색해왔지만, 그들이 베이징을 더 편리하고 안전하게 여기기 때문에 앞으로 필요할 경우 주중 미 연락 대표부와 접촉할 것으로 예측했다. 덧붙여 이번 방문을 중국 측이 사전에 인지했을 것으로 판단한다고 헨리 키신저 국가 안보 보좌관에게 전했다.[1)]

브루스의 보고를 확인한 키신저는 9월 26일 황화黃華 주유엔 중국 대사에게 북미 접촉을 알리며, 중국도 이와 상응하게 한국과 접촉할 것을 요구했다. 그러나 당시 '하나의 북한' 원칙을 고수하고 있던 중국으로선 이를 수용할 수 없었다. 이후 1980년대 말까지 베이징에서 북미 간에 관방 대화가 다시 열리는 일은 없었다. 단지 키신저의 정치 외교적 요구 때문만은 아니었다. 이제 뉴욕에도 북한의 준외교관급 관료들이 상주하기 시작했기 때문이었다.

두 번째 만남은 1976년 9월 22일 프랑스 파리에서로, 판문점 도끼 만행 사건이 발생한 직후의 일이었다. 북한은 그 만남을 빌려 판문점 사건에 대한 미국의 오해를 풀고자 했다. 그러나 미국은 한반도에서 군사 전력을 대폭 강화함으로써 사건에 대한 강경한 태도를 입증했고, 파리 대화는 이내 중단되었다. 이후 김일성은 제3국, 특히 파키스탄의 부토 총리와 유고슬라비아의 요시프 티토Josip Broz Tito 대통령 등을 통해 대화를 재개하고자 했다. 하지만 돌아온 건 역시나 미국의 무반응이었다.

---

1) Call on USLO by North Korean Charge in Peking, Bruce to Kissinger, August 28, 1973, https://www.cia.gov/library/readingroom/docs/LOC-HAK-462-8-16-3.pdf (검색일: 2016년 12월 15일).

미온적이던 미국의 태도에 불어온 변화

그렇게 북미 관계에 긴장만이 가득하던 무렵, 지미 카터 미 대통령이 취임사에서 북한과의 관계 개선 의사를 표명하며 분위기의 전환을 시도했다. 그는 미국 대통령으로서는 사상 처음으로 판문점에서 김일성, 박정희와 3자 회담을 개최할 구상도 밝혔다. 비록 당시의 구상은 실현되지 못했지만, 이후 1983년에 덩샤오핑에 의해 다시 되살아났다. 하지만 그 무렵 북한이 버마의 수도 랭군'Rangoon, 지금의 양곤'을 방문한 한국의 전두환 대통령 일행을 대상으로 폭탄 테러를 일으키면서 중국이 다시 그를 언급하는 일은 없었다.[2)]

미국과 북한 간의 관계에 있어 실질적인 변화의 조짐은 1980년대에 들어서야 비로소 나타났다. 미국이 기존의 견해와 입장을 전환하게 만든 동인은 세 가지였다. 첫째, 북한과 소련의 군사 관계가 점차 긴밀해지기 시작했다. 소련은 1986년 10월에 김일성이 자국을 방문한 뒤 후속 조치로서 미그-29 전투기 30대, SU-25 전투기, SA-5 방공 미사일, 조기 경보기, 유도형 지면 통제 선진 레이더를 제공하고, 대규모 군사 훈련도 함께 했다.[3)] 이에 화답하듯 북한은 소련의 공격형 폭격기가 북한 영공을 지나 베트남의 깜라인 만Cam Ranh Bay까지 비행하는 것을 승낙하고, 소련 해군이 남포항을 사용하는 것도 허용했다.[4)] 미국과 중국은 이를 소련이 한반도 문제에서 영향력을 확대하려는 처사로 해석했다. 결과적으로 소련이라는 요인이 미중 양국의 안보 이익의 공통분모를 확대한 셈인 것이다.

---

2) 당시의 사건이 사전에 계획된 테러였음이 밝혀지자, 김정일은 1982년 중국 방문을 끝으로 덩샤오핑 주석 생전에 다시는 중국을 방문하지 못했다. 그는 1997년 덩이 사망한 이후 2000년에 와서야 다시 베이징 땅을 밟을 수 있었다.

3) 陳宗權, "中美建交與兩國在朝鮮半島互動模式的轉化", 『當代韓國』, 2014年, 第3期, p. 56.

4) 詹德斌, 『後冷戰時代美國對朝政策的演變』 (上海: 復旦大學博士學位論文, 2005), p. 35.

둘째, 북한의 핵발전소 건설이 포착됐다. 1982년부터 미 CIA는 북한 영변 원자력 발전소의 건설 동향을 주시했다. 1985년에는 핵원자로 건설이 시작되었다는 사실도 파악했으나, 북한의 목적이 경제 발전을 위한 발전량 확충이라 판단했다.[5] 북한의 원자력 발전소 건설이 소련의 지원 아래 이뤄지고 있음을 알게 된 후에도 기존 판단에 큰 변화는 없었다. 다만 미국은 소련에게 북한의 발전소가 평화적으로 이용될 것임을 보장할 수 있는 조치가 필요하다는 뜻을 피력했다. 그러던 1987년 4월, 미 CIA는 다시 영변 원자로 건설에서 핵무기 개발과의 관련성을 탐지했다. 북한이 소련의 지원을 받아 건설 중인 원자로가 핵무기 개발용으로 전환될 수 있다는 가능성이 조심스레 점쳐진 것이다. 이에 미국은 북한의 핵발전소 건설의 진의를 의심하기 시작했다.[6] 더구나 핵 재처리 시설로 의심되는 현장이 발견되면서 한번 불붙은 의심은 더욱 고조되었다.[7] 미국 로널드 레이건Ronald Reagan 대통령의 임기 마지막 해인 1988년, 북한의 영변 핵 시설이 미 정찰 위성에 포착됐다. 정찰 위성이 발견한 것은 영변에 건설 중인 5-MWe 규모의 핵 재처리 시설이었다. 무시 못 할 증거들이 계속해서 발견되자, 워싱턴은 베이징과 모스크바가 북한에 압력을 행사해 IAEA의 사찰을 받을 수 있게 협의할 것을 종용했다. 하지만 냉전 시기의 진영 정치는 미국의 요청을 중국과 소련이 수용하는 데 장애물로 작용했다. 과거 1985년 미국은 소련을 통해 북한을 『핵 확산 방지 조약Treaty on the Non-proliferation of Nuclear Weapons, NPT』으로 끌어들이는 데 성공한 바 있으나, 정작 위협을 확신한 순간에는 냉전의 벽에 가로막혀야 했다. 결국 1988년 12월에 미국은 북한과 IAEA의 세이프가드safeguard, 즉 안전 보장 조치 협상이

---

5) CIA, East Asia Brief, December 27, 1985, https://nsarchive2.gwu.edu/NSAEBB/NSAEBB87/nk06.pdf, (검색일: 2021년 2월 25일).

6) CIA, North Korea's Nuclear Efforts, April 28, 1987, https://nsarchive2.gwu.edu/NSAEBB/NSAEBB87/nk08.pdf, (검색일: 2021년 2월 25일).

7) Joel S. Wit, Daniel B. Poneman, Robert L. Gallucci, Going Critical: The First North Korean Nuclear Crisis, (Washington, D.C.: Brookings Institution Press, 2004), p. 7.

지지부진함을 이유로 들어[8] 북한의 핵 발전소 건립 목적이 핵무장 능력의 마련에 있다고 결론 내렸다.[9]

미국의 입장 전환을 이끈 세 번째 동인은 한반도의 평화와 안전을 위함이었다. 이는 특히 1986년 서울 아시안 게임과 1988년 서울 하계 올림픽과 밀접한 관련이 있었다. 미국은 한국이 세계적인 대회를 성공적으로 개최할 수 있도록 평양과 대화를 시도해 혹시라도 모를 도발을 사전에 방지하고자 했다. 1987년 3월에 베이징을 찾은 미국 국무 장관 조지 슐츠George Shultz는 중국이 북한에 남북 대화의 성사와 더 나아가 서울 올림픽 참여를 압박해 달라고 요청했다. 그리고 그 대가로 일련의 조치를 보장했다. 여기엔 식량과 의약품의 제공, 팀 스피릿Team Spirit 군사 훈련의 일시적인 중단 혹은 지연, 북한의 국제기구 가입을 반대하지 않을 것 등이 제시됐다. 이 밖에도 미국은 자국의 외교관들이 제3국에서 동급의 북한 외교관과 접촉하여 대화하는 것을 허용한다고 밝혔다. 중국은 이러한 미국의 제안을 열렬히 환영했다. 비록 모든 문제를 즉각 해결할 수는 없지만, 현실적이고 점진적인 방식으로 한반도의 긴장 국면을 완화해야 한다는 데 미국과 중국이 공감한 것이다. 중국의 중재 아래 미국과 북한 간에 전례 없던 긴장 완화 국면이 연출되려는 순간이었다.

실제로 1987년 3월에 미 국무부는 "북한과의 긴장 완화를 위한 대화를 결심했고 양국 간 경제적 연계성 모색에도 관심을 가지고 있으므로, 평양이 이에 적극적이고 건설적으로 대응할 것을 기대한다"라고 발표했다. 비록 미 외교 당국이 북한의 선제 접촉이 있을 때에만 자국 외교관이 대응하도록 제한하긴 했지만, 이를 기점으로 미국이 중립

---

8) 당시 IAEA와의 세이프가드 협상의 부진을 모두 북한의 탓으로만 돌릴 순 없다. 무슨 연유에서인지 IAEA가 북한에 보낸 세이프가드와 관련된 문서와 자료가 잘못 보내졌고, 이를 약 2년 뒤에 미국과 IAEA가 발견한 것이다.

9) CIA, Nuclear Proliferation Survey: The Next Generation, November 1988, https://nsarchive2.gwu.edu/NSAEBB/NSAEBB87/nk12.pdf, (검색일: 2021년 2월 25일).

지역에서의 북한과의 대화를 지지하고 나섰다는 점에서 해당 발표는 무척 고무적이었다.

북한 역시 변화한 미국을 맞아 처음으로 '미 제국주의'가 아닌 '미국'이라는 명칭을 사용했다. 그리고 남북한 간의 군축 계획도 제시했다. 북미 간에 이런 적극적인 상호 작용은 전례 없는 일이었다.[10] 그러나 채 1년이 되기도 전에 북한이 찬물을 끼얹었다. 1987년 11월 29일에 대한항공KAL 858기 폭파 사건을 도발한 것이다. 이듬해 1월 20일 미국은 다시 북한을 테러 지원국으로 분류해 제재하기 시작했다. 북미 관계는 1988년 여름까지 계속 긴장 국면을 유지했다.

이러한 긴장 국면에 숨통을 틔운 것은 북한의 도발 자제와 남한의 '북방 정책'이었다. 특히 노태우 대통령의 7월 7일 '북방 정책' 선언은 한국의 우방과 동맹들에게 대북 관계의 개선을 촉구하는 것을 한 축으로 내세웠다. 덕분에 미국은 한국을 의식해 다자 대화의 틀 안에서만 북한과 만나야 한다는 부담을 떨쳐 버릴 수 있게 되었다. 즉 미국이 북한과의 단독 만남에 적극적으로 임할 수 있는 당위성이 생긴 것이다.

곧이어 대북 관계 개선을 위한 미국의 시도가 다시 시작됐다. 1988년 10월 31일 레이건 행정부는 북미 접촉의 확대를 골자로 하는 이른바 '대북 온건책Modest Initiative towards North Korea'을 발표했다. 미국이, 그것도 지극히 반공주의자로 알려진 레이건 대통령이 대북 정책을 유화적으로 이끌어 갈 수 있었던 원인과 배경에는 아이러니하게 그의 투철한 반공정신이 자리하고 있었다. 구체적으로 설명하자면, 1985년 1월에 레이건 대통령은 새해 국정 연설State of Union address을 통해 공산주의와 싸우는 모든 세력을 지지한다는 의지를 천명했다. 이는 그가 추구했던 전 세계의 자유와 민주화를 위해 싸우는 민주주의 세력, 즉 '자유의 전사freedom fighter'를

10) 『參考消息』, 1987年 8月 12日.

지지한다는 의미였다. 그리고 이내 지지의 구체적인 형상이 드러났다. 미국은 공산 정권이나 친공산 정권에 항거하는 세력에 군사·경제·정치적 지지를 아끼지 않았다. 민주화를 위한 각종 지원 역시도 마다하지 않았다.[11)]

하지만 소련과 북한의 관계는 특히 군사 분야를 중심으로 날이 갈수록 긴밀해져만 갔다. 이는 비단 미국뿐만 아니라 중국에게도 우려를 안겨주었으며, 따라서 미국은 북한과의 관계를 개선하여 소련과 북한 간의 긴밀해진 관계를 견제할 필요가 있다고 인식하기 시작했다. 북한과 소련의 관계 변화가 불러온 미중 간의 공통 안보 이익의 확대와 북한의 핵 개발, 올림픽이라는 큰 대회를 앞두고 한반도의 평화와 안전을 정착시킬 필요성이 그러한 인식의 변화를 추동했다. 결과적으로 냉전의 최대 라이벌이자 공산권의 맹주인 소련의 세력 확장을 막아야 한다는 사명감이 철저한 반공주의자인 레이건 대통령으로 하여금 북한을 포함한 여타 미수교 공산 국가들과의 실질적인 관계 개선에 나서도록 이끈 것이다.

레이건 행정부의 대북 온건책에 따라 미국 정부는 공식 문서에서는 처음으로 북한을 공식 국가 명칭인 '조선 민주주의 인민 공화국[D.P.R.K.]'으로 기재했다. 그리고 다음의 4가지 조치를 공표했는데, (1) 북한인의 비[非]관방, 비[非]정부 성격의 미국 방문 권장, (2) 미국인의 북한 여행을 저해하는 엄격한 금융 통제의 이완, 즉 비자 발급을 포함하여 비[非]정부 인사로서의 문화와 학술 관계자 간 접촉 및 교류의 공식 지지, (3) 인도주의 물자(식품, 농산물, 약품 등)의 대북 제공 허용, (4) 중립 장소에서 북한과의 대화 다시 허용[12)] 등이었다.

---

11) Fareed Zakaria, "The Reagan Strategy of Containment," Political Science Quarterly, Vol. 105, No. 3, Autumn 1990, pp. 373-395; Mark P. Lagon, "The International System and the Reagan Doctrine: Can Realism Explain Aid to 'Freedom Fighters'?" British Journal of Political Science, Vol. 22, No. 1, January 1992, pp. 39-70; Chester Pach, "The Reagan Doctrine: Principle, Pragmatism, and Policy," Presidential Studies Quarterly, Vol. 36, No. 1, March 2006, pp. 75-88.

12) Joel Wit, The United States and North Korea, Policy Briefs No. 74, (Washington, D.C.: The Brookings Institution, March 2001).

이러한 조치들을 획기적이라 평할 수 있는 이유는 미국이 한국 전쟁 이후 처음으로 북한과의 인도주의 교역을 허용하며 관련 제재 조치를 해제했다는 점이다. 이런 온건책을 발표한 후, 미국은 대북 발언에서 특히 북한의 경제 성장을 긍정적으로 평가하기 시작했다. 남북 양측이 대화 재개를 위해 공동으로 노력할 것도 공식적으로 촉구했다. 나아가 사상 처음으로 북한이 국제 경제 기구에 가입하는 데 반대하지 않겠다고 공언했다.

이에 1988년 12월 20일 북한은 스위스 제네바나 제3국에서 미국과 대화하길 기대한다고 회답했다. 이후 베이징에 북미 실무급 회담, 즉 대사관 산하 정무 참사관 간의 접촉 채널이 개설되었다. 이른바 '베이징 채널'이다. 미국은 북한이 보다 건설적으로 대화에 임하면, 향후 북미 관계에 진전을 기대할 수 있다고 밝혔다. 그리고 건설적인 대화를 기대하며 몇 가지 대화 조건을 제시했다. 미국과 북한이 수교 문제를 두고 처음으로 직접 대화를 나눈 때는 1988년 10월 31일 베이징에서였는데, 그 뒤 정부 차원에서의 대화를 지속하기 위한 5가지 전제 조건이 추가로 등장했다. (1) 반미 구호를 순화한다 (2) 테러 지원을 중단했다는 증거로서 보장 조치를 제공한다 (3) 한국 전쟁으로 실종된 약 8,000여 명의 미군을 본국으로 송환하거나, 관련 인사에게 책임을 묻는다 (4) 남한과 대화한다 (5) 핵과 관련된 모든 활동을 IAEA의 세이프가드 아래로 종속시킨다는 것이었다.[13] 이를 통한 미국의 메시지는 결국 하나였다. 미국과 진정으로 수교를 협상하길 원한다면, 북한이 먼저 움직이라는 것이다.

---

13) Deputy Assistant Secretary of State Desaix Anderson, U.S., House, Subcommittee on Asian and Pacific Affairs, Hearing on Korea: North-South Nuclear Issues, 101st Cong., 2nd Sess., July 25, 1990, (Washington: Government Printing Office, 1991), p.19.

대화의 중심이 핵 문제로 옮겨가다

중국의 협력하에 1988년 말 베이징에서 참사급 공식 회담을 가진 이래 미국과 북한 두 나라 간에는 1991년까지 총 열여덟 차례의 회담이 진행되었다. 그리고 그 가운데 일곱 차례가 레이건 행정부 시기인 1988년 12월에서 1989년 1월 사이에 이뤄졌다. 이렇게 북미 대화는 표면상 급물살을 타는 듯했다. 하지만 사실 워싱턴의 대화 의지는 겉으로 드러난 것만큼 강하지 않았다.

그 배경엔 네 가지 이유가 있었다. 첫째, 미국의 인식이 문제였다. 미국은 베이징 채널에 그다지 가치를 부여하지 않고, 그저 의사소통의 기회와 자리로만 여겼다. 주중 미국 대사관의 역할도 본국의 전문을 북한에 전달하는 데만 그쳤을 뿐, 그 외 어떠한 협상력이나 권한도 부여받지 못했다. 미 대사관이 협의할 수 있었던 사안은 대화 결과를 담은 전문의 전달 장소와 시간뿐이었다. 이를 두고 한 국무부 관료는 “베이징 채널에서 오는 모든 소식은 즉각 무시되었다”라고 당시를 회고했다.[14)]

둘째, 미국은 1989년부터 소련과 독일 문제를 논의하는 데에 온 신경을 집중하고 있었다. 이즈음 일부 동구권의 공산 정권이 민주 정권으로 전환되기 시작했고, 11월에는 베를린 장벽이 일순간 무너졌다. 그리고 이에 앞서 중국에서는 천안문 사태가 발생해 미중 관계가 악화일로로 치닫고 있었다. 미국과 서구는 대중국 경제 제재를 채택했고, 고위급 교류와 접촉이 중단되었다.

셋째, 미국은 북한의 통미봉남 전략을 상쇄하고자 했다. 그들은 그때까지 북미 관계 개선의 전제 조건으로 남북 관계의 개선을 일관되게 주장해왔다. 그런데 미국과의 대화가 빈번해짐에 따라 북한이 통미봉남

---

14) 시걸은 1996년 3월 25일 미 국무부 관료와의 인터뷰를 통해 이 같은 사실을 알아냈다고 했다. Leon V. Sigal, Disarming Strangers: Nuclear Diplomacy with North Korea, p. 25, 각주 17번 참조

전략의 효과에 대한 기대치를 높이기 시작했다. 이에 경계심을 느낀 워싱턴은 속도 조절에 나섬으로써 남북 관계의 개선 없이 북미 관계 정상화는 상상할 수 없다는 점을 북한에 상기시키고자 했다.

넷째, 형식상 핵 문제가 거론되긴 했으나, 워싱턴은 실상 그 문제를 베이징, 모스크바와 간접적으로 다루고자 했다. 북한과의 대화는 핵 개발 활동의 진위 여부를 판단하는 장으로만 여겼다. 무엇보다 미국의 국내 정치 상황이 북한 핵에 관한 어떠한 논의와 협의도 불허했다. 앞서 살펴봤듯이 미 의회를 비롯한 미국 정재계는 북한에 대해 확고한 강박 관념을 가지고 있었기 때문에 북한의 동맹국들, 다시 말해 중국과 소련에게 그 문제를 위탁하자는 분위기가 팽배했다. 따라서 결국 레이건 시기의 대북 대화는 흐지부지 종결되고 말았다.

뒤이어 1989년에 조지 H. W. 부시George H. W. Bush 대통령이 집권한 후 미국의 대북 대화는 북한의 핵 개발을 겨냥하기 시작했다. 냉전이 종결되고 북한의 핵 활동이 대외적으로 드러난 1990년부터는 핵 문제가 양국의 화제로 부상했고, 부시 대통령은 취임 첫해에 레이건 행정부의 노선을 구체화하는 데 진력했다. 일례로, 1989년 10월 개스턴 시거Gaston Sigur 국무부 아시아·태평양 차관보가 사상 처음 미 대통령의 전권 특사 자격으로 평양을 방문했다.[15] 이종옥 국가 부주석, 김영남 외교부장, 허담 전 외교부장 및 당시 조국평화통일위원회 위원장이 그와 자리를 함께했다. 비록 실질적인 성과는 미미했지만, 북한은 시거의 방문으로 한 가지 소득을 얻어냈다. 귀국길에 들린 도쿄에서 시거가 기자들에게 미국이 곧 대북 수출 금지 품목에 대한 제재를 완화할 것이라고 공표한 것이다.

그리고 1990년, 미국과 북한 간의 관계는 전환기를 맞았다. 대화의 중심은 북한 핵 문제로 완전히 전환되었고, 그 바람에 관계 개선과 수교

---

15) 王宇, 董龍範, “中美關系正常化與兩國對朝鮮半島政策的調整”, 『延邊大學學報(社會科學版)』, 2013年, 第46卷, 第3期, p. 31.

문제는 핵을 해결하기 위한 하나의 수단 혹은 해결의 최종 보상(목적)으로 밀려났다. 이제 순수한 의미에서의 관계 개선은 과거사가 되었다.

대화의 중심이 북한 핵 문제로 옮겨가게 만든 요인으로는 크게 세 가지 사건을 꼽을 수가 있겠다. 우선 1990년에 러시아의 「라디오 모스크바Radio Moscow」가 북한의 신포 핵원자로에서의 방사능 유출 가능성을 제기했다. 다음으로 1990년 6월 북한의 영변에서 상당한 규모의 폭파 소식이 전해졌다. 당시 한국과 미국은 그 사건이 북한의 핵무기 개발 활동과 밀접한 관계가 있다는 데 의견을 일치했다. 하지만 백악관은 압박이 아닌 유화적인 반응을 드러냈다. 오히려 "미국은 북한의 안보에 위협이 아님을 확신하고 있으며, 관계를 개선할 용의가 있다. 북한의 향후 행보가 이런 제안의 실행 속도와 범위를 결정할 것"이라는 논평까지 발표해[16] 위험의 징후에도 북미 수교 대화의 가능성은 건재하다는 메시지를 전했다. 마지막으로 1991년에 김일성 주석이 신년사에서 독일식 흡수 통일을 막기 위해서는 핵무기 개발이 필요하다고 역설하는 일이 벌어졌다. 그는 한국이 흡수 통일을 모략하고 있어 핵무기 개발로 이를 저지해야 한다고 당위성을 부여했다. 흡수 통일과 핵무기 개발의 인과 관계를 처음으로 성립시킨 것이다. 이는 이후 북한 핵무기 개발의 필요성과 정당성을 대외적으로 선언하는 기반이 되었다. 그리고 나아가 북한이 핵무기 개발을 노골적으로 공개하는 시발점이 되었다. 미국은 이때부터 북한의 행동을 심각하게 주시하는 한편 본격적으로 우려하기 시작했다. 워싱턴에 위기의식이 태동하는 순간이었다.

결국 부시 행정부는 북한의 핵무기 개발을 정책적으로 검토해야만 하는 과제를 떠안았다. 그 결과물로 1991년 2월 6일에 『국가 안보 검토 보고서NSR-28』이 공개되었다. 북한 핵무기 프로그램과 정책에 대한 미국의

16) Don Oberdorfer, "Bush, Roh Act to Reassure North Korea," Washington Post, June 7, 1990, p. A-29.

견해와 기조를 담아낸 해당 문건은 당시에는 기밀로 부쳐졌다.[17] 대통령, 부통령, 국방 장관, 국가 안보 보좌관, 중앙 정보국장, 합동 참모 본부(합참) 의장, 군축 및 군비 국장 정도만이 새로운 대북 기조에 접근할 수 있었다.

보고서는 향후 미국의 대북 핵 외교 전략을 세 가지 프레임으로 정리했다. 첫째, 지금까지의 제한적 교류와 여행 제한을 완화한다. 그리고 적절한 유도 방식을 유지하면서 북한이 IAEA의 세이프가드를 수용토록 견인한다. 이러한 유화책은 북한의 공세에 맞선 억지력을 완화하자는 의미가 아니었다. 미국은 북한의 비非공세 행위를 테러주의에서 탈피하고 핵과 화학무기, 그리고 상거리 미사일의 판매를 자제하는 것으로 규정했다. 그에 대한 약속의 대가는 북미 관계의 개선이었고, 미국은 문제가 해결되기도 전에 12억 달러어치의 선물을 안겨 주며 그 실현을 보증했다.[18]

다음으로는 북한과 직접 대화하는 한편 남북 대화를 촉구하고, 평양이 NPT 의무를 준수하게 만들어 위험한 농축 기술이나 재처리 기술을 습득하지 못하게 한다는 것이었다. 이에 미국이 제시한 대가는 지속적인 양국 관계 개선의 추구와 한미 연합 훈련을 축소하는 것이었다. 그와 더불어 북한의 안전을 보장하기 위해 미국의 핵사용 불가 입장과 핵무기 철수 의지를 확인해 주는 것도 포함되었다. 끝으로 세 번째 전략은 외교, 경제, 군사적 수단을 총동원해 압박을 가하는 것이었다.[19]

이 세 가지 선택지를 놓고, 당시 미 행정부 내에는 첫 번째 '온건책'과

---

17) The White House, "National Security Review-28," February 6, 1991, https://fas.org/irp/offdocs/nsr/nsr28.pdf (검색일: 2020년 2월 5일).

18) Joel S.Wit, "Clinton and North Korea: Past, Present and Future," in David Albright and Kevin O'Neill, eds., Solving the North Korean Nuclear Puzzle, (Washington: Institute for Science and International Security Press, 2000), p. 203.

19) 이는 시걸이 1991년 1월 11일과 12월 27일, 1996년 1월 11일에 가진 미 관료들과의 인터뷰 내용을 정리한 것이다. Leon V. Sigal, Disarming Strangers: Nuclear Diplomacy with North Korea, p. 27, 각주 22번 참조.

세 번째 '압박책'에 반대하는 분위기가 팽배했다. '온건책'은 전임 레이건 정부의 경험에 비춰봤을 때 부적절한 전략이며, '압박책'은 시기상조라는 것이 그들의 결론이었다. 특히 후자의 경우는 북한 주변국들과 미국의 동맹국들의 전략 이익에 타격을 줄 것이 자명했다. 더욱이 압박 전략은 주변국과 동맹국들 간의 사전 협의 및 동의를 전제하기 때문에 시기적으로도 적절하지 못하다는 계산이 나왔다.

결국 백악관은 두 번째 전략 방안, 즉 '포용책'을 선택할 수밖에 없었다. 곧이어 '포용'의 범위를 획정하는 논의가 시작되었으나, 예상과 달리 논의는 순조롭지만은 않았다. 그중에서도 로버트 게이츠Robert Gates 국가 안보 부보좌관은 눈에 쌍심지를 켜고 반대에 나섰다. 그는 북한이 분명 약속을 지키지 않을 것이며, 어떠한 포용 정책이든 북한이 상호주의로 부응하는 일은 결코 없을 것이라 호언장담했다.

그러나 백악관의 지배적인 기류는 북한의 핵무기 개발 노력을 저지하기 위해서 포용 전략의 요구 사항을 평양에 반드시 관철해야 한다는 것이었다. 그리고 이런 구상에 설득력을 부여하려면 한국에서의 미군 핵무기 철수를 전제해야 한다는 결론이 도출되었다. 이 같은 전제 없이 북한의 핵무기 개발 노력을 저지하기란 불가능하다는 확신에서 비롯된 판단이었다. 기실 이는 선례에 따른 판단이기도 했다. 이미 그 전해에 미국은 독일에서의 미군 핵무기 철수와 관련해 소련과 협상한 전력이 있었던 것이다.

1990년 부시 대통령은 독일로부터 지상에 배치된 전략핵탄두 모두를 철수할 구상을 지니고 있었다. 당시 서독에는 단거리 미사일용 핵탄두가 배치돼 동독과 체코슬로바키아를 조준하고 있었는데, 독일 통일이 임박하면서 이를 제거해야 할 압박이 커지고 있었다. 그래서 같은 해 5월 미국은 소련이 독일 통일을 묵인하는 대가로 폭격기 탑재용 핵탄두 미사일을 제외하고 유럽의 지상에서 모든 핵탄두를 철수하기로 약속했다. 소련과의 협상이 성과를 거두자, 미국은 이를 계기로 세계 전략 차원에서 핵 포대와 단거리 핵미사일 제거까지 제안했다. 그리고 독일에서의 미군 핵무기 철수 일정이 1990년 8월 2일로 결정되었다. 비록 당일에 이라크가 쿠웨이트를 침공하면서 모든 계획이 무산되었지만 미국의 핵무기 철수 의지는 유효했고, 따라서 한반도에 이를 적용할 의사 역시 확고했다.

그해 10월에 미 국무성 동아시아·태평양 차관보 리처드 솔로몬Richard Solomon은 부시 행정부가 계승한 레이건 행정부의 대북 포용 정책을 긍정적으로 평가하면서 이를 유지할 것을 주장했다. 단, 조건에는 차이가 있었다. 부시 행정부는 북한이 IAEA와 세이프가드에 협의하길 바랐다. 미국의 입장에서는 대대적인 양보를 한 셈으로, 여기에는 북한을 비확산 기구와 IAEA 등에 적극 참여시켜 포용하면 그들의 핵 개발 노력을 저지할 수 있을 거라는 안일한 논리가 작용했다.

곧이어 미국의 대북 유화 행동은 바로 실천에 옮겨졌다. 북한의 경제적 어려움을 완화하고 세이프가드에의 서명을 유도하기 위해 부시 행정부는 『적성국교역법Trading with the Enemy Act』의 제재를 일부 해제했다. 그 결과 북한에 12억 달러어치의 식량 및 의료, 인도주의 지원을 허용하는 법적 조치가 통과되었다.[20] 이는 북한의 국력이나 국내외 정치, 경제, 군사, 외교 분야에서의 어려움을 감안하여 내려진 것으로, 이때만 해도 미국이 북한의 핵무기 개발 능력을 낮게 평가했기에 가능한 판단과 결정이었다.

그러나 더 이상의 양보는 북한의 핵 개발 진척 상황이 불투명했기 때문에 불가능했다. 미국은 상황을 직접 확인할 필요가 있었던 것이다. 그래서 1991년 12월 스티븐 솔라즈Stephen Solarz 민주당 하원 의원이자 아시아·태평양위원회 의장이 평양을 방문한다. 그는 김일성과 북한 핵 문제에 대해 대화를 나눈 최초의 서방 고위 인사로 기록됐다.

솔라즈는 김일성에게 북한 핵 개발 프로그램의 진척 상황을 물었다.

---

20) Don Oberdorfer, "U.S. Steps Up Pressure on North Korea," Washington Post, March 18, 1993, p. A-33.

김일성은 "핵무기가 몇 개인지가 무슨 소용이 있소? 일만 년이 지나도 우리는 당신네만큼 많은 핵무기를 가질 수가 없소. 우리가 만약 핵무기를 생산해서 한두 개 가지게 됐다고 칩시다. 그게 무슨 의미가 있소? 우리가 그걸 발사하면 당신들은 조선인 모두를 말살시킬 것 아니오. 다 무용지물인 겁니다"라는 대답을 내놨다.[21] 이는 김일성의 비핵화 의사를 방증하는 발언이었다. 그해 신년사에서 핵무기 '필必보유론'을 꺼내든 지 일 년도 안 되어, 핵은 보유할 필요도 없고 소용도 없다는 '무용론無用論'으로 선회한 것이다. 김일성의 이러한 고백으로 부시 대통령의 남한 핵무기 철수 의지는 더욱 탄력을 받았다.

북한, 핵 개발 카드의 효용을 깨닫다

부시 대통령이 한반도에서 미군의 핵무기 철수를 계획한 것은 1990년 가을부터였다. 그러나 독일 통일과 소련의 붕괴로 진전을 보일 여유가 없었다. 이듬해 9월 5일부터 그는 참모들에게 달라진 국제 안보 환경에 걸맞은 핵 군축 실현을 위한 새로운 아이디어를 요구했다. 부시의 핵 군축의 핵심은 미국의 일방적 감축이었다. 유럽의 공중 폭격기용 핵탄두 미사일을 제외하고 모든 지상과 해상 핵미사일을 미국으로 철수하는 것이다. 항공 모함과 다른 군함에 탑재된 핵미사일도 예외는 아니었다.

그리고 1991년 9월 27일, 부시 대통령은 한국에서 핵무기의 완전한 철수를 선언했다. 이로 인해 주한 미군 기지에 배치된 미국 핵무기의 실체가 드러났다. 지상에 있던 W-33 사정포의 핵포탄 40개가 철수되었고,

---

21) 시걸은 1992년 1월 16일 솔라즈 의원과의 인터뷰에서 그가 김일성 주석과 가진 대화 내용을 직접 전해 들었다. 이 자리에는 스탠리 로스와 랄프 클로프(Ralph Clough)가 배석했다. 그는 또한 솔라즈의 Notes of meeting with Kim Il Sung, December 1991 자료에서 이런 대화 내용을 확인했다. Leon V. Sigal, Disarming Strangers: Nuclear Diplomacy with North Korea, p. 34.

공중 폭격기 탑재용 핵탄두 미사일은 극비 사항이었기에 직접 언급되지는 않았다. 이후 밝혀진 바에 따르면, 당시 군산 미 공군 기지에서 F-16 전투기에 탑재 가능한 B-61 폭격기 투하용 핵폭탄 60개가 귀국길에 올랐다고 한다. 해상에 있던 모든 미 해군 군함의 핵탄두 미사일도 역시 철수되었다. 그해 12월 18일 노태우 대통령은 한국에 단 하나의 핵무기도 존재하지 않는다고 선언했다. 이는 미국이 비핵화를 몸소 실천하고 핵사용 의지가 없음을 입증하면, 안전을 확신한 북한 또한 미국의 기대를 충족시킬 것이라는 기대에서 비롯된 행동이었다. 미국은 소련이 자신들의 세계 비핵화 노력에 동참할 것으로 예측했고, 북한도 마찬가지로 IAEA와의 세이프가드에 서명하고 이를 즉각 이행할 것이라 기대했다.[22)]

그러나 정작 북한의 반응은 미국의 기대를 충족시키지 못했다. 오히려 그들은 이를 미국의 일방적인 양보를 이끌어낼 호기이자, 핵 협상의 주도권을 장악할 계기로 해석했다. 실제로도 미국이 북한에 끌려다니는 장면이 연출되기 시작했다. 북한에서 별다른 반응을 보이지 않자, 미국이 11월 11일에 한국 정부를 통해 1992년에 열릴 팀 스피릿 군사 훈련을 취소할 수 있다는 추가적인 양보안을 발표한 것이다. 그 대신 한국의 안보 불안감을 잠재우기 위해 주한 미군 병력 6,000여 명의 감축을 연기하겠다는 절충안을 내놨다.

팀 스피릿 훈련의 취소 의사를 전해 들은 북한 당국은 11월 25일에 세이프가드 서명 의사를 발표했다. 단 그 조건으로 미국이 한국에서 핵무기를 모두 철수할 것을 요구하고, 미국에 대가를 청구하는 것도 잊지 않았다. 마지막으로 평양은 미군 기지에서의 핵 철수를 확인하는 절차로서 북미의 동시 사찰과 대북 핵 위협 제거를 위한 북미 협상을 제안했다.

이에 미국은 팀 스피릿 훈련의 최종적인 취소를 주한 미군 기지의

---

22) Don Oberdorfer, "U.S. Decides to Withdraw A-Weapons from S. Korea," Washington Post, October 19, 1991, p. A-1.

사찰을 피할 수 있는 협상 카드로 활용하려 했다. 그러나 한국의 입장은 달랐다. 훈련이 취소되는 걸 원하지 않았고, 무엇보다 한국 내엔 이미 핵무기가 존재하지 않았기 때문이다. 오히려 한국은 팀 스피릿 훈련 취소 카드를 북한에 대한 사찰에만 적용하는 레버리지로 활용하려 했다. 게다가 12월 18일에 한국 정부가 다시금 한반도에 미군의 핵무기는 더 이상 존재하지 않는다고 공표했기 때문에 공은 이미 북한으로 넘어갔다 확신하고 있었다. 결과적으로 보면 이때의 판단으로 한국만 비핵화를 선언한 셈이 되었다.

반면 북한은 세이프가드 서명을 미끼로 한미 동맹으로부터 상당한 정치적 이득을 취한 셈이 됐고, 외교적 주도권을 장악한 협상 구조도 마련할 수 있었다. 그리고 12월 13일에 체결된 『남북한 사이의 화해와 불가침 교류·협력에 관한 합의서('남북 기본 합의서')』를 통해 미미하게나마 북한은 안전 보장의 첫 단추를 끼우는 데도 성공했다. 최소한 한국의 위협으로부터는 자유로워진 것이다. 그뿐만 아니라 1992년 1월 31일에는 다시 『한반도 비핵화에 관한 공동 선언('한반도 비핵화 선언')』에 서명함으로써 한반도 이남 지역의 비핵화를 최소한 이론적이고 원칙적으로 달성할 수 있었다. 한국과 미국 정부는 선언을 통해 이를 확인해 주었고, 그중 한국 정부는 문서화까지 시켜줬다. 북한은 새해인 1992년에 접어들어서는 결국 팀 스피릿 훈련 취소라는 선물까지 받았다. 마지막으로 그들은 세이프가드 서명의 대가로 미국과의 첫 번째 고위급 회담의 기회까지 보장받았다.[23] 북한은 이렇게 모든 것이 확정되고 난 1992년 1월 30일에서야 세이프가드에 서명했다. NPT에 가입한 지 6년 만의 일이었다.

이로써 북한은 냉전의 종결과 소련의 붕괴로 불거진 자국 안전의 불확실성 문제를 최소한 한반도 차원에서 해결하는 데 성공했다. 그들은

---

23) 이 회담은 앞서 언급한 뉴욕에서의 캔터-김영선 회담이었다(1장 참고).

1991년 신년사로 핵 개발 의지를 밝혔고, 미국의 경각심을 불러일으키는데 성공했다. 또한 북미 대화의 주제를 관계 개선 및 수교에서 핵 문제로 전환했고, 미국의 대북 정책 기조와 노선의 재설정을 이끌어냈다. 더욱이 핵 개발 의지가 없음을 공표함으로써 미국의 유화책을 한층 더 심화시키는데도 성공했다.

무엇보다 북한에게 가장 큰 보상은 남북한 간에 체결된 일련의 안보 관련 합의문이었다. 『남북 기본 합의서』는 최소한이나마 남한의 불가침을 보장했고, 『한반도 비핵화 선언』 역시 비록 검증은 없었지만 한반도에서의 비국 핵무기 철수와 남한의 비핵화를 최소한이나마 담보했다.

이 과정에서 북미 대화의 초점은 자연스레 북한과의 관계 개선 및 수교에서 북한 비핵화로 넘어갔다. 그리고 새로운 의제로서 북한의 WMD 비확산 문제가 추가되었다. 이는 비단 어제오늘의 문제가 아니었다. 냉전 당시부터 북한은 WMD의 적극적인 판매자로 활약하고 있었던 것이다. 그런데 이 사안이 뒤늦게 북미 대화의 의제에 오른 이유는, 북한의 핵 개발 재원이 WMD의 판매로 충당된다는 미국의 판단 때문이었다.

실제로 핵 개발에 필요한 기술과 설비, 물질을 얻기 위해서는 막대한 자금을 필요로 한다. 하지만 북한의 경제는 70년대 중반부터 악화일로에 빠져 있었다. 특히 80년대 중반부터 소련이 북한의 '평화적 이용'을 위한 핵 개발 사업에 대한 지원을 중단하면서 북한은 어쩔 수 없이 스스로 독자적인 방안을 택할 수밖에 없었다. 더구나 서구의 제재가 유효한 상황에서 북한이 의존할 수 있는 건 오로지 WMD의 판매뿐이었다.

따라서 북한의 핵 개발과 더불어 WMD의 확산은 미국의 전략 이익에 위협 요소로 급부상할 수밖에 없었다. 미국이 1991년에 공개한 『국가 안보 검토 보고서[NSR]-28』에서도 이 문제를 강조했고, 뉴욕에서 열린 첫 북미 고위급 회담에서도 그를 입증했다. 이런 상황에서 향후 북미 관계의 개선 문제는 북한의 핵 개발 진전에 따라 때로는 비핵화의 수단(전제)으로,

때로는 비핵화의 최종 목표로 언급되는 부속물이 되어버렸다.

그 뒤로 미국은 북한이 핵 개발을 지속한다는 가정에 따라 대북 정책을 재검토하고, 앞으로 있을 북미 대화의 의제의 우선순위와 목표를 재조정하게 된다. 1992년 10월 28일 윌리엄 클라크William Clark 국무부 차관보가 이끄는 국가 안보 회의 산하의 동아시아 정책 조율 위원회the East Asian Policy Coordinating Committee는 『국가 안보 검토 보고서NSR-28』에 담긴 전략 기조를 수용하는 대신 대화 의제의 순위에 변동을 가했다. 북한의 핵과 미사일의 비확산 문제 해결을 최우선 순위로 상정한 것이다.[24] 북미 대화의 중심이 수교가 아닌 북한의 위협 제거로 맞춰지는 순간이었다.

1988년부터 1991년까지 미국과 북한은 베이징에서만 모두 열여덟 차례의 대화를 가졌다. 그럼에도 별다른 소득은 없었다. 그러나 북한은 핵 개발을 본격적으로 추구하기 시작하면서 미국의 관심과 주목은 물론이고, 그토록 원하던 대화와 정권의 안정을 보장할 일련의 정치적 담보를 쟁취하는 데 성공했다. 물론 그 증거로서 받아낸 일련의 합의서들이 북한 정권의 안정을 완벽히 보장해 줄 순 없었다. 하지만 북한은 이를 통해 핵이 북미 대화를 견인해 낼 주요한 매개임을 확신하게 되었고, 나아가 미국과의 '성공적인' 홍정을 위한 역사적 교훈을 얻게 되었다.

---

24) Joel S. Wit, Daniel B. Poneman, Robert L. Gallucci, Going Critical: The First North Korean Nuclear Crisis, p. 15.

3장

또 하나의 뜨거운 감자, WMD 비확산

- 미국의 네 가지 관심사 : WMD, 핵, 인권, 개방
- 미국이 북한 WMD의 확산을 우려하는 이유
- 세계에 위험을 팔며 스스로를 옥죄는 북한의 WMD

3장 | 또 하나의 뜨거운 감자, WMD 비확산

북한 핵 위기를 좀 더 간단명료히 이해해 보자면, 다음의 세 단계로 나눌 수 있다. 첫 단계는 1980년대 말 미국이 북한 핵 활동의 목적과 저의에 의구심을 제기한 이래 1993년에 그를 군사적 목적으로 정의하며 시작됐다. 이른바 '1차 북핵 위기 사태'로 불리는 이 첫 단계는 1994년 10월에 미국과 북한이 『제네바 합의서』를 체결하면서 일단락됐고, 2002년까지 현상이 유지됐다.

두 번째 핵 위기는 북한이 우라늄 농축 시설의 운영을 재개했다는 미 정보 당국의 관측 보고에서 시작되었다. 이후 정보의 확인을 위해 평양으로 제임스 켈리James Kelly 미 국무부 아시아·태평양 차관보가 파견되었고, 귀국 후 그는 김계관 북한 외무성 부부장이 재가동 사실을 미국에 '고백'했다고 증언했다. 그리고 2002년 11월, 조지 W. 부시George W. Bush 대통령이 『제네바 합의서』 폐기를 암시하며 대북 중유 공급을 중단했다. 대선 유세 당시부터 합의서와 북한에 대한 불신을 여과 없이 표출하던 그였다.

그의 소신은 이듬해 연두 교서에서도 드러났다. 그는 북한을 이란,

이라크와 함께 '악의 축Axis of Evil'으로 규정했다.[1] 북한은 NPT 탈퇴 선언으로 이런 모욕적인 부시의 발언에 응수했다. 이에 부시 대통령은 기다렸다는 듯이 2003년에 『제네바 합의서』를 파기해버렸고, 북한도 그를 예상했다는 듯이 핵 개발을 공식적으로 재개했다.[2] 김계관 부부장의 발언에 대한 통역을 둘러싼 의혹에도 불구하고 켈리 차관보의 증언을 수용한 미국은 그해 북한을 저지할 목적으로 6자 회담을 출범시켰다. 하지만 2006년에 북한이 첫 번째 핵 실험을 단행하면서 6자 회담의 기능과 효력에 대한 부정적인 평가가 범람했다.

세 번째 북핵 위기는 2006년 북한이 첫 번째 핵 실험에 '성공'하며 시작됐다. 이후 2020년을 기준으로 북한은 다섯 차례의 실험을 추가로 단행했으며, 핵탄두 실험과 더불어 이를 수송 하고 발사할 수 있는 수송체와 발사체의 발사 실험마저 개시했다. 세 번째 사태는 북한 핵 위협에 있어 중요한 변곡점이 되었는데, 북한 핵 위협이 현실로 격상되었으며 그들의 핵탄두가 고도화, 소형화, 경량화되었다는 인식이 보편적으로 자리 잡기 시작했다.

북한이 실제로 보유한 핵탄두가 몇 개인지는 지금도 여전히 논쟁거리다. 그러나 확실한 한 가지는 여섯 차례의 핵 실험과 수십 차례의 미사일 발사 실험을 통해 미국을 겨냥한 평양의 위협이 점차 현실이 되어 가고 있다는 것이다. 북한이 주장하는 사정거리는 이제 미국령 괌을 넘어 미국 본토의 서부와 동부 지역까지로 확장되었다. 더구나 그들은 이제 자신들을 '핵무기 보유국'으로 인정할 것을 요구하기에 이르렀다.

---

1) 연두 교서에서 드러난 부시 대통령의 대북 불신은 적나라했다. 그는 북한을 WMD를 추구하는 '불법 정권outlaw regime'이자, 공포와 굶주림 속에 국민을 지배하는 '억압 정권oppressive regime'이라 비판했다.

2) 2009년 2월 「뉴욕 타임스」는 미국 정보기관의 추정을 인용하여 북한이 재처리한 플루토늄으로 만들 수 있는 핵무기의 수가 1994년 제네바 합의 이전에는 최대 2기였으나, 2002년 이후에는 12기를 초과했다고 보도했다. "클린턴 '부시 제네바합의 파기' 비판", 『연합뉴스』, 2009년 2월 16일.

결과적으로 북한의 핵무기 개발을 저지하기 위해 미국이 동원해 온 외교적, 평화적 노력은 실패했다고 해도 과언이 아니다. 그럼에도 미국은 대화와 협상을 통해 북한의 비핵화를 달성하려는 노력을 지속하고 있다. 비록 그 '노력' 속에 담긴 진정성과 실효성이 여전히 많은 의구심을 촉발하고 있지만, 지난 몇 년 사이 도널드 트럼프Donald Trump 전 대통령은 정상 회담까지 하면서 북한 핵을 평화적으로 해결하려는 의지를 보여준 바 있다. 양자 회담도, 다자 회담도 풀지 못한 북핵 문제를 정상 간의 만남으로 해결해 보겠다는 것이었다.

미국의 네 가지 관심사 : WMD, 핵, 인권, 개방

30여 년의 역사를 가진 북미 핵 협상에서 미국이 시종 북한에 요구해온 사안은 모두 네 가지로 정리할 수 있다. 이는 북한 비핵화의 의미를 포괄적으로 내포하는 사안들이며, 동시에 미국이 북한의 비핵화를 통해 달성코자 하는 목적을 대변한다. 미국은 지금껏 그랬듯이 아래의 네 가지 사항과 더불어 그의 달성을 위한 전략과 전술 역시 일관되게 견지할 것이다. 비록 상황에 따라 세부 내용에 다소의 변화가 따를 순 있겠으나, 북한의 비핵화라는 장대한 목표는 불변할 것임엔 이견의 여지가 없다.

우선 첫째로는 북한이 보유한 WMD의 비확산이다. 이는 북한이 제조 및 생산하는 WMD를 미국의 적대 정권이나 테러범들에게 불법 판매하는 것을 금하는 것으로, 이때의 WMD는 핵무기와 재래식 무기 모두를 포괄한다. 현재 북한은 세계적인 생화학무기 보유국인 동시에 핵탄두를 탑재할 수 있는 중장거리 미사일의 보유국이기도 하다.

이런 무기들이 테러 집단에 유입되는 것은 미국의 세계 전략 이익을 침해한다. 알다시피 미국은 테러에 매우 민감한 국가이다. 테러를 지원하는 국가와 세력에 대해 자체적으로 제재 법안(일명

『테러지원국법』)을 마련한 것이 이를 증명한다. 북한은 1980년대부터 중동, 특히 미국이 '악의 축'으로 정의하는 이란과 이라크에 중장거리 미사일을 판매해왔다. 21세기 들어서는 시리아의 핵원자로 건설에 참여하여 비확산 조약을 위배했다. 무엇보다 그들은 『화학무기 금지 조약CWC』에 미가입한 상태이며, 1987년에 『생물무기 금지 조약BWC』에 가입했음에도 불구하고 여전히 생물무기를 제조 중이라는 의혹을 떨쳐내지 못하고 있다.[3)]

따라서 미국은 북한이 불법적으로 WMD를 해외에 판매하거나 보급하고 있으며, 이는 국제 질서와 평화에 치명적이라고 주장해왔다. 북한의 불법적인 무기 거래는 국제 사회의 모든 제도와 규범을 위배하는 불법적인 방식과 행태로 진행되기 때문이다. 일례로 북한은 국제 사회의 제재와 금수 조치의 적용 대상 국가이기 때문에 모든 무기 판매를 밀수의 형식으로 진행할 수밖에 없다. 이와 관련해 2002년 12월 미국은 북한이 핵 관련 물질을 중동에 밀수하고 있다는 첩보를 근거로, 이듬해 북한의 밀수 저지를 목적으로 한 국제 협력 방안을 소개했다.[4)] 이른바 '대량 살상 무기 확산 방지 구상Weapons of Mass Destruction Proliferation Security Initiative, PSI'이다. 이는 핵무기나 생화학무기 등의 WMD를 적재한 것으로 의심되는 배나 비행기의 이동을 PSI 참여국들이 공동으로 차단하는 것을 골자로 하며, 적용 공간은 영해와 영공, 나아가 공해까지를 망라한다.

게다가 북한은 이익을 취하는 과정에서 불법 교역 이외에도 더 많은

---

3) Bureau of Arms Control, Verification, and Compliance, The U.S. Department of State, Executive Summary of the 2020 Adherence to and Compliance with Arms Control, Nonproliferation, and Disarmament Agreements and Commitments (Compliance Report), (Washington, D.C.: The State Department, April, 2020), p. 11.

4) 2002년 12월 미국은 스페인과의 공조 하에 미사일을 실은 북한 선박 서산호를 공해상에서 나포해 검색했다. 당시 미국은 북한 화물선 서산호가 동아시아에서 중동 지역으로 핵 관련 물질을 수송하고 있다고 의심했다. 검색 결과 시멘트 포대 아래 15기의 스커드 미사일과 탄두가 발견되었으나, 예멘 정부가 이를 다른 집단에 인도하지 않기로 약속하면서 서산호는 풀려날 수 있었다. 여기에는 국제법도 근거로 작용했다. 미사일 기술 통제 체제MTCR에 가입하지 않은 국가 간의 미사일 수출입은 통제 대상이 아니었기 때문이다.

불법 행위를 추가로 자행한다. 가령 그들은 판매 대금으로 획득한 외화를 '안전'하게 회수하기 위해 이른바 '돈세탁'이라는 편법을 동원한다. 그리고 이렇게 세탁된 외화는 북한 정권의 통치 비용의 근원이 될 뿐만 아니라 독자적인 핵 개발의 주요한 재원으로 활용된다. 결국 북한은 교역이라는 명목으로 국제 사회의 법질서와 제도의 근간을 유지하고자 하는 세계의 노력을 일순간 짓밟아 버리는 셈이다.

다음으로 미국이 북한에 요구해온 사안은 북한의 비핵화이다. 그러나 여기서 언급하는 북한 비핵화의 개념이 두 단계의 진화 과정을 거쳤다는 데 주목할 필요가 있다. 1990년대 1차 북핵 위기 당시에 그것은 "핵 시설과 핵 개발 활동의 중단 및 동결" 수준에 불과했다. 그러던 것이 2차 위기 발발 당시엔 핵 시설의 선불능화, 후폐기로 격상된 데 이어, 미국이 중간 조치로 사찰과 검증을 추가하면서 "모든 핵무기와 핵 시설의 전면적이고, 검증 가능하고, 불가역적인 폐기Comprehensive, Verifiable, Irreversible Dismantlement, CVID"로 진화했다. 이후 트럼프 행정부가 출범하면서 CVID는 "최종적이고, 완전하게 검증된 비핵화Final, Fully Verified Denuclearization, FFVD"로 한층 더 엄밀해진 원칙과 개념을 갖게 되었다. 북핵 해결의 최종 목표가 핵 동결로 시작하여 완전한 비핵화로 진화한 것이다.

세 번째 요구 사안은 북한 인권의 개선이다. 혹자는 북한의 인권 문제가 북미 협상과 무슨 연관성이 있는지 의아할 것이다. 왜냐하면 이는 협상 중에 공식 의제로 제기된 적이 없기 때문이다. 그러나 미국은 1992년 이래로 북한 인권 문제를 비핵화 조건 가운데 하나로 줄곧 강조해왔다. 2004년에 채택한 『북한인권법』이 그 실례라 할 수 있는데, 2018년에 미국은 해당 법안의 유효 기간을 2022년으로 연장한 바 있다.

사실 북한 인권의 개선은 미국의 대북 경제 제재 및 금수 조치와 깊은 연관이 있다. 대북 제재를 해제할 수 있는 결정권을 지닌 미 의회가 관련 안건을 검토하는 데 있어 인권 개선을 비핵화 수준과 함께 가장 결정적인 사안으로 다루기 때문이다. 이는 트럼프 행정부 역시 마찬가지였다.

2015년에 북한의 인권 실태에 대해 세계에 경종을 울린 오토 웜비어Otto Warmbier의 납치·억류·사망 사건[5]이 대표적이다. 웜비어의 사망으로 미국은 북한 인권 문제를 명분 삼아 제재를 시행할 수 있는 법적 근거를 추가할 수 있었다. 이전까지 적용된 『북한인권법』은 불완전한 법안에 불과했으나, 2020년 4월에 이른바 『웜비어법』이 탄생하면서 미국은 북한이 핵과 미사일 실험을 자제해도 대북 제재를 더 강화할 수 있는 유효한 명분을 쥐게 되었다. 실제 협상에서도 웜비어 문제는 북한이 기대한 결과를 가로막는 요소로 작용했다. 2018년 6월 싱가포르 북미 정상 회담에서 트럼프와 마이크 폼페이오Mike Pompeo 미 국무 장관은 웜비어 사건과 일본인 납치 문제를 의제로 상정하여 회담의 진척을 저해했다.

마지막 네 번째 요구는 북한의 대외 개방과 경제 개혁이다. 이는 미국에 세 가지 중대한 의의를 지닌다. 먼저 개방 의지는 비핵화를 위한 사찰과 검증의 수용 의지 정도를 함축한다. 그러므로 여기서 개방은 경제적 개방이 아니라 핵 연구 관련 시설과 군사 시설에 대한 전면적 개방을 뜻한다. 이 중 군사 시설에 대한 전면적 개방은 핵무기와 핵물질 관련 시설이 군사 지역에 존재할 가능성이 농후하다는 계산에서 기인한다. 때문에 북한의 개방 의지는 전면적이고 엄격하고 정밀한 군사 시설의 사찰을 수용하는 동시에 나아가 비핵화에 대한 저들의 진정성을 입증하게 되는 셈이다.

또한 북미 수교와 개혁 개방은 불가분의 영역이다. 북한이 미국과 마주

---

5) 2016년 1월부터 17개월간 북한에 억류되었던 미국인 대학생 웜비어는 관광차 방문한 평양 양각도 호텔에서 정치 선전물을 훔치려 한 혐의로 체포된 뒤, 15년 형기의 노동교화형을 선고받았다. 2017년 2월에 트럼프 대통령의 지시로 웜비어 석방 작전이 시작되었고, 그 결과 같은 해 6월 13일 극적인 송환이 이뤄졌다. 하지만 웜비어는 이미 심각한 뇌 손상을 입은 상태였으며, 고향에 돌아온 지 약 일주일 뒤인 6월 19일에 사망했다. 이후 미 상원 은행위원회는 두 번 다시 미국인의 이 같은 희생이 재발되어서는 안 된다면서 2017년 11월에 북한의 국제 금융 시장 접근을 전면 차단하는 내용의 대북 금융 제재법인『오토 웜비어법』을 통과시켰다. 또한 2019년에는 국방수권법에 웜비어의 이름으로 대북 '세컨더리(제3자) 보이콧secondary boycott', 곧 대북 금융 제재를 강화하는 법 조항을 추가했다. 그리고 2020년 4월 미 의회는『오토 웜비어 북핵 제재 강화법』을 제정했고, 2021년 10월에『오토 웜비어 북한 검열 감시법』을 통과시켰다.

앉아 늘 추구하는 것은 북미 수교다. 그들은 수교를 시작으로 미국과의 적대적 관계를 청산하고, 북한 정권의 안전을 확보하길 염원한다. 하지만 이 문제는 미국의 선례를 비춰봤을 때 북한의 개혁 개방을 전제한다. 과거 미중 수교의 선행으로 중국의 개혁 개방 선언이 있었다. 베트남과의 수교 역시 하노이가 개혁 개방을 한 후에야 비로소 본격적인 관계 정상화의 막을 열었다. 이 두 가지 선례가 북미 관계에 주는 함의는 매우 크다. 북한 역시 중국, 베트남과 마찬가지로 공산 국가이며, 미국과 전쟁을 치렀고, 따라서 미국과 적대적 관계를 수립했다.

끝으로 북한의 개혁 개방은 비핵화에 따른 경제 지원의 감축 효과를 기대할 수 있게 만든다. 북한이 비핵화와 개혁 개방의 길을 택할 경우에 북한 국내 경제의 호전好轉은 자명하다. 정상적인 교역과 투자의 공간은 그만큼 확대될 것이고, 이는 결국 미국이 지급해야 할 비핵화 대가의 부담을 감축시킬 것이다. 트럼프 대통령은 북미 정상 회담의 개최 전후로 항상 북한 경제의 발전 잠재력을 강조하며, 비핵화와 경제 발전의 상관관계를 지적했다. 북한이 비핵화만 하면 그 경제적 잠재력을 수면 위로 끌어올리게 해주겠다는 결의를 보여주는 대목이었다.

미국이 북한 WMD의 확산을 우려하는 이유

북한이 보유한 WMD의 확산 문제는 1970년대부터 미국의 관심 대상이었다. 북한이 WMD를 밀매하며 불법으로 경제적 이익을 취득하고 있을 뿐 아니라 미국의 안보 전략까지 침해하고 있기 때문이다. 북한의 WMD 밀매와 확산은 미국의 대항 세력, 특히 미국을 직접 위협할 수 있는 테러리스트들에게는 호기가 될 수 있다. 이미 2001년 9.11 테러를 겪은 미국 입장에서 북한의 WMD나 재래식 무기의 밀거래와 반출은 심각한 우려 대상일 수밖에 없다.

사실 이는 북한의 핵무기 개발 이전부터 고도의 안보 우려 사안 중 하나였다. 북한은 미사일에서부터 생화학무기에 이르기까지 다양한 WMD를 개발, 제조, 생산, 심지어 판매까지 한 전력을 자랑한다. 80년대 이후로 생산력의 하락이 국가 재정을 하락 국면으로 몰아넣자, 평양은 그 절충 방안으로 WMD의 판매와 수출, 밀거래 등을 고려하기 시작했다. 북한의 무기 판매가 비합법적이고 불법적인 경로를 고수하는 이유는 간단하다. 국제 사회의 제재와 금수 조치 등이 합법적인 경로를 원천적으로 차단하고 있기 때문이다.

미국은 북한의 WMD를 탄도 미사일, 화학무기, 생물학무기 등으로 분류한다. 북한 핵무기는 아직 WMD 확산 문제에 있어서만큼은 핵심 사안으로 고려되고 있지 않은데, 아직 수출할 정도의 완성도를 갖추지 못하고 있다는 판단 때문이다. 다만 관련 기술이 상당한 수준과 진척을 드러내고 있어, 북한의 핵무기 기술 이전에 대한 우려도 상당하다. 실제 북한은 1997년에 시리아와 핵 개발과 관련된 비밀 프로젝트에 착수하여 2001년에 핵 경수로 증축을 단행했다. 비록 미국의 반대를 무릅쓴 채 선제 타격을 감행한 이스라엘에 의해 완성을 보진 못했으나, 이는 북한의 기술력과 그에 대한 국제 사회의 우려를 잘 보여주는 사례였다.

북한의 WMD를 하나씩 살펴보면, 우선 북한의 화학무기는 규모 면에서 세계적인 수준이다. 오늘날 추정되는 생산 공장만 해도 8~12곳이고, 6개 지역의 170개 지하 터널에 보관 중인 것으로 짐작되는 화학무기만 해도 2010년 기준으로 2,000~5,000톤 규모에 달한다. 이는 러시아의 4만 톤, 미국의 3만 톤을 잇는 세계 3위의 규모다. 1,000톤으로 약 4,000만 명을 살상할 수 있는 화학무기를 북한은 평시엔 연간 4,000톤, 전시에는 1만 2,000톤까지 생산해 낼 수 있다. 함경남도 함흥과 흥남, 함경북도 청진과 아오지, 평안북도 신의주와 자강도 만포, 평안남도 안주와 순천 등에 8곳의 생산 시설과 4곳의 연구 시설, 7곳의 저장 시설을 보유하고 있다.

북한의 생물학무기는 그보다 더 긴 역사를 자랑한다. 한국 전쟁 당시에 미군이 생물학무기를 사용했다는 이유로 1960년대 말에 들어서야 시작된 기초 연구 개발은 1970년대의 소강상태를 지나 1980년대에 가속화되기 시작했다. 비록 화학무기나 탄도 미사일, 핵무기만큼 선진화되진 않았지만, 평안북도 정주 등 3곳의 생산 시설과 6곳의 연구 시설을 중심으로 유사시 2주 내에 생산이 가능한 체계를 이미 갖추고 있다. 이를 잘 증명한 실례가 이란-이라크 전쟁이다. 이 전쟁에서 활용된 생물학무기의 종류는 탄저균, 천연두, 콜레라 등이었는데, 1990년대 말 미국과 러시아 정보 당국의 공동 분석에 따르면 이 중 천연두 프로그램은 평양이 특히 주력하는 분야였다고 한다.[6] 다양한 병균만큼 그 활용법 역시 무서울 정도로 다양한데, 북한은 포대, 미사일, 전투기, 잠수함, 풍선 등에 이를 탑재할 수 있을 뿐만 아니라 특수 부대를 이용해 인간병기까지 등장시킬 수 있다.

하지만 뭐니 뭐니 해도 북한의 대표적인 WMD는 역시 탄도 미사일이다. 1965년에 개발을 시작한 이래, 북한은 1984년 4월 함경북도 화대군 무수단리(옛 명천군 하고면 대포동) 지역에서 스커드-B의 첫 시험 발사와 함께 탄도 미사일 생산의 서막을 열었다. 이듬해 개량형 스커드-B 발사의 성공을 기반으로 1986년부터 양산에 돌입한 북한은 연간 100기의 스커드-B 미사일 생산 능력을 구비하는 데 이르렀다.[7] 2007년 기준으로만 따져도 북한이 비축한 스커드형 탄도 미사일의 추정치는 600기 이상이다. 여기에 중거리의 노동 시리즈 탄도 미사일 100~200기를 합하면 약 600~800여 기의 단거리 및 중거리 탄도 미사일이 이미 한반도 북쪽에 축적되어 있다는 계산이 나온다.[8]

---

6) Zachary S. Davis, Larry A. Niksch, Larry Nowels, Vladimir N. Pregelj, Rinn-Sup, Shinn, Robert G. Sutter, Korea: procedural and jurisdictional questions regarding possible normalization of relations with North Korea, (Washington, D.C.: Congressional Research Service Report to Congress, November 29, 1994), p. 82.

7) "미사일-개요", NK Chosun, 2013년 10월 31일.

8) Zachary S. Davis, Larry A. Niksch, Larry Nowels, Vladimir N. Pregelj, Rinn-Sup, Shinn, Robert G. Sutter, Korea: procedural and jurisdictional questions regarding possible normalization of relations with North Korea, (Washington, D.C.: Congressional Research Service Report to Congress, November 29, 1994), p. 86.

이 가운데 단거리 미사일의 일종인 스커드 미사일의 주요 모델과 수출 역사를 살펴보면, 가장 먼저 등장한 사정거리 320km의 스커드-B, 일명 '화성-5'는 1984년에 개발에 성공했다. 이후 사정거리를 500km로 확대한 스커드-C('화성-6')는 1989년 소규모 생산을 거쳐 1990~1991년 사이에 전면 생산에 들어갔고, 가장 근래 등장한 스커드-ER('화성-9')은 사정거리를 850km로 한층 더 확장했다.

북한의 스커드 미사일 수출은 1987년 이란과의 5억 달러 규모의 수출 계약을 맺는 것으로 시작되었다. 당시 수출된 제품은 스커드-B 100여 기로, 북한은 이란에 미사일 조립 공장의 설립까지 약속했다. 이후 이란은 1988년에 약 77기의 화성-5를 이라크로 발사한 데 이어 아랍에미리트에 이를 수출하기까지 했다.[9] 뒤이은 1990년 초에 접어들어서 북한은 스커드-C의 생산 체제를 갖추고, 매년 100~150기를 시리아, 인도, 이란 등지에 수출한 것으로 알려졌다. 그중 시리아에는 1991년부터 판매를 시작했는데, 이번에도 시리아에 미사일 생산 공장의 설립을 기약했다. 하지만 이스라엘이 관련 정보를 입수했다는 소식에 북한발 화물선은 뱃머리를 돌려 회항했다. 이듬해 2월 또 하나의 유사한 정보가 이스라엘로 입수되었을 때 이번엔 미 해군이 추격에 나섰다. 그러나 화물선이 먼저 목적지에 선착하면서 미 해군은 부득이 빈손으로 귀항해야 했다.

그간의 기록을 종합해 봤을 때, 1987년부터 1992년까지 진행된 북한의 미사일 수출 규모는 약 250기에 금액으로는 5억 8,000만 달러어치로, 주요 수출 대상국은 이집트, 이란, 리비아와 시리아였다.[10] 그리고 1993년 중동에 150기의 노동-1 중거리 미사일 판매를 시도하다가 이스라엘에 의해 또 발각되자, 북한은 이를 이스라엘과의 수교 협상을 도울 미끼로 활용했다. 미사일 판매를 취소하는 대신 이스라엘에 수교 협상을

---

9) 앞의 책, p. 88.

10) 앞의 책, p. 90.

요구한 것이다. 또한 그 보상으로 10억 달러어치의 투자와 기술 지원을 요구하기도 했다. 하지만 한국과 미국의 반대로 이스라엘은 북한에 일시적인 기술 지원만 제공하고 수교 논의를 중단시켰다. 뒤이어 북한은 1994년 12월에 자이르 공화국(현재의 콩고 민주 공화국)과 1억 달러 규모의 스커드-C 18기 판매 계약을 체결했으며, 2000년에는 리비아의 독재자 무아마르 카다피Muammar Gaddafi에게 6억 달러어치의 중거리 노동 미사일 50기를 수출했다. 이후 북한의 중거리 미사일의 성능이 개량되면서 사정거리 1,700~2,200km의 대포동 1호 미사일이 이집트, 리비아, 시리아 등지에 기술 또는 부품 수출 형태로 판매되었다. 대포동 계열 미사일의 개발 과정에서는 파키스탄, 이란 등과 공동 개발 형식을 추구하기도 했다.

그리고 2018년 2월 건군절을 맞아 열린 열병식 자리에서 북한은 화성-14형과 화성-15형 미사일 4기씩을 공개하며 다시 한번 세계의 이목을 사로잡았다. 이 두 모델은 모두 2017년에 시험 발사에 '성공'한 ICBM급 발사체로, 당시 북한은 미국 본토가 사정권 안에 들어왔다고 공언한 바 있다.[11]

북한 미사일 종류 및 제원

구분	SCUD-B/C	SCUD-ER	노동	무수단	대포동 2호	북극성/ 북극성-2형	화성-12형	화성-14형	화성-15형
사거리 (km)	300-500	약 1,000	1,300	3,000 이상	10,000 이상	약 1,300	5,000	10,000 이상	10,000 이상
탄두 중량 (kg)	1,000	500	700	650	500~1,000	650	650	미상	1,000
비고	작전배치	작전배치	작전배치	작전배치	발사	시험발사	시험발사	시험발사	시험발사

출처: "트럼프의 역린, 북 ICBM에 민감할 수밖에 없는 이유", 뉴시스, 2019년 12월 9일.

11) 북한 핵·미사일 보유 현황 주목…"핵무기 최소 20개 보유…비밀시설 핵물질 생산", 「미국의 소리(VOA)」, 2019.2.28.

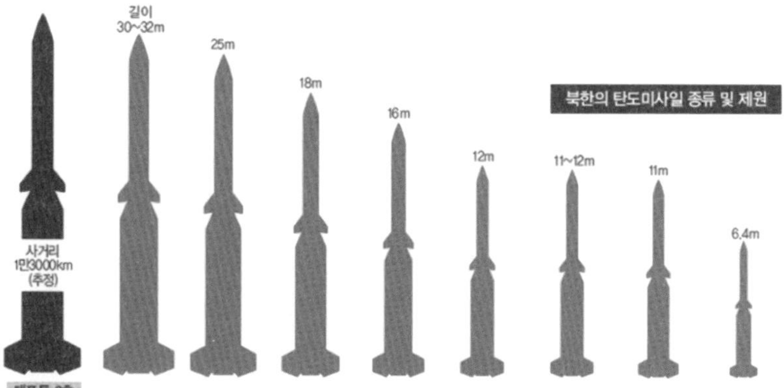

대포동 2호 개량형	대포동 2호	대포동 1호	KN-08	노동	무수단	화성 6호	화성 5호	KN-02
사거리(km)	1만	2500	1만2000	1300	3000	500	300	120~140
발사 중량(kg)	7만9200	3만3400	4만 이상(추정)	1만7800	1만2000	6500	6400	2000
탄두 무게(kg)	650~1000	500~700	-	700	650	770	1000	500
로켓 단수	3단	2단	3단	1단	1단	1단	1단	1단

└── 시험발사 중 ──┘ └── 실전 배치 ──┘

출처: 정성윤, "중·상급 이상의 핵탄두 제조 능력 한국 안보 위협할 미사일 전력 보유", 『통일시대』, Vol. 127, 2017년 5월, http://webzine.nuac.go.kr/tongil/sub.php?number=1681 (검색일: 2020년 4월 9일).

그러나 사실 이보다도 미국을 극도의 불안으로 몰아넣은 북한의 대표적인 과거 행보는 1993년 5월 29일에 이뤄진 노동 1호 미사일의 시험 발사였다. 핵탄두 탑재 기능을 갖춘 최초의 미사일인 노동 1호는 1991년 초에 개발된 것으로 추정되며, 탄두 중량은 1,000kg, 기본 사거리는 1,000km, 탄두 중량을 줄일 경우 최대 1,300km까지 비행할 수 있는 능력을 갖추고 있다. 비록 당시 발사에선 약 500km를 비행하는 데 그쳤지만, 이로써 북한은 최소한 일본 본토까지 사정거리에 포함시킨 건 물론이고 핵 위협이 실제 군사 위협으로 변모할 수 있음을 증명했다. 그리고 평양은 미국을 비웃기라도 하듯, 자신들의 도발을 미국과 국제사회의 가중된 압박 상황에서 스스로 공표한 '자위적 대응 조치'의 실천이라 정당화했다.

참고로, 사정거리에 따른 북한 탄도 미사일의 지리 전략적 의미는 다음과 같다.

- 500 ~ 1,500km : 일본의 미군 기지와 주요 도시
- 4,500 ~ 6,000km : 미국의 알래스카주와 태평양의 미군 기지
- 6,000km 이상 : 미국 본토

세계에 위험을 팔며 스스로를 옥죄는 북한의 WMD

탈냉전 이후 북한의 WMD 확산 문제가 대두된 데엔 세 가지 배경이 있는데, 첫 번째로는 북한 경제가 한계에 부딪혔다는 점이다. 소련과 동구 진영의 붕괴가 정상적인 경제 생산을 위협하자, 북한은 다양한 형태의 불법 거래, 곧 비공식 경제 활동을 통해 수입을 벌어들이는 전략으로 선회했다. WMD의 국제적인 불법 거래와 확산 활동은 바로 부족한 외화를 충당할 수 있는 탈출구였다.

두 번째는 1990년대 이후 대세가 된 세계화의 흐름이었다. 세계화가 세계 경제 발전에 긍정적인 효과를 가져온 것은 사실이나, 이는 동시에 지하 경제나 불법 거래를 활성화했다. 불법 거래에 종사하는 이들에게 세계화는 전례 없는 우호적인 교역 환경이었던 것이다. 더구나 인터넷의 발달과 신기술의 등장 및 개선이 손쉬운 정보 접근과 제품의 가격 인하 등을 불러오면서 그들은 이념 전쟁 당시보다 더 유쾌한 시대를 누리게 되었다. 자연히 불법 거래 종사자가 급증했고, 이들 간의 네트워크 역시 역설적으로 정보 통신과 과학 기술의 수혜 속에 강화되었다. 긴장을 깬 새로운 시대의 등장과 발전이 도리어 음성적인 활동을 간접적으로 보호하는 한편으로 더 촉진하는 모순적 상황이 벌어진 셈이다.

마지막으로, 불법적이고 음성적인 활동은 제재가 강화될수록 더욱

은밀해지고, 생존을 위해 더욱더 다양한 회피 방법을 고안해 내는 습성이 있다. 특히 과거 경제 지원과 원조에만 의존했던 나라들에 제재를 취한 것은 반대로 이들의 음성적인 경제 활동을 추동했다. 세계화와 정보 통신 기술의 발달로 유령 회사의 설립이 쉬워지고, 국경 없는 세계에서 이들의 해외 출장이나 접촉, 교류는 간단한 일이 되었다. 비합법적인 거래 루트의 강화와 창출이 더는 어려운 일이 아니게 된 것이다. 특히 북한의 경우 테러 지원 활동과 WMD의 불법 거래는 국가 주도하에 정권의 통치 자금을 확보하기 위한 사업으로 귀결되고 있다. 1974년에 설립된 이른바 '노동당 39호실'이 해당 사업을 총괄하며, 10개의 부서와 대성무역, 대성은행 등이 속한 대성총국, 조광 무역 회사와 같은 120개의 위장 기업들의 존재가 이를 뒷받침하고 있다. 이와 관련해 2009년 11월 유엔 전문가 보고서는 노동당 제2경제위원회가 무기 및 군사 시설의 획득과 마케팅, 판매와 관련하여 정교한 국제 네트워크를 형성하고 있다고 기술했다.[12)] 더욱이 미 의회 조사국 보고서는 WMD 관련 물질과 기술의 이동 역시 예전보다 더 수월하고 활발히 진행되고 있다고 밝혔다.[13)]

북한은 1980년대부터 무기 수출을 전략 수출 산업으로 육성시키며, 주요 대상국으로 중동과 아프리카 등 여전히 긴장에 휩싸인 지역을 지정했다. 그리고 탄도 미사일 같은 전략 무기들이 수출 품목으로 내정되었는데, 한국 국방부에 따르면 북한은 1974년부터 1996년까지 무기 판매를 통해 연간 2억 달러를 벌어들였다. 1982년부터 1993년까지 북한 국내 총생산[GDP]이 20~27억 달러, 1994년 15억 4,000달러, 1995년 12억 8,000달러, 1996년 10억 6,000달러를 기록했음을 고려할 때, 연간 2억 달러의 수입이 차지하는 비중은 결코 작지 않았다.

그러나 1990년대 중반부터 북한의 WMD 불법 거래 실적은 하락

---

12) Des Carney, "North Korea's Transnational Arms Industry," ISN Security Watch, January 11, 2010.

13) Liana Sun Wyler, Dick K. Nanto, North Korean Crime-for-Profit Activities, (Washington, D.C.: Congressional Research Service Report to Congress, August 25, 2008).

국면에 진입했다. 1987년부터 2009년까지 북한이 개도국과 진행한 총 510건의 미사일 수출 교역 중 420건, 즉 80% 이상이 모두 1994년 이전에 이루어졌다. 상승세가 1994년 기점으로 크게 꺾인 데엔 네 가지 요인이 결정적이었다. 첫째, 1990년 초 1차 걸프전 당시 노동 미사일 등 북한의 단거리 미사일이 미국의 최신 무기 앞에서 제 역량을 발휘하지 못하면서 수요가 급감했다. 둘째, 미사일 수입국들이 생산국으로 변모하는 사례가 점차 증가했다. 셋째, 양극 체제의 붕괴와 탈냉전이라는 새로운 무대 위에서 미국과의 관계를 의식한 중동 국가들이 점차 북한산 미사일의 수입을 회피하기 시작했다. 넷째, 국제 사회의 탐지 및 저지가 효과를 보였다. 1981년부터 2010년까지 30년 동안 북한의 탄도 미사일과 재래식 무기, 부품 수출이 저지된 사례는 모두 22차례에 이른다. 그중 1990년대 후반(1996~2000) 10차례, 2000년대 후반(2006~2010) 8차례 해서 모두 18차례의 무기 거래가 국제 사회의 노력 아래 차단되었다.[14)]

그럼에도 북한은 끊임없이 자신들이 만든 폭력과 위험의 발전과 확산에 주력하고 있다. 교역 대상은 이미 중동을 비롯한 분쟁 지역과 하마스, 헤즈볼라 같은 무장 단체로까지 확장되었으며, 그 규모와 영향 역시 나날이 확대되고 있다. 2012년 1월 유엔 안보리의 콩고 조사 위원회는 유입된 3,400톤의 북한산 무기 중 상당량이 반군과 인근 국가로 흘러 들어갔다고 분석했다. 그 일 년 전인 2011년 2월에도 미 국가 정보국[DNI]이 의회에 주목할 만한 보고서를 제출했는데, DNI는 북한이 무기 및 관련 장비와 기술을 중동, 남아시아, 북아프리카로 수출하고 있을 뿐만 아니라

---

14) 가령 2009년 8월에는 이란으로 향하던 바하마 선적의 화물선이 억류되었다. 조사 결과 이 선박에는 금수 품목인 북한 제조의 122mm 로켓용 추진 폭탄 2,030개와 전자 회로, 로켓용 고체 연료 추진체 등이 다량 적재되어 있었다. 2009년 12월 태국 방콕 공항에서 압류된 북한제 무기 40톤에는 M-1985 240mm 다연장 로켓포를 비롯해 이동식 지대공 미사일 40기, 유탄 발사기(RPG) 수백 정이 있었다. 이들의 값어치는 약 1,800만 달러에 이르렀다. 2010년 6월 중순에는 북한 남포항을 출발해 미얀마로 향하던 강남 1호 선박이 미 해군 구축함의 추적을 받자 귀항하는 일도 있었다. 공해상에서의 통제가 강화되면서 북한은 항공편을 이용해 밀수를 시도하기도 했는데, 대표적인 사례가 2009년 태국 당국에 적발된 불법무기 밀수출이었다. 이만종, “북한의 테러지원 무기밀매 실태와 대응방안”, 『한국공안행정학회보』, 제46호 2012, 159쪽과 “North Korea Arms Trade Funds Nuclear-Bomb Work, UN Panel Says,” Bloomberg News, November 18, 2009 등 참조.

이러한 수출에 명확한 의지를 표출하고 있으며, 이는 해당 국가의 미사일 사거리 확대와 생산 기지 확보에 이바지하고 있다고 추정했다.[15)]

결국 국제 사회의 제재와 저지에도 불구하고 북한의 음지 경제는 꾸준히 그 몸집을 불려가고 있다. 북한이 특히 개발 도상국을 대상으로 진행한 무기 판매는 2000년부터 7년 동안 10억 달러,[16)] 2009년엔 무려 15억 달러를 기록하며,[17)] 당시의 연간 공식 수출액인 약 9억 달러를 가뿐히 압도했다.

더구나 북한의 WMD 보유 수준과 그를 활용한 행태를 보면, 미국은 북한 내에서 일어날지 모를 유사 사태가 유발할 수 있는 최악의 상황, 즉 북한 수뇌부가 WMD의 통제력을 상실하는 상황을 우려하지 않을 수 없다.[18)] 2009년 한미 연합 사령관 월터 L. 샤프Walter L. Sharp 장군은 이와 같은 위급 상황에 대한 미국의 대응책에 "전면전에 대비한 계획도 있고, 북한의 불안정한 사태에 대비한 계획도" 포함되어 있다고 발언했다.[19)] 이는 미국이 북한의 WMD의 확산과 유출 가능성에 대해 상당한 경계심을 품고 있고, 따라서 북한 유사 사태에 대한 대비책 마련을 우선시하고 있음을 보여준다. 그리고 이를 반영하듯 미국이 한반도에서 진행하는 군사훈련 중 최대 규모인 키 리졸브Key Resolve 훈련의 주목적은 북한의 WMD의 장악과 유출 방지에 집중되어 있다. 훈련에 참여하는 부대인 미 육군 제20지원 사령부20th Support Command의 주요 임무 역시 화학, 생물, 방사선, 핵과 폭발물

---

15) "Unclassified Report to Congress on the Acquisition of Technology Relating to Weapons of Mass Destruction and Advanced Conventional Munitions, Covering 1 January to 31 December 2010," https://fas.org/irp/threat/wmd-acq2010.pdf (검색일: 2020년 3월 23일).

16) Specialist in International Security Foreign Affairs, Defense, and Trade Division, Conventional Arms Transfers to Developing Nations, 2000-2007, (Washington, D.C.: Congressional Research Service, October 23, 2008), p. 51.

17) Specialist in Asian Affairs, North Korea's Nuclear Weapons Development and Diplomacy, (Washington, D.C.: Congressional Research Service, January 5, 2010), p. 5.

18) "샤프, '北불안정 사태 대비책 완비", 『한국경제』, 2009년 2월 9일.

19) "샤프, '北핵무기 통제력상실 대책마련", 『중앙일보』, 2009년 2월 9일.

처리로 규정돼 있다.[20)]

그리고 이런 임무의 신속한 수행과 효과적인 결과를 위해 한미 양국의 군사 당국은 2008년 10월 한미 군사 위원회 회의Military Commission Meeting, MCM에서 '작전 개념 계획COPLAN-5029'[21)]를 이른바 '작계 5029'라 불리는 '작전 계획OPLAN-5029'로 보완하고 발전시켰으며, 북한의 급변 사태를 여섯 가지 유형, 즉 (1) 핵과 미사일, 생화학무기 등 WMD의 유출 (2) 내전 (3) 정권 교체 (4) 북한 내 한국인 인질 사태 (5) 대규모 주민 탈북 사태 (6) 대규모 자연재해 등으로 획정했다.[22)] 양국의 역할과 임무 역시 WMD의 유출 억제와 수습에 있어선 미국이, 그 밖의 사태 해결에선 한국이 주도하는 것으로 합의했다.

---

20) Jung Sung-ki, "Allies Ready to Remove N. Korean Nukes," Korea Times, March 11, 2010.

21) COPLAN-5029는 한미 연합 사령부가 북한의 붕괴에 대비해 설립한 작전 개념으로, 한미 군사 당국이 북한의 붕괴로 인해 발생하는 난민과 기타 비상 상황을 공동으로 관리(manage)하기 위한 것이었다.

22) "북한정변 땐 한국이 주도적 역할...WMD 유출 땐 미국이 대응키로", 『중앙일보』, 2009년 11월 2일.

4장

'핵무기 없는 세상'을 향하여

- 역대 미국 정부의 핵무기 감축을 향한 발걸음
- 북한 핵 개발의 안개가 걷히다
- 본격화된 북미 간 줄다리기
- 상황이 바뀌면 인식도 바뀐다

4장 | '핵무기 없는 세상'을 향하여

미국의 한반도 정책이 미국의 세계 및 지역 전략의 연장선상에서 수립된다는 것은 주지의 사실이다. 따라서 미국의 대한반도 정책을 연구하기 위해서는 미국의 세계 전략을 우선 이해한 다음에 그것이 지역 차원에서 투영되는 방식을 분석해야 한다는 것도 역시 격언처럼 여겨지고 있다. 그러나 실상 우리는 미국의 세계 전략이 한반도 문제에 가지는 의의를 '과소평가'하는 우를 범함으로써 자국이 처한 현실에 스스로 눈먼 자가 되어가고 있다.

거듭 강조하지만 미국의 대한반도 정책은 지금까지 미국의 세계 전략을 기반으로 수립되어왔다. 한국 전쟁의 비극을 초래한 저 악명 높은 '애치슨 라인Acheson Line'에서부터 주한 미군의 감축을 촉발한 '닉슨 독트린,' 그리고 주한 미군의 성격과 기능의 조정을 가져온 2006년 '미군 재배치 계획Global Posture Review' 등이 대표적이다. 이렇듯 미국의 세계 전략과 원칙은 아주 착실히, 그리고 고스란히 지역과 국가 차원에까지 투영되어 왔다.

북한의 비핵화 문제 역시 예외는 아니다. 이 문제에 대해 미국이 보이는 태도의 원인을 단순히 적대감에서만 찾는 것은 숲이 아닌 나무만

보는 격이다. 시야를 숲으로 확장한다면, 우리는 미국의 비핵화 개념이 북한에만 적용되는 것이 결코 아님을 확인할 수 있다.

역대 미국 정부의 핵무기 감축을 향한 발걸음

미국이 핵무기 개발을 선도하는 동시에 역설적으로 그것을 제거하는 데도 적극적이라는 점 역시나 사실이다. 미국은 존 F. 케네디John F. Kennedy 대통령 시절부터 '핵무기 없는 세상nuclear-weapons-free world'을 구상해왔다. 1960년대 초부터 미국 핵 정책의 기조와 원칙으로 자리 잡은 해당 구상은 핵 기술과 무기의 비확산, 핵무기 생산 억제라는 정책과 함께 점점 실현 단계로 접어들기 시작했다. 1963년에 사상 처음으로 소련의 지하 핵 실험을 허용하는 대신에 수중, 대기권과 우주에서의 핵실험은 금지하는 『부분적 핵실험 금지 조약Partial Nuclear Test Ban Treaty, PTBT』을 도출한 것은 그 첫걸음이었다.

마찬가지로 리처드 닉슨 대통령 또한 국제 사회와 개별 국가 차원에서의 핵무기 감축을 위한 노력을 개진한 바 있다. 1969년 유엔 총회에서 닉슨 행정부는 핵보유국이 비핵보유국을 상대로 핵무기나 핵 개발 관련 기술을 이전하는 걸 금지하는 NPT를 통과시켰다.[1] 그리고 같은 해 소련과 전략 핵무기의 배치를 제한하는 협상을 진행함으로써, 미국의 요격 미사일이 배치된 기지의 수를 축소하고 미소 양국의 ICBM과 SLBM을 감축하는 『1차 전략 무기 제한 조약Strategic Arms Limitation Talks-I, SALT-I』을 1972년에 출범시켰다. 덧붙여 탄도탄 요격 미사일을 제한하는 『탄도탄 요격 미사일 조약Anti-Ballistic Missile Treaty, ABM 조약』이 체결된 것도 그해의 일이었다. SALT-I을 강화할 목적으로 진행된 2차 협상은 비록 미 상원의 반대로 결실을 맺지는

---

1) 미국, 영국, 소련, 프랑스, 중국이 공식적인 핵보유국으로 인정받은 것도 이때였다.

못했지만, 1979년에 소련과 협상 결과에 대해 서명(SALT-II)까지 하는 진전을 보이기도 했다.

미국의 '핵무기 없는 세상' 구상이 공식적으로 세상에 공포된 것은 1977년 지미 카터 대통령의 취임식 자리에서였다. 그는 취임사에서 미국의 최고 목표를 "지구상에서 모든 핵무기를 없애는 것"이라고 천명했다. 그리고 그 선제 대상으로 한국을 선택했다. 한반도에서 주한 미군과 미국의 핵무기를 철수하겠다는 것이었다. 미국 대통령의 이러한 행보는 곧바로 김일성으로부터 "정의의 사도a man of justice"라는 찬사를 불러왔다. 하지만 미 행정부 내에서 격렬한 반대의 목소리가 제기되고, 특히 한국이 독자적으로 핵무기를 개발하겠다고 나섬에 따라 카터의 노력은 실질적인 진전 없이 종결되고 말았다.

이후 미 행정부의 실질적인 행보는 레이건 시기에 비로소 큰 걸음을 내디뎠다. 1982년에 레이건 대통령은 핵무기 감축을 선언한 데서 더 나아가 소련과의 협상을 진행했다. 그 후임자인 조지 H. W. 부시 행정부가 마무리한 해당 협상은 1991년『전략 핵무기 감축 조약-I START-I』의 체결이라는 중대한 변곡점으로 이어졌다. 2009년까지 유효했던 START-I은 2001년에 이미 양국이 전략 핵무기의 80%를 감축한 데 이어 약 6,000개의 핵탄두와 1만 6,000기의 ICBM 및 폭격기를 지구상에서 지워버리는 성과로 이어졌다.

한편 소련과의 핵 감축 협상을 진행하는 동안 미국은 냉전의 종결과 더불어 지역 차원에서의 핵무기 철수 계획을 잇달아 발표하고 추진했다. 1990년 봄 조지 H. W. 부시 행정부는 유럽에 배치된 미국의 모든 지상 핵무기의 철수를 결정했다. 그러나 이라크의 쿠웨이트 침공으로 계획이 무산되자, 그해 가을 한반도에서의 핵무기 철수를 새로운 목표로 겨냥했다. 그리고 1991년 9월, 부시 대통령은 한국 내에 배치된 미국 핵무기의 전면 철수를 선포했다. 실상 미국 내에서 고조되던 북한 핵 개발 의혹에 대한 대응이자 북한의 핵 개발 중단을 유도하기 위한 선제 전략 차원이었던 해당 선언은 그해 12월 한국 정부의 재확인으로 명백한 현실이 되었다.

뒤이은 빌 클린턴Bill Clinton 대통령 또한 핵무기 없는 세상을 꿈꾼 건 마찬가지였다. 그의 행정부 역시도 지역에서의 핵 개발을 조준해 이란, 이라크, 남아프리카 공화국, 인도, 파키스탄과 북한 등의 핵 개발과 실험을 저지하는 데 집중했다. 이 중 북한 문제의 해결은 클린턴 행정부에게 상당한 도전이었다. 1994년에 자체적인 핵 폐기를 단행한 남아프리카 공화국과는 달리 북한은 이란, 이라크와 마찬가지로 사찰과 검증이 불가능했다. 반면 인도와 파키스탄은 미국의 지정학적 전략 이익을 이유로 핵무기 개발을 '묵인' 받아, 1998년에 각각 핵 분열탄 실험에 성공한 데 이어 스스로 핵보유국임을 선언하기까지 이르렀다.

클린턴 행정부에게는 다른 어느 국가보다도 북한의 핵 개발 활동을 저지하는 데에 더 큰 정치·안보·군사적 명분과 지정학적 전략 이익이 걸려 있었다. 명분은 한미 동맹의 유지와 주한 미군의 안보였으며, 지정학적 전략 이익은 북한의 핵이 주변국에 미칠 파급 효과, 즉 주변국의 핵무장을 추동할 가능성이었다. 이는 클린턴 정부가 북한과 핵 협상을 할 수밖에 없었던 시대적 동력이었고, 1994년의 『제네바 합의서』는 그 동력이 이끈 절반의 성공이었다.

비록 후임인 조지 W. 부시 대통령이 2001년과 그 이듬해에 해당 합의서와 ABM 조약을 잇달아 파기했지만, 핵무기 없는 세상을 위한 노력은 다른 형태로 존속됐다. 기존의 대북 핵 협상 방식이 양자에서 다자 회담으로 전환되면서, 이른바 '6자 회담'은 북한 비핵화를 위한 보다 실질적인 조치를 담은 『9.19 공동 성명』과 『2.13 합의』로 이어졌다. 부시 대통령은 북한의 안전 보장을 카드로 한국 전쟁의 정전 협정을 평화 협정으로 대체할 것을 제안하며 평양의 적극적인 참여를 유도했다. 그러나 북한이 핵 실험과 미사일 발사 등과 같은 군사적 도발 행위로 합의서를 위반할 경우에는 유엔의 경제 제재를 주도하며 비핵화에 대한 강경한 태도를 드러냈다.

뒤이어 취임한 버락 오바마Barack Obama 대통령 역시도 핵무기 없는 세상을 위해 세계 차원에서 본격적인 행보를 이어갔다. 그는 2010년 <핵 안보 정상 회의>를 시작으로 임기 동안 네 차례(2010년, 2012년, 2014년, 2016년)의 국제회의에서 핵 없는 세상을 논의했다. 그런데 정작 북한 핵에 관해서 만큼 그의 백악관은 '전략적 인내'의 자세로 평양이 대화와 협상에 진정으로 임하기만을 기다릴 뿐이었다. 물론 그 역시 북한의 핵무기 개발에 대해서는 강경책을 견지하며, 유엔의 대북 경제 제재를 이끌었다. 2008년에 김정일 뇌졸중 사태[2]가 터지자 유사시 군사적 대비 태세 마련에 집중한 것도 같은 맥락이었다. 하지만 2011년 김정일의 사망과 2012년의 정권 교체, 그 뒤 지속된 북한의 핵 실험과 미사일 시험 발사는 백악관이 희망한 협상의 모멘텀을 철저히 짓밟았다.

마지막으로 도널드 트럼프 대통령은 더 과감히 북한 핵 문제를 건드린 축에 속했다. 그는 양자 회담도 다자 회담도 아닌, 정상 회담으로 문제를 해결하려 했다. 그의 취임 첫해인 2017년에 한반도는 '치킨 게임'처럼 끝까지 가보겠다는 미국과 이에 대응한 북한에 의해 긴장감으로 울렁였다. 워싱턴은 이 한 해 동안만 네다섯 차례의 선제공격과 정밀 타격 경고를 평양에 쏟아냈고, 평양 역시 이에 질세라 핵탄두와 핵미사일 실험을 자행해 백악관을 상대로 무력 시위를 벌였다.

북미 간의 긴장 국면에 쉼표를 찍은 것은 2018년 2월 한국에서 개최된 평창 동계 올림픽이었다. 이를 계기로 양국 정상은 2018년 6월에 역사상 최초의 북미 정상 회담을 개최한 데 이어 이듬해 2월에는 2차 북미 정상 회담을, 그리고 얼마 지나지 않은 6월 판문점에서 다시 조우하는 광경을

---

2) 2008년 9월 9일 평양 김일성광장에서 열린 정권 수립 60주년 기념 열병식에 김정일 위원장이 모습을 드러내지 않자, 그의 불참이 뇌졸중 때문이라는 정보가 확산되었다. 이에 우리 정부는 외교와 통일, 안보 라인을 총 가동해 정확한 진상 파악에 나서느라 진땀을 흘려야 했다.

연출해냈다. 그뿐만 아니라 회담 전후로 양국 간 고위급과 실무급 회담 역시 빈번히 이뤄지며, 비핵화 협상은 이전과 다른 양태로 세계인들의 기대감을 고취시켰다.

이상에서 봤듯이 미국의 핵무기 제거 전략은 두 가지 특징을 지니고 있다. 먼저 핵무기 감축 협상은 또 다른 핵 강국인 러시아와'만' 진행한다. 미국과 러시아는 핵무기와 미사일의 최대 보유국이다. 이 두 핵 강국이 핵무기 통제를 위해 형성한 제도와 규범을 나머지 핵보유국들은 '수용한다.' 물론 그 형성 과정에서 미국은 최소한 서구 국가들과의 의견 수렴의 과정을 거친다. 하지만 근본적으로 국제 핵무기 질서는 미국과 러시아, 이 두 축을 근간으로 형성되고 움직인다.

다른 한편으로 미국은 약소국의 핵무기 개발 활동을 전략 계산의 결과에 따라 통제 혹은 억제한다. 즉 미국의 지정학적 전략 이익에 유리한지 불리한지가 그들의 핵무기 개발과 보유를 결정한다. 일례로 미국은 대중국 억지력이란 고려 차원에서 인도의 핵무기 개발과 보유를 묵인했다. 그리고 그와 동시에 인도를 견제할 목적으로 파키스탄의 핵마저 용인했다.

무엇보다 중요한 것은 이들의 핵이 '미국에 직접적인 위협이 되는가'의 여부다. 이제 막 핵 개발에 나선 약소국들에게 미국의 핵무기는 상당한 위협이다. 그러나 막 핵 개발에 나선 약소국이든 핵 개발을 완성한 국가든, 군사 안보적으로 갈등을 빚지 않는 한 그들의 핵무기는 미국에 위협이 되지 않는다. 미국이 인도의 ICBM을 위협으로 취급하지 않는 것이 그 한 예이다. 중국이 북한의 핵미사일에 대해 미국과 전혀 다른 태도를 보이는 것 역시 그러한 지정학적 고려에서 출발한다. 물론 북한의 핵미사일이 실제로 중국의 우려를 자아낼 수는 있다. 그러나 양국의 동맹과 우호 관계, 더욱이 중국의 압도적인 핵 능력이 그 가능성을 잠식시키기에 충분한 것이 사실이다.

반면 미국의 눈에 북한은 변함없는 위협이다. 그리고 미국 역시 북한에게는 변함없는 적국이자 최대의 위협이다. 미국과의 비대칭적 전력을 극복하기 위해 핵 개발이라는 수를 둔 것은 (적어도) 북한에 있어서는 '합리적인 선택'이다. 미국의 타격 가능성을 줄이고 미국의 핵 공격에 맞선 억지력을 확보함으로써 정권의 안전을 보장하려는 것은 북한 핵 개발의 가장 크고 근본적인 추동력이자 동인이다. 따라서 그들은 핵 개발 과정에서 필요한 물질과 설비를 불법 조달이란 악수를 두면서까지 확보하는 데 전력을 다한다. 자금 조달을 위해 WMD를 미국의 적대국이나 적대 세력에게 밀매하는 것 역시 그들에겐 큰 우려 사항이 되지 못한다. 그러나 그렇기 때문에 북한의 행위는 미국의 시각에서 볼 때 국제 핵 질서의 근간을 뒤흔드는 행태로 정의된다.

게다가 미국이 북한의 핵을 직접적인 위협 요소로 인지하는 또 하나의 이유가 있다. 그들은 북한이 핵무기를 핵 위협에 대한 군사적 억지력 보유라는 목표 이외의 다른 용도로 활용할 수 있다는 데 상당한 불안감을 느낀다. 즉 북한이 보유한 핵무기, 핵 기술, 핵물질이 미국의 안보 전략 이익을 위협하는 적대 세력에게 판매 또는 이전됨으로써 종국적으로 미국을 공격하는 데 간접적으로 공헌할 수 있다는 걸 우려한다는 의미다.

미국은 테러리즘과 테러리스트들이 보유한 WMD의 확산을 미국뿐 아니라 세계의 평화와 안보마저 위협하는 요소로 해석한다. 워싱턴의 사고 속에 미국을 겨냥한 위협은 곧 세계의 평화와 안보를 겨냥한 위협인 셈이다. 따라서 북한이 '테러 지원국'이란 꼬리표를 달고서 대미 적대 정책을 고수하는 한 미국이 인지하는 북한은 영원한 위협이다.

북한 핵 개발의 안개가 걷히다

북한의 핵 개발이 실체를 드러낸 건 1990년대 초반부터였다. 하지만 핵 개발 진척에 대한 불확실하고 불명확한 정보로 인해 미국은 2006년 9월에 북한이 첫 핵 실험을 자행하기 이전까지 그 실체를 가늠하는 데 고전을 면치 못했다. 한 가지 확실한 사실은 북한의 핵 위협에 대한 미국의 인식만큼은 날로 강해졌다는 것이다. 1991년에 이미 미국은 북한이 1995년이면 투박하나마 효과적인 핵무기를 개발해낼 것이라 내다보고 있었다.[3)]

곧이어 1993년 11월 말에 미 DNI는 북한이 이미 1~2개의 핵무기를 확보했으며, 그들이 핵무기를 포기하는 일은 절대 없을 것이라 결론지었다.[4)] 그리고 이보다 앞선 1992년 2월 25일에 미 CIA의 로버트 게이츠 국장은 미 하원을 상대로 북한이 짧게는 몇 개월, 길어도 2년 내에 핵무기를 개발해 낼 수 있다고 증언했다.

1994년 3월 IAEA의 사찰이 실패하면서 미국의 우려는 더욱 커졌다. 1991년부터 건설 중이던 영변의 두 번째 핵 처리 시설이 완공을 목전에 두고 있음을 알고 있었기 때문이다. IAEA의 사찰이 일 년 안에 재개되지 않을 때 발생할 시나리오, 즉 완공된 핵 처리 시설이 북한에 핵폭탄 5~6개를 생산해 낼 수 있는 플루토늄을 선사하게 될 것이란 계산이 우려를 부채질했다. 그해 4월 윌리엄 페리[William Perry] 국방 장관은 2년 전 게이츠의 발언에서 한발 더 나아가, 북한이 몇 년 후면 연간 12개의 핵무기 생산 능력을 갖추게 될 것이라 경고했다.[5)] 그리고 1998년, 북한이 쏘아 올린 대포동 미사일이 미국의 우려에 결정타를 날렸다. 3단계 추진 로켓으로 설계된 해당 무기가 미 대륙까지의 비행 능력을 과시함에 따라 북한의 핵 위협을 현실로 인정해야만 하는 상황이 도래한 것이다.[6)]

---

3) Jim Hoagland, "Stopping North Korea's Bomb," Washington Post, October 24, 1991, p. A-23.

4) Leon V. Sigal, Disarming Strangers: Nuclear Diplomacy with North Korea, p. 90.

5) Don Phillips, "Sanctions a First Step, U.S. Warns North Korea," Washington Post, April 4, 1994, p. A-1.

6) Madeleine Albright, Madam Secretary: A Memoir, (New York: Harper Perennial, 2013), p. 460.

그리고 20여 년이 흐른 오늘, 당시 미국의 예언은 현실이 되었다. 2018년 <과학 국제 안보 연구소[ISIS]>의 데이비드 올브라이트[David Albright] 소장은 영변 원자로의 폐연료봉 재처리로 산출된 플루토늄과 우라늄의 양을 분석하여, 2018년 기준으로 북한이 이미 보유한 핵무기를 34개로 계산했다.[7] 그전 해인 2017년 스웨덴의 <스톡홀름 국제 평화 연구소[SIPRI]>는 북한이 보유하고 있을 핵탄두의 수를 10~20개로 추정한 바 있다. 그러나 2년 뒤인 2019년에 그 수는 20~30개로 급증했다.[8] 미국의 <랜드 연구소[RAND Corporation]> 역시 2019년 발표한 보고서에 북한이 동년 기준 최소 15개, 최대 60개의 핵탄두를 보유한 상태이며, 이는 2020년에 최소 30개에서 최대 100개까지 늘어날 것으로 전망했다.[9]

과거 30여 년간의 북핵 협상을 따져볼 때, 미국의 요구는 북핵의 위협 수준에 대한 판단과 북한의 비핵화 의지 및 행위라는 두 가지 요인에 의해 그 수위가 결정되었다. 첫 번째 관점에서 보면 미국의 비핵화 개념은 북한 핵의 무기화 개발 수준에 맞춰 변화를 거듭했다. 1차 북핵 위기 당시 미국의 요구는 북한 핵 시설의 가동 중단[stop/halt]과 동결[freeze], 폐쇄[shut down]에 국한됐다. 핵무기를 제조할 수 있는 기술과 산업 능력의 개발을 중단하고 핵분열 물질과 모든 장비 및 무기를 포기하는 것이 곧 90년대의 비핵화였던 셈이다.

1993년 11월 7일 클린턴 미 대통령은 미 NBC 방송의 「Meet the Press」와의 인터뷰에서 "북한의 핵무기 개발을 허용할 수 없다"는 방침을 강조했다. 따라서 그의 북핵 정책은 북한이 핵무기 생산을 위한

---

7) Albright, David 2018: "Understanding North Korea's Nuclear Weapon Capabilities," 9 May 2018, http://isis-online.org/uploads/isis-reports/documents/Albright_North_Korea_slides_for_CTR_talk_may_9%2C_2018_final_pdf.pdf (검색일: 2019년 5월 8일).

8) SIPRI, Yearbook 2019: Armament, Disarmament, and International Security (London: Oxford University Press, 2019).

9) Gentile, Gian et al. 2019: "Four Problems on the Korean Peninsula—North Korea's Expanding Nuclear Capabilities Drive a Complex Set of Problems," RAND Corporation, January 2019, https://www.rand.org/pubs/tools/TL271.html#download (검색일: 2019년 5월 8일).

플루토늄을 더 이상 생산해 내지 못하게 하는 데 초점이 맞춰졌다. 하지만 일 년 뒤인 1994년 3월, 판문점에서 한국 측이 제재 가능성을 언급하자 북한이 발끈하며 "서울 불바다"를 내뱉은 것이 클린턴의 계획을 저지했다. 남북 대화는 돌연 중단되었고, 북한은 IAEA 사찰단을 추방하는 것으로 불편한 심기를 드러냈다. 그 뒤 1994년 4월 3일, 페리 미 국방 차관은 차선책으로 북한의 핵 '동결'을 처음 언급했다. 그리고 같은 달 11일에 그는 북한이 상당한 핵 능력을 구비하게 될 기회와 방법 모두를 차단해야 한다고 부연했다. 북한이 한두 개의 폭탄을 생산해 낼 여력을 이미 갖추고 있으므로, 핵 시설 폐기라는 요구가 수용되기 전에 최소한 동결이 필요하다는 게 그의 판단이었다.

곧이어 페리 국방 장관과 로버트 갈루치Robert Galluchi 북핵 특사가 서울을 방문한 4월 16~20일 사이에 패트리어트 미사일이 한국에 당도했다. 이에 김일성은 즉각 외신과 두 차례의 인터뷰를 통해 화해의 손길을 내밀었다. 외신 기자 및 외교관들과의 리셉션 자리에서 그는 자신에게 핵 야욕의 포기와 핵 개발 프로그램을 동결시킬 의향이 있음을 암시했다.[10] 더불어 그는 서울 불바다 발언을 한 인사를 숙청함으로써 그 발언이 결코 자신의 의사가 아니며 '실수'였음을 증명하려 했다.

그러나 김일성의 진정성을 두고 미국은 의구심을 거두지 못했다. 그리고 얼마 후 일본의 방송 기자와 가진 김일성의 서면 인터뷰가 그런 의구심을 확신으로 끌어올렸다. 김일성은 최근 사태에 대한 미안함을 조금도 드러내지 않았던 것이다. 오히려 그는 미국이 고위급 회담 개최 약속을 이행해야 한다고 역설하며, 모든 문제는 미국이 회담 개최에 무조건 동의하는 순간 비로소 해결될 것이라 호언장담했다.[11]

10) Lena H. Sun, "North Korea Doesn't Have Nuclear Arms, Leader Says," Washington Post, April 17, 1994. p. A-29.

11) T. R. Reid, "N. Korea's Kim Says U.S. Blocks Progress," Washington Post, April 19, 1994, p. A-12.

이렇게 북미 관계가 악화일로로 치달으며 한반도 전쟁 위기설이 난무하던 1994년 6월 15일, 중재자로 지미 카터 전 대통령이 평양을 방문한다. 카터와의 회견에서 김일성은 다시금 한 발 후퇴한 자세로 핵 개발 프로그램의 '동결'안을 수용할 수 있다고 고백하며, 그 대가로 미국의 핵 불가침 보장과 전력 절충을 위한 경수로 건설을 제안했다.

그러나 그 뒤 2002년에 2차 북핵 위기가 발발하며 북한은 북핵 문제에 있어 유리한 고지를 점하게 됐다. 2005년에 최초로 핵보유국임을 선언한 데 이어 이듬해 7월 중장거리 미사일 7기의 시험 발사, 심지어 10월의 사상 첫 핵 실험 성공에 이르기까지 북한의 행태는 세계의 불안을 삵아먹으며 부단히 몸집을 키워갔다.

본격화된 북미 간 줄다리기

이후 미국의 대북 핵 정책 목표는 핵 시설의 불능화disable로 격상되었고, 이는 2007년 1월 15일 크리스토퍼 힐Christopher Hill 미 국무부 동·아태 차관보와 김계관 북한 외무성 제1부상 간의 베를린 회담을 통해 공식화되었다. 조지 W. 부시 행정부의 새로운 목표로 부상한 북핵 불능화 정책은 세 가지 조건, (1) 북한 핵물질 재고의 전량 포기 (2) 핵심 조건으로서 추가적인 핵물질 생산 가능성의 원천 차단 (3) 비확산 의무의 철저한 수행 견인을 전제했으며, 핵물질 신고와 생산 시설의 불능화를 겨냥했다.

불능화에는 크게 '높은 수준'과 '낮은 수준'의 두 가지 개념이 있다. 이른바 '높은 수준'의 불능화는 핵 시설에서 핵심 부품을 분리한 뒤 '파괴'하는 것이다. 반면 '낮은 수준'은 핵 시설에서 핵심 부품을 분리한 뒤 이를 '북한 내에 보관'하는 것이다. 미국이 처음부터 요구한 것은 사실상의 핵 시설 폐기를 의미하는 '높은 수준'의 불능화였다. 하지만 막상 현실에서 그들이 얻어낸 것은 '낮은 수준'의 불능화에 불과했다.

또한 불능화는 핵 신고를 담보로 한다. 사찰을 거부하는 대신 관련 시설, 설비, 물질 전반을 철저히 보고하는 것이다. 이는 요구하는 측이 상대방에 대한 어느 정도의 신뢰를 가지고 있다는 것을 잠재적 조건으로 한다. 하지만 당시의 부시 행정부는 북한을 신뢰했기 때문이 아니라 핵의 무기화를 조속히 저지하기 위한 차선책 혹은 미봉책으로 불능화를 택했다.

한편 1차 핵 위기가 발생한 이래로 미국이 주력한 지점은 북한 핵 개발의 과거 기록을 확보함으로써 근래의 진척을 가늠하는 데 있었다. 물론 그들은 사찰이라는 직접적인 방식을 선호했으나, 북한이 그것을 거절할 게 자명했기 때문에 차선책으로서 자진 신고라는 방법을 택했다. 그러나 북한에 대한 미국의 불신 또한 명백했으므로 백악관은 신고가 미비할 경우를 대비하여 추가 조건을 곁들였다. 즉 핵 시설의 시료 채취(샘플링)와 북한의 허락 아래 신고하지 않은 시설을 조사하는 이른바 '특별 사찰'이었다. 하지만 1차 핵 위기 때부터 북한은 '특별 사찰'이 합의 내용을 위반하는 차별적 사안이라는 입장을 견지했기 때문에 그 반발은 당연히 클 수밖에 없었다.

이후 북미 간 갈등은 6자 회담이 진행된 2008년 내내 쉴 새 없이 터져 나왔다. 우선 핵 프로그램의 신고 문제를 두고 미국과 북한이 맞부딪쳤다. 미국이 신고 대상으로 플루토늄 프로그램뿐 아니라 우라늄 농축과 핵 확산 의혹의 검증까지 요구한 반면, 북한은 플루토늄만을 고집했다. 그리고 핵 확산 의혹에 대해선 "그런 건 절대 없다"라고 강조했다. 그나마 양국의 갈등을 잠시 봉합한 것은 2008년 5월 크리스토퍼 힐 미 동아·태 차관보와 김계관 북한 외무성 부상이 맺은 『싱가포르 잠정 합의』였다. 이에 따라 북한은 플루토늄 프로그램은 6자 회담 의장국인 중국에 '공개' 신고하고, 우라늄 농축과 핵 확산 의혹은 미국에 비공개 양해 각서[MOU]로 '간접' 신고할 수 있게 되었다. 그리고 미국은 비록 원래의 의도가 대폭 축소된 결과물이지만, 북한의 도발을 달랠 방도를 도출했다는 데 일단 안도의 한숨을 내쉴 수 있게 되었다.

그런 뒤 2008년 5월에 6자 회담의 미국 측 대표인 성 김Sung Kim, 한국명 김성용이 평양 땅을 밟았다. 그리고 그는 1986년 영변 핵 시설 가동 이후의 모든 기록을 담은 1만 8,000쪽 분량의 문건을 가지고 귀국길에 올랐다. 막대한 분량의 문건을 받아든 미국이 북한에 건네야 할 대가는 애초 베를린에서 합의한 대로 북한을 적국 교역국과 테러 지원국 명단에서 제외하는 것이었다. 특히 테러 지원국 명단으로부터의 해제는 군 장비의 판매와 국제 금융 기관의 자금 거래를 허용한다는 의미를 담고 있었기 때문에 북한은 이를 위해 가장 중요한 최근 6개월간의 기록을 미국에 미리 건네기도 했다.[12]

그 결과 2008년 6월 26일에 정식 핵 신고서가 워싱턴에 당도했다. 그러나 북한은 검증 의정서에 대해 6자 회담이나 북미 실무 회담에서 관련 의무나 조항을 명시하지 않았다는 이유를 들어 합의를 거부했다. 물론 북한이 거부한 이유는 또 있었다. 미국이 핵 신고서 제출에 따른 테러 지원국 지위의 해제 약속을 번복했기 때문이었다. 그러자 북한은 핵 프로그램의 불능화는 북미 수교나 경수로 제공 등의 보상과 교환할 수 있지만, '이미 만든 핵무기'는 북미 수교 이후에나 폐기를 논의해 볼 수 있다고 맞불을 놓았다.[13]

그리고 2008년 8월 26일에 북한 외무성 대변인은 자주권 수호와 2005년에 채택된 『9.19 공동 성명』을 근거로 특별 사찰을 극력 비판했다. 자신들이 허용한 현장을 방문하여 신고 사항을 검토하는 동시에 관련 기술자와 인터뷰하는 것만으로도 충분하다는 게 평양의 고집이었다. 특별

---

12) Christopher R. Hill, Outpost: Life on the Frontlines of American Diplomacy: A Memoir, (New York: Simon & Schuster, 2014), p. 327.

13) 이는 2003년 12월 16일 리근 북한 외무성 미주국 부국장이 미국의 민간 정책 연구 기관인 <국가정책 센터(CNP)>에 보낸 공개 답변서에서 처음 주장되었다. "북-미 '뉴욕채널' 재가동, 6자회담 급류", 『프레시안』, 2004년 1월 14일.

사찰은 북한의 핵무기 폐기와 미국의 대남 핵우산 폐기를 맞교환하는 비핵화의 최종 단계에서나 가능한 것이므로, 핵 프로그램 폐기를 논하는 현 단계에서는 절대 허용될 수 없다는 반발이 이어졌다.

그렇다면 북한이 핵 불능화에 대해 진정성을 가지고 철저한 신고와 미흡한 부분에 대한 사찰 수용을 받아들일 경우 미국이 계획한 보상은 어느 정도의 것이었을까? 2007년 대한민국 외교 통상부의 브리핑을 근거로 보건대, 이는 단순한 경제 제재 해제 이상의 것이었다. 같은 해 12월 3일, 한국의 백종천 국가 안보실장과 콘돌리자 라이스Condoleezza Rice 미 국무장관은 북한의 핵 불능화와 신고가 충족되어 핵 폐기 과정에 진입하면, 남·북·미·중 4자 간의 종전 선언을 추진하기로 합의했다. 한반도 평화체제 구축의 핵심 전제인 비핵화가 핵 폐기로 충족되면, 평화 협상을 진행하다가 정치적 추동력이 쇠퇴할 때 4자가 종전 선언을 공포한다는 구상이었다.[14)]

반면 후임인 오바마 대통령은 전임 부시 대통령의 불능화 수준에 동의하지 않았다. 그는 핵 시설의 재개 가능성을 함축하는 '낮은 수준의 불능화'가 아닌, 실제적 효과를 가져다줄 수 있는 '높은 수준의 불능화'를 주장했다. 『9.19 공동 성명』이 제시한 비핵화 과정과 평화 체제 협상을 병행하는 포괄적 접근만이 북한의 비핵화를 끌어낼 수 있다는 게 그의 확신이었다. 따라서 그의 1기 행정부는 비핵화와 평화 체제를 병행하는 전략, 즉 '포괄적 패키지comprehensive package' 협상을 새로운 기치로 내걸었다.

그래서 오바마 대통령이 원한 핵 폐기는 불능화에서 한 걸음 더 나아간, "모든 핵무기와 핵 시설의 전면적이고, 검증 가능하고, 불가역적인 폐기CVID"였다. 부시 행정부가 합의한 『9.19 공동 성명』도 이미 핵 폐기의 개념을 재차 공식화했지만, 부시 스스로가 북한의 핵 포기를 불신했기에 그것이 특별한 의미를 내포하고 있지는 않았다. 그는 다만 불능화 방침을

---

14) 외교통상부, 『장관 내외신 브리핑』, 2007년 10월 31일.

차선책으로 믿고 이로 전환한 것에 불과했으며, 북핵 시설을 불능화하면 추가적인 핵탄두 생산 역시 불가능해지리라 믿었다. 반면 오바마 대통령은 핵 폐기를 현실로 끌어내기 위해 북한과 절충점을 모색하는 데 집중하기 시작했다.

그 결과 북한의 '제한적 비핵화' 개념 일부가 백악관에 수용되었다. 미국은 본래 핵 시설을 포함한 핵 프로그램뿐 아니라 핵무기의 폐기까지 원했다. 하지만 1994년 『제네바 합의서』와 2005년의 『9.19 공동 성명』에서 핵무기에 관한 조항은 찾아볼 수 없었다. 『9.19 공동 성명』의 후속 조치인 2007년 『2.13 합의』와 2008년의 『10.3 합의』 역시 마찬가지였다. 이들 문건은 북한의 요구에 따라 핵 시설의 폐기 문제, 즉 동결에서 불능화까지, 신고와 검증에서 폐기까지의 과정을 점진적이고도 단계적으로 접근할 것을 명시하는 데 그쳤다.

상황이 바뀌면 인식도 바뀐다

이를 바탕으로 북한과의 절충 방안은 핵 협상 의제 자체의 변화로 나아가기 시작했다. 특히 북한이 핵 실험으로 이미 핵무기 능력을 갖춘 점을 참작하여 2009년에는 핵무기 폐기가 최후 순위로 밀려났다. 이런 미국의 변화에 북한은 핵 시설 폐기를 북미 수교와 경제 제재의 해제 및 경제 보상 등과 교환할 수 있지만, 핵무기 폐기는 북미 수교와 미국의 핵우산 철회 이후에나 가능하다고 응대했다. 이는 북한이 1980년대부터 주장한 '한반도 비핵화 지대'의 구현으로, 기존 비핵화의 목표에 전환을 이뤘음을 의미했다. '한반도 비핵화 지대'는 북핵뿐 아니라 미국이 한국에 제공한 핵우산은 물론 주변 핵보유국의 핵무기가 한반도를 통과, 경유하거나 근접하는 것 일체를 금지한다. 따라서 이는 자연스레 주변 핵보유국들의 동참을 담보로 한다.

시간이 지나 트럼프 행정부의 출범과 2018년 1차 북미 정상 회담의 개최를 전후로 미국은 이제 완전한 비핵화를 요구하고 나섰다. 2017년 12월 18일 미 백악관의 『국가 안보 전략 보고서[NSS]』, 2018년 1월 19일 미 국방부의 『국방 전략서[NDS]』, 8년 만에 발표된 같은 해 2월 2일의 『핵 태세 보고서[NPR]』 등이 이를 증명했다. 특히 마지막 NPR은 북핵을 "미국과 그 동맹들에 대한 명백하고 심각한 위협"으로 정의한 데 이어, "미국과 동맹에 대한 북한의 어떠한 공격도 정권의 종말로 귀결될 것"이라는 날 선 경고를 날렸다.

이들 보고서가 한결같이 지적하는 바는 하나다. 북한의 비핵화 문제에 있어 더는 전임 행정부의 '과오'를 되풀이해서는 안 된다는 것이었다. 여기서 말하는 '과오'란, 북한으로부터 무언가를 얻어내기 위해 미국이 적국이자 불량한 정권에게 협상의 주도권을 빼앗긴 채 양보로 일관했던 과거를 일컫는다. 덕분에 북한은 2005년에 핵보유국임을 천명할 수 있었고, 이후 실질적인 핵보유국으로 도약하기 위한 핵과 미사일 실험을 아무런 제지 없이 지속할 수 있었다.

따라서 트럼프의 북한 비핵화 목표는 북한을 최대한 압박하여 완전하고, 검증 가능하며, 불가역적인[CVID] 핵 폐기를 도출해 내는 것이었다. 이는 유엔의 입장과도 일치한다. 2016년에 유엔은 안보리 결의안 2270호를 통해 북한 비핵화의 개념을 소개했다. 해당 결의안은 미국의 기존 CVID와 일맥상통하면서도 몇 가지 추가된 사항들을 담고 있는데, 즉 핵무기와 핵 관련 활동 일체의 포기를 명시한 것이다. 그래서 트럼프의 초기 입장은 이의 관철을 위해 조금의 협상도 고려치 않는 것이었다. 당시 유엔의 결의안은 북한의 비핵화 개념에 관해 이제 국제 사회에 이견이 없음을 입증했다. 중국 역시 이에 동조했다. 참고로 이 대목에서 우리가 간과하지 말아야 할 점은, 미중 각자가 규정하는 한반도 비핵화의 지리적 범위가 상이[相異]하다는 것이다. 미국이 '한반도 비핵화는 곧 북한 비핵화'로 국한하는 데 반해, 중국이 말하는 범위는 한반도 전체를 포괄한다.

그러나 취임 이듬해 트럼프는 북한 비핵화 전략을 강경책에서 협상으로 전환했다. 그리고 두 번의 정상 회담이란 새로운 역사를 썼다. 그럼에도 그의 행보가 아무런 결실을 거두지 못한 근본적인 이유는 간단하다. 1994년 이후 북미가 합의한 네 가지 합의서의 내용보다 더 창의적이고 혁신적인 해결 방안은 현실적으로 불가능하기 때문이다. 이전의 합의서들은 이미 비핵화의 조건과 방식 모두를 포함했다. 트럼프가 회담에서 기대한 것은 사실 북한이 CVID를 완전히 수용한다는 전제 아래 그 이행 순서만 협상하는 것이었다. 그래야만 북한이 염원하는 안전 보장에서부터 평화 협정을 거쳐 수교와 제재 해제까지의 선물 보따리를 그가 지불할 수 있는 명분이 생기기 때문이다. 결국 핵을 둘러싼 북미 간의 줄다리기는 두 차례의 정상 회담이란 역사에도 불구하고 자신의 원칙을 고수한 트럼프에 의해 아무런 결과 없이 종결될 수밖에 없었다.

5장

열려는 미국, 닫으려는 북한

- 북한의 개혁 개방은 비핵화의 바로미터
- 북한이 구상하는 개방과 그 한계
- 선군경제의 태동과 북중 경협
- 북한의 개방을 기대해서는 안 되는 이유

5장 | 열려는 미국, 닫으려는 북한

북한의 개혁 개방 문제는 사실 북미 핵 협상의 공식 의제는 아니다. 그러나 그것이 북한의 비핵화와 북미 수교 문제의 해결에 있어 결정적인 요소임엔 틀림없다. 북한의 개혁 개방 의사는 그들의 비핵화 의지를 가늠할 수 있는 유일한 척도다. 북한 비핵화는 평양의 일방적 선언으로만 성사되진 않는다. 반드시 관계 기관, 심지어 관련국인 미국의 검증과 사찰이 병행되어야 한다. 따라서 개혁 개방 문제는 곧 북한 비핵화로 직결된다.

북한은 지난 70여 년 이상을 고립무원 속에서 지내왔다. 자의든 타의든 북한의 대외 관계는 매우 폐쇄적이다. 180여 개 국가와 수교했음에도 불구하고, 제재나 안전 등의 이유로 자유로운 왕래가 어려운 상황이다. 더욱이 내부의 독재 정권이 북한 내에서의 자유를 철저히 통제하고 있다. 가령 외국인들은 북한을 관광하더라도 방문할 수 있는 장소와 활동할 수 있는 범위나 반경에 심각한 제약을 받는다. 자유로운 사진 촬영은 기대할 수조차 없다.

이와 같은 장기적인 고립과 폐쇄로 북한은 자연스레 대외 공포증

xenophobia을 얻었다. 대외적인 불신이 심화되면서 북한은 자신을 공개하는 것을 곧 자신의 약점을 드러내는 처사로 인식하기에 이르렀다. 여기에 장기간의 독재 통치로 사회 통제가 만연하다 보니 내부 공개마저 거의 불가능한 실정이다. 북한 주민은 세상과의 오랜 단절로 나라 밖 소식을 전혀 모르는 깜깜이로 전락했다. 대내적으로 언론의 자유, 이동의 자유, 표현의 자유와 교통수단 등이 모두 결핍된 상황에서 국민들이 접할 수 있는 소식은 극히 제한되어 있다. 문제는 이런 내부적 구속과 통제 규율이 북한을 방문한 외국인들에게도 그대로 적용된다는 데 있다. 북한 당국이 유독 외국인들에게만 자유라는 '특혜'를 허용할 리 만무하다.

따라서 외국인들이 보고 알 수 있는 북한은 극히 제한적이다. 허용된 영역 혹은 지역 외에서의 활동은 주권 침해를 이유로 즉각 거절당한다. 북한이 대외 공포증과 피해 의식에 사로잡혀 있다는 방증이다. 이 같은 북한의 의식은 IAEA의 사찰 당시에도 적나라하게 드러났다. 북한은 합의된 공간과 범위 내에서만 사찰과 검증을 진행할 수 있다는 입장을 고수했다. 제한된 범위 이상의 검증과 사찰은 북한의 주권을 침해하는 처사로 여겼다. 북한에 있어 현장에서의 협상과 타협은 있을 수 없는, 있어서는 안 될 일이었다.

사찰과 검증 과정에서 IAEA가 북미 간에 합의된 사항보다 더 많은 주문을 들고 나오면, 북한은 차별과 불평등을 이유로 곧바로 거부했다. 사찰 과정에서 북한의 협조가 미력하다고 판단한 IAEA가 특별 사찰을 요구할 때도 북한의 입장은 완강했다. 그들은 오히려 비협조의 책임을 IAEA에 전가하며, 추가적인 핵 시설의 검증과 사찰을 거절했다.

정리해 보자면, 북한이 핵 시설에 대한 개방을 거절한 주된 이유는 크게 세 가지다. 주권 침해, 차별화와 불평등이 바로 그것들이다. 북한은 줄곧 이들을 무기 삼아 사찰과 검증을 회피해왔다. 그래서 결국 미국은 북한의 개방 의사 유무를 비핵화에 대한 그들 스스로의 의지와 직결되는 관건으로 인식할 수밖에 없다.

북한이 보여 온 행태 또한 미국 의회와 시민들이 북한의 비핵화 의지를 줄곧 의심의 눈초리로 바라보는 이유이자, 미국이 갖는 대북 불신의 근원 중 하나로 정의된다. 일례로 1993년 12월 6일 백악관에서 개최된 참모 회의 도중 미 국방 장관은 북한의 김일성 주석에게 패키지 딜로 접근하자는 제안을 내놨다. 북한이 미국의 제안을 한 번에 수용하거나 혹은 거절하도록 하는, 도 아니면 모 식으로 해결하자는 주장이었다. 이에 클린턴 대통령은 북한의 고위급 회담 복귀를 활용해 북한을 개방으로 이끌어내기로 한다. 이는 결국 북한 핵 시설의 사찰을 이뤄내기 위한 개방으로서, 북한의 핵 문제가 이제 더 이상 플루토늄 생산 여부의 문제가 아니라 폭탄 제조를 우려해야만 하는 단계에 이르렀다고 확신했기 때문이었다. 여기에 IAEA 또한 북한이 검증을 수용한 모든 현장에 무조건 접근할 수 있도록 허용할 것을 요구했다.

이에 북한은 1994년 1월 7일 IAEA 사찰단을 영변에 초청했다. 현장 점검에 들어간 IAEA 사찰단은 10일 북한 측에 구체적인 사찰 대상 목록을 전했다. 그러나 일주일 뒤인 17일에 북한은 거절을 통보했다. 그래서 20일에 IAEA는 본래의 사찰 목록을 넘어선 요구를 거부한 북한을 향해 더 이상의 사찰은 없다고 경고했다. 그럼에도 24일까지 북한이 무반응으로 대응하자, 미 국방부는 25일에 한국과 패트리어트 미사일 발사대 48기를 배치하는 데 합의했다.[1)]

그리고 클린턴 대통령은 2월 21일까지 북한이 사찰에 동의하지 않으면 패트리어트 미사일의 배치를 승인할 것이라고 선언했다. 그러자 북한은 IAEA의 사찰이 불공평하고 차별적인 요구들로 가득 차 있다고 비판하면서도 마지못해 IAEA의 사찰을 수용했다. 하지만 군사 시설의

---

1) “주한미군 증파 등 추가 군사 代案도 검토”, 『연합뉴스』, 1994년 3월 22일.

사찰만큼은 끝까지 완강히 거절했다. 그들은 이를 주권 포기의 의미로 해석했던 것이다.[2)]

북한의 개방 의지에 대한 미국의 의구심은 그 뒤로도 계속 이어졌다. 2000년에 매들린 올브라이트Madeleine Albright 미 국무 장관이 평양을 방문했을 때도 미국의 간보기는 계속됐다. 방문 둘째 날 평양 목련관에서 개최된 연회 자리에 김정일 국방 위원장이 당도하자, 올브라이트 장관은 그에게 북한이 경제를 위해 개방을 결단할 수 있는지를 단도직입적으로 물었다. 그러자 김정일의 반문이 이어졌다.

"개방이라니, 무슨 개방을 말하는 거요? … 먼저 이 용어의 의미부터 제대로 정의해야 할 거요. 왜냐하면 개방은 나라마다 다른 의미가 있기 때문이오. 우리는 서구식의 개방을 수용할 수는 없소. 개방이 우리의 전통을 훼손하면 안 되기 때문에 그렇소."

더불어 그는 자유 시장과 사회주의를 혼합한 중국식 모델엔 흥미가 없다고 일축했다. 대신 그는 스웨덴 모델이 흥미롭다고 했다. 기본적으로 그 방식이 사회주의라는 게 이유였다. 그러면서 그는 "태국이 강한 전통의 황실 시스템(체계)을 유지한 채 숱한 격동의 역사 속에서도 독립을 잘 지켜왔으며, 시장 경제도 구비하고 있다"라며 태국 모델에도 관심을 보였다. 이 대목에서 올브라이트는 북한 수뇌부의 관심이 태국의 경제 체제에 있는지, 황실 보존에 있는지를 궁금해했다.[3)]

한 가지 흥미로운 사실은 그때까지 김정일은 당시의 미국 측의 질문에 담긴 의도를 몰랐다는 점이다. 그는 올브라이트의 질문을 말 그대로 받아들였고, 그래서 개혁 개방에 대한 자신의 본래 생각을 솔직하게

---

2) James Sterngold, "North Korea Turns Away from Nuclear Inspection Condition," New York Times, August 21, 1994, p. 25.

3) Madeleine Albright, Madam Secretary: A Memoir, p. 466.

밝혔던 것이다. 이는 지금까지 바깥 세계가 북한을 관측해 예상하던 답과는 상당히 동떨어진 것이었다. 그동안 외부의 관찰자들은 북한의 개혁 개방 모델로 중국이나 베트남을 손꼽아왔다. 그러나 김정일은 전혀 달랐다. 그는 모든 이의 허를 찔렀다. 그가 스웨덴 아니면 태국을 염두에 뒀을 것이라고는 아무도 예상하지 못했다. 게다가 그렇게 선택한 이유에 대한 그의 부연 설명은 나름대로 북한을 알고 있다고 여겼던 외부 관찰자들의 무지를 폭로했다. 스웨덴을 거론한 것은 북한이 생각하는 사회주의 국가의 범주가 상당히 넓다는 증거였고, 태국의 황실 정치 체계를 거론한 것은 세습 유지에 대한 북한의 결연한 의지를 알리는 대목이었다.

북한이 구상하는 개방과 그 한계

이렇게 북한이 유념하는 개혁 개방의 모델이 세계의 예상을 빗나갔듯이, 그들이 생각하는 개방의 대상도 우리의 통념과는 매우 다르다. 우리는 북한이 경제 발전을 위해 개혁 개방을 취하면, 자연히 세계 경제 체제에 편입하고 전 세계에 문호를 개방할 것이라 기대한다. 하지만 지난 1980년대부터 북한이 취한 일련의 개혁 개방 조치는 이런 속성을 부정한다.

무엇보다 북한은 대외 개방의 대상을 중국으로 제한한다. 물론 러시아가 포함될 가능성도 배제할 순 없다. 그러나 지금까지 북러 경제 협력 관계의 실상을 복기해 보면, 최소한 북한의 초기 개혁 개방 단계에서 러시아에게도 그 문이 열릴 가능성은 크지 않다. 그보다는 일단 중국에 먼저 문호를 개방한 후 러시아가 뒤를 잇는 순서가 될 것이다. 한국을 상대로 한 개방이나 경협 또한 이와 같은 수순을 밟을 것이다. 금강산 관광특구와 개성 공단 특구에서 북한이 보여준 행태가 이를 입증한다.

북한은 한국과의 경협을 매우 제한적이며 소규모의 형태로 유지한 채 그를 확대하길 거부해왔다.

이 대목에서 1980년대와 90년대에 북한이 취한 소수의 개혁 개방 조치에 대한 분석은 따로 언급하지 않겠다. 소수의 사례인데다 실제로 이행되지는 않았기 때문이다. 대신 2000년대에 북한이 그나마 행동으로 옮긴 두 가지 사례를 분석하고자 한다. 2002년 9월에 선포한 신의주 특별 행정구와 2010년부터 북중 양국이 합의한 나진·선봉 경제 무역구 및 황금평·위화도의 개발 협력 사업이 바로 그 대상이다. 북한은 그나마 이들 사업으로 개혁 개방의 의사를 공식화했다.

신의주를 특별 행정구로 제정하는 과정에서 북한의 개혁 개방 의사는 확고해 보였다. 특구 지정에 앞선 2002년 7월에 북한 당국은 『7.1 경제 개혁 조치』를 반포했다. 그리고 9월에 신의주를 경제특구로 선언했다. 특별 행정구의 행정 장관으로는 네덜란드의 화교 출신이자 중국 어우야歐亞 그룹 회장인 양빈楊斌이 임명됐다. 하지만 그가 탈세 혐의로 중국 당국에 체포되면서 신의주 경제특구의 개발 계획은 무산됐다. 이후 2013년에 신의주가 다시 특구로 지정되었으나, 사업은 여전히 답보 상태를 벗어나지 못하고 있다.

당시 북한의 구상은 이 특구를 홍콩이나 마카오처럼 '일국양제'와 같은 방식으로 운영하는 것이었다. 그리고 중국의 사회주의식 경제 자유 구역인 선전 특구深圳特區의 장점을 활용해 신의주를 국제적인 항구 도시이자 21세기 환경친화형 도시로 개발하는 것이 목표였다. 그에 따라 북한 지도부는 총 6장 101조로 구성된 『신의주특별행정구기본법』을 마련해 그 주력 사업을 금융·무역·상업·공업·첨단과학·오락·관광 등으로 규정했다.

그리고는 사업 구역도 획정했다. 위화도에 대규모 주거 단지로 고급 아파트 단지를 짓고 국제회의 센터와 전시관을 추가로 건립한 뒤, 소니탄 지역에는 정부 청사와 금융 기관, 상업 지구를 형성하며, 연합

섬유 공장의 상류에 정보 기술과 경공업 공단을 건설하겠다는 청사진이 그려졌다. 그리고 위화도는 관광지로 개발하고, 압록강 어귀의 비단섬과 용암포龍巖浦엔 중공업 단지를 조성할 계획이었다.

신의주 특구를 위해 따로 마련된 『특별행정구기본법』은 이곳이 중국의 '일국양제' 방식을 채용했음을 분명히 했다. 기본법은 신의주 특별행정구에 입법권·행정권·사법권의 독자적 행사 권한을 부여했다. 그리고 그 법률적 유효 기간을 50년이 흐른 2052년 12월 31일까지로 책정했다. 더불어 내각·성·중앙 기관의 특구 사업 관여를 불허하는 동시에 특구에 자체 여권을 따로 발급할 수 있는 권한을 위임했다. 이 밖에 토지의 개발·이용·관리권도 특구로 넘어갔다. 기본법은 또한 기업에 유리한 투자 환경과 경제 활동 조건도 보장했다. 외국인에 북한 주민과 같은 권리와 의무를 부여해 줌으로써 주민권을 가진 외국인과 북한 공민이 함께 특구의 입법 기관을 구성할 수 있는 환경을 마련해 줬다.

그러나 신의주 특구는 준공식도 갖지 못하고 무산되었다. 북한이 독자적으로 모든 것을 진행하려 한 것이 화근이었다. 중국과 인접한 국경 지대에서 대규모 개발 사업이 진행될 계획이었음에도 중국과의 사전 교감이 없었다. 사전 협의가 필요했던 주된 원인은 당시 북한의 계획 발표 중에 드러났다. 북한은 중국 단둥을 외국인의 출입구로 활용하고자 했다. 신의주 공항의 낙후성, 평양에서 신의주까지를 연결하는 교통수단의 부족, 그리고 북한 내 외국인의 이동이 제한된 현실은 특구에 필요한 외국인의 출입을 허락하지 않았다. 북한은 다른 이동 경로를 모색해야 했고, 그 결과 택한 것이 '개방'된 중국이었다.

하지만 비록 중국이 북한의 눈으로 보기에는 개방된 나라일지언정, 그 역시 외국인의 출입에 민감한 나라다. 더욱이 신의주 경제특구가 성공적으로 성장해 북한으로 출입하는 외국인의 수가 급증할 경우, 단둥 지역에 이의 수용 능력 문제가 대두될 것은 자명하다. 북한으로 입국하기 위해 몰려올 외국인들을 통제하고 관리하는 임무와 책임 역시 고스란히 중국의 몫으로 떨어질 게 뻔하다. 무엇보다 중국은 신의주의 관광 개발 계획이 불쾌했다. 북한 당국은 외화벌이를 위해 신의주에 대규모 카지노와 유흥 시설을 건립할 계획이었다. 도박, 환락과 유흥에 민감한 중국을 철저히 무시한 처사였고, 이를 중국이 쌍수를 들고 환영할 리 만무했다.

이후 북한의 개혁 개방 노력은 소강상태에 들어갔다. 대신 그들은 핵무기의 완성도를 높이는 핵 실험과 미사일 시험 발사 준비에 주력했다. 2009년 4월 5일 ICBM 광명성-2호의 발사 시험과 5월 25일 2차 핵 실험이 연이어 터져 나왔다. 그리고 2010년에는 북한의 김정일 위원장이 중국을 연쇄 방문하기 시작했다. 5월에 베이징을 방문하더니, 8월에는 지린吉林성의 창춘長春에서 후진타오胡錦濤 국가 주석과 회담했다. 특히 창춘 회담은 북·중 양국의 경협 논의에 초점이 맞춰졌다.

북중 정상 회담의 의제가 경협으로 전환된 이유엔 크게 두 가지가 있었다. 우선 북한 입장에서는 2008년 김정일의 뇌졸중 발생으로 대두된 후계자 승계 문제가 큰 계기였다. 김정은은 당시 20대에 불과할 뿐더러 정치 경력이 전무했다. 그래서 갑작스러운 뇌졸중을 경험한 김정일은 김정은의 정치 기반을 마련하는 데 주력할 수밖에 없었다. 특히 미국과 그 동맹이 김정일의 갑작스러운 사망으로 인한 북한 붕괴에 대비하고자 작전 계획 마련에 열을 올리고 있을 때였다. 그래서 김정일은 김정은으로의 세습은 물론 자신의 정권 장악력을 강화할 수 있는 토대 쌓기에 들어갔다. 구체적으로 그것은 군사적으로는 핵무기의 완성도 제고, 외교적으로는 중국과의 관계 강화, 경제적으로는 특구의 활성화였다.

물론 중국에게도 북한에서의 유사 사태 가능성은 수수방관할 수 없는 중대 문제였다. 특히 미국과 한미 동맹이 개입 작전을 수립하고 있었기에 이들의 개입을 사전에 방지할 수 있는 기반 마련이 시급했다. 2009년 광명성-2호 발사와 2차 핵 실험으로 인해 6월 1일로 예정되었던 천즈리陳至立 전국 인민 대표 대회 부위원장의 방북을 하루 전날 취소한 것이 베이징의 급박한 심중을 방증했다.

그리고 다음 달인 7월에 중국은 내부적으로 '북한 논의'를 가지기 시작했다. 7월 15일에 중국 공산당 중앙외사영도소조中央外事領導小組, 조장 후진타오가 개최되고, 7월 17~20일 사이에는 재외 공관장 회의가 베이징에서 잇따라 열렸다. 이 두 회의의 결과, 중국은 '북핵 문제'와 '북한 문제'를 분리했다. 그리고 북한의 정권 승계에 일조하려는 모습을 보이기 시작했다. 당의 최고 지도부, 정부 고위급 인사와 군부 등 다방면에 걸친 지지가 북한의 정권 승계 작업을 보호할 철벽을 치기 시작했다.

우선 외교 방면에서 베이징 외교 당국은 8월 중순 우다웨이武大偉 중국 외교부 부부상을 평양에 급파했다. 9월에는 다이빙궈戴秉國 국무 위원도 평양을 방문해 김정일에게 비핵화 문제와 양국 관계 회복을 적은 후진타오의 친서를 전했다. 경제 영역에서는 10월 원자바오溫家寶 총리가 방북하여 북한과의 경제 협력을 논의했다. 군사적 안전 보장을 확인하기 위해 11월에는 중국 량광례梁光烈 국방 부장도 평양을 찾았다. 2006년 4월 차오강촨曹剛川 당시 국방 부장 이후 3년 7개월 만의 일이었다.

특히 눈에 띄는 부분은 중국 국방 부장 수행단의 구성원들이었다.[4] 한반도 전략이라는 관점에서 보면 이들은 그야말로 한반도 유사시에 간여할 수밖에 없는 실세 중의 실세다. 중국 인민 해방군의 핵심 군구(선양, 지난, 난징 등)의 최고 사령관 및 해군과 공군 사령관, 군의 최고 실권을 지닌 총정치부 조직 부장과 총참모부의 작전 부장이 대거 동원된 사실은 중국의 북한 '돌보기'가 최고 지도부 차원에서 급격히 진행되고 있다는 증거였다.

---

4) 중국 인민해방군 선양(瀋陽)군구 정치위원인 황셴중(黃憲中) 상장, 지난(濟南)군구 부사령관인 펑자오쥐(馮兆舉) 중장, 난징(南京)군구 부사령관 겸 해군 동해함대 사령관인 쉬훙멍(徐洪猛) 중장, 난징군구 공군 사령관인 장젠쩡(江建曾) 중장, 인민해방군 총정치부 조직부장인 차이사오량(柴紹良) 소장, 총참모부 작전부 부부장인 왕진(王津) 소장, 국방부 외사판공실 지아샤오닝(賈曉寧) 부주임 등이 동행했다. 2006년 차오강촨 국방 부장 방북 수행단은 선양군구 사령원(관)인 창완취안(常萬全) 중장, 총참모장 조리 장친성(章沁生) 소장, 해군 부사령원(관) 장용이(張永義) 소장, 공군 부정치위원 류야저우(劉亞洲) 중장 등을 포함했다.

마찬가지로 정치적 지지 차원에서 중국은 2010년 10월에 저우융캉周永康 중국 공산당 정치국 상무위원을 북한에 보냈다. 당시 그와 김정일 간의 회견 자리에는 김정은 중앙 군사위 부위원장이 처음으로 배석하여 중국 인사들과 상견례를 가졌다. 그리고 2011년 2월 북한을 방문한 중국 멍젠주孟建柱 국무 위원 겸 공안부장 역시 김정은을 면담했다. 이 자리에서 멍은 "조선 노동당 대표자회에서 김정일 동지께서 총비서로 추대되고, 김정은 동지께서 중앙 군사위 부위원장으로 추대돼 조선 혁명의 계승 문제가 빛나게 해결"되었다며, 후계자로서 그의 지위를 중국이 인정했음을 확인해 주었다.[5]

당시 멍젠주 공안부장은 중국 경찰 당국의 수장으로서 사회 치안의 총책임자였다. 그의 공식적인 방문 목적은 탈북자 문제 논의로, 이는 향후 북한의 내부 사회 안정화에 힘쓰겠다는 중국 측의 지지 선언이었다. 그는 4월에 주중 북한 대사 지재룡, 9월에는 북한 인민 보안부 참모장 김철웅을 만났다. 멍은 김철웅에게 양국의 국경을 넘나드는 범죄를 타진하고, 수사에 협조하며, 탈북자들의 신병을 인도하는 전반에 있어 협조를 강화할 것이라 알렸다.[6] 11월에는 북한 인민군 내무 사령관 이태철도 접견하여 양국의 법 집행 협력을 강화하자는 담화를 나눴다.[7] 이 모두는 2009년 12월에 북한 인민보안상 주상성이 중국을 방문했을 당시 북중 양국의 안정과 국경 지역의 안전을 위해 합의했던 내용을 더욱 강화하자는 공감대의 연장선에 있었다.

---

5) 멍젠주의 방북과 김정은 승계에 대한 지지 발언은 중국 매체에 소개되지 않았으므로 공식화된 것으로 볼 수 없다. 新華社, "朝鮮最高領導人金正日在平壤會見國務委員孟建柱", 『中央政府門戶網站』, 2011年 2月 15日, http://www.gov.cn/ldhd/2011-02/15/content_1803612.htm, (검색일: 2020년 5월 2일). 그러나 북한 「조선중앙통신」의 보도에 따르면 14일 만찬 자리에서 멍젠주가 김정일에게 승계를 인정하는 발언을 했다고 전해졌다. "중 '김정은 실명 거론' 3대세습 첫 공인", 『경향신문』, 2011년 2월 15일.

6) 新華社, "孟建柱會見朝鮮人民保安部參謀長金哲雄", 『中國網絡電視臺』, 2011年 9月 2日, http://news.cntv.cn/20110902/113400.shtml, (검색일: 2020년 5월 14일).

7) 新華社, "孟建柱會見朝鮮內務軍司令李泰哲", 『中國新聞網』, 2011年 11月 9日, http://www.chinanews.com/gn/2011/11-09/3449630.shtml, (검색일: 2020년 5월 12일).

2009년 10월에 원자바오 총리 대표단이 북한 측과 맺은 일련의 협정서들은 그들의 방문 목적과 양국 간 주요 의제를 여실히 드러내 주었다. 『경제 원조에 관한 교환 문서』, 『경제 기술협조 협정』, 『교육기관 간 교류 협조 합의서』, 『소프트웨어 산업 분야 교류 협조 양해문』, 『중국 관광 단체의 조선 관광 실현에 관한 양해문』 등의 다양한 협정서가 양국 간의 경제 협력 문제를 강조했다. 이 밖에 양국은 신新 압록강 대교의 신설, 중국 지린성 훈춘琿春-나진 간 연결 도로의 건설, 나진항의 부두 개발 등의 다양하고도 실질적인 사업에도 합의했다.[8]

선군경제의 태동과 북중 경협

원자바오 총리의 방문 이후 김정일 위원장은 2010년 신년사에서 전례 없는 경공업과 농업 발전 및 인민 생활의 향상을 강조했다. 이른바 '선군경제先軍經濟'가 태동한 것이다. 그리고 신년사 발표 후 그는 중국과의 경협을 위한 제도적 기반의 구축을 서둘렀다. 중국 중심의 외자 유치 정책을 통해 나선시와 신의주 일대를 개발하겠다는 계획을 채택해 그해 1월 4일 나선시를 특별시로 승격시켰고, 1월 15일에는 20년 만에 기반 시설과 기초 공업, 지역 개발을 핵심으로 한 '국가 경제 개발 10개년 전략 계획'을 발표했다. 27일에는 『나선경제무역지대법』을 개정했으며, 7월 8일엔 외국 투자를 전문적으로 관리하는 <합영투자 위원회>를 설립했다. 그리고 소위 '5.26 조치'를 통해 시장에 대한 모든 규제를 해제했다. 그 결과 장사가 가능한 시간이 24시간으로 확대되고, 금지 품목 제한이 사라졌다.

---

8) 중국이 북한의 두 경제특구 개발에 적극 나선 이유에는 2009년에 중국 정부가 결정한 이른바 '창춘-지린-투먼(圖們)' 개발 사업이 본격화된 영향이 크다. 이 개발 사업이 실질적인 효과를 거두기 위해서는 특히 북한의 항만 시설과의 연계가 관건이었던 것이다.

이에 발맞춰 중국 또한 대북 경협 사업을 서둘러 실천에 옮겼다. 양국의 관광 협력을 목적으로 맺은 양해 각서에 따라 북한을 주요 관광 목적지 국가로 지정한 것이 시작이었다. 그리고 2010년 4월 12일, 18개 단체로 구성된 중국 관광객 395명이 실제 북한을 방문했다. 두 차례의 핵 실험으로 유엔이 채택한 두 건의 제재 결의안이 유효한 가운데, 그들의 방문은 제재를 피해 현금을 벌어들일 수 있는 유일하고도 합법적인 국제 사업이 뭔지를 몸소 드러내주었다. 북한이 중국 단체 관광객을 주 수입원으로 인식하게 된 중대한 계기였던 셈이다.

여기서 주목할 만한 사실은 대규모 중국 관광단의 방북이 그해 3월 천안함 폭침 사건이 벌어진 직후에 진행되었다는 것이다. 이 비극에 대한 국제 공동 조사가 진행 중인 가운데 중국은 조사에 대한 참여 초청을 거부한 채 북중 경협을 선택했다. 반면 남북 경협의 경우에는 한국 정부의 '5.24 제재 조치'가 결행됨과 함께 개성 공단이 폐쇄되었다.

이런 상황에서 김정일은 중국을 향한 개혁 개방의 결의를 밝혔다. 8월 창춘 회담에서 후진타오가 개혁 개방을 권고하자, 그는 난생처음으로 "적극 고려해 보겠다"는 대답을 내놨다. 북한의 경제 발전과 민생 개선을 위해 중국과 협력할 수 있다는 의사도 피력했다. 과거 북중 정상 회담에서는 매번 중국이 북한에 개혁 개방을 요구했으나, 돌아온 것은 미온적인 반응뿐이었다. 그러나 이번에는 달랐다. 북중 경제 협력의 기초 마련을 위한 진지한 협의가 가동되었던 것이다. 후진타오가 제시한 북중 경협 원칙을 김정일이 수용한 사실이 이를 방증했다. 이 원칙은 "정부가 주도하고政府主導, 기업을 위주로 하되企業爲主, 시장 원리를 적용하여市場運作, 서로 윈-윈相互共赢"하자는 방침을 기반으로 한다. 그리고 10월에는 나진·신의주 공동 개발에 관한 북중 협정이 체결되었다.

위와 같은 방침 아래 김정일은 나진·선봉과 황금평·위화도 특구를 중국과 공동 개발하기로 합의했다.[9] 그리고 11월 평양에서 나진·선봉 경제 무역구와 황금평·위화도의 개발 협력 공동 지도위원회의 1차 회의가 개최되었다. 12월에는 황금평과 나선 특구의 공동 개발을 위한 북중 간의 양해 각서가, 2011년 5월에는 『나선과 황금평, 위화도 경제 지대 공동 개발 및 공동 관리에 관한 협정』이 체결되었다.

그 뒤 2011년 6월 7일과 8일에 랴오닝遙寧성과 지린성에서 2차 공동 지도위원회가 개최되던 와중에 북한과 중국은 드디어 두 경제 지대의 특구 착공식을 진행했다. 3차 회의는 이듬해 8월 14일 베이징에서 열렸다. 이 자리에서 북중 양국은 두 경제특구의 공동 관리위원회를 설치하기로 합의함으로써 본격적인 협력의 발판을 마련했다. 이의 원활한 운영을 위해 북한은 관련 법률의 완성도를 높이는 데 주력했고, 중국은 국내 투자 유치에 나섰다.[10] 그리고 9월에 황금평 특구의 개발 착공식이 거행되었다.

그러나 2011년 12월 김정일 위원장의 사망과 2012년 3차 회의를 끝으로 두 경제특구 개발 사업은 더 이상 진전되지 못했다. 2013년 김정은이 '병진노선並進路線'을 국가 발전 전략으로 채택했지만, 이는 핵무기와 미사일 개발을 위한 군수 산업을 우선하는 대신 민생 경제는 뒷전으로 미루는 전략이었다. 국가 경제는 국제 사회의 제재가 만연한 가운데 자력갱생을 호소하는 수준에 불과했다. 더욱이 2013년에 북한의 대중 경협 사업의 대표적 인물이었던 장성택이 처형되면서 특구 개발 사업은 추동력을 거의 상실했다.

---

9) 나선 특구의 집중 육성 산업은 원자재 공업, 장비 공업, 첨단기술 산업, 경공업, 서비스업, 현대 고효율 농업 등이었다. 황금평과 위화도 특구에는 상업 센터와 정보 산업, 관광문화 산업, 현대 시설 농업, 가공업 등에 주력할 단지를 건설할 계획이었다.

10) 북한은 이미 2011년 12월 3일 북한 최고 인민 회의를 통해 『나선경제무역구법』과 『황금평·위화도 경제구법』을 제정하고, 이듬해 3월 17일에 이를 반포한 바 있다. 하지만 내용이 미비하다는 중국의 지적에 즉시 보완 작업에 착수했다. 7월 13일 중국의 <국가 개발 은행>과 <주북 중국자본기업협회(이른바 '북한 중국 상회')>가 단둥에서 협력 좌담회를 가졌다. <북한 중국 상회>의 회장 량퉁쥔(梁彤軍)과 주북 중국 대사관의 인사들이 대거 참석한 해당 좌담회는 두 경제특구를 위한 자금 확보의 목표액을 30억 달러로 상정했다.

북한은 그를 대체할 만한 인물을 지금까지도 내세우지 못하고 있다.

앞서 언급한 사업들은 북한이 1950년대(1953~58) 이후 처음으로 중국과 함께 실행한 공동 개발 사업이었다. 또한 개혁 개방 차원에서 북한이 처음으로 중국에 개방을 결정한 조치였고, 종전 중국 기업의 단순 투자 방식에서 벗어나 중국 기업, 산업 및 인력의 참여를 필수 조건으로 삼은 조치였다. 더불어 김정일의 건강 악화로 후계자 문제가 불거지면서 중국이 대북 협력 전략의 초점을 수정한 결과이기도 했다. 북한의 정권 승계의 '성공'과 내치의 안정화를 위해 중국은 다방면에 걸쳐 다차원적인 담보를 제공했던 것이다.

이런 맥락에서 볼 때, 북한이 2010년대 초기에 취한 일련의 개혁 개방 조치는 비핵화를 위한 것이 아니었다. 미국의 한반도 유사시 대처에 대비하는 한편, 중국을 이용해 헤징Hedging, 위험 회피하려는 전략에 불과했다. 2013년 3월 31일에 북한은 국가 발전 전략으로 병진노선을 채택했다. 이에 앞서 2012년 12월 12일에는 광명성-3호의 2호기 탄도 미사일을 시험 발사하고, 이듬해 2월 12일에는 3차 핵 실험을 단행했다. 사실상 병진노선의 견지와 핵과 미사일의 포기 의사가 없음을 대외적으로 공표한 셈이다. 따라서 북한이 취한 일련의 개혁 개방 조치를 핵 시설의 사찰 수용과 비핵화 의지의 신호로 오독하는 것은 금물이다. 미국이 의미하는 개혁 개방은 북한의 비핵화, 민주화, 시장 경제화와 인권 개선 등을 포괄한다. 북한의 정권 생존을 위한 처방전이 아닌 것이다. 그렇기에 미국은 이 시기에 '전략적 인내'로 북한의 비핵화에 대한 진정성 문제를 짚고 넘어가지 않을 수 없었다.

북한의 개방을 기대해서는 안 되는 이유

1993년 3월 12일 북한의 NPT 탈퇴 기자회견 당시 강석주 외교부 제1부부장은 미국이 자국의 모든 군사 시설을 사찰하고 노출하려 든다고 비판했다. 뒤이어 "우리더러 바지를 홀라당 벗으라는 것이냐"는 반발이 이어졌다.[11] 그리고 다음 달, 김정일은 IAEA의 한스 블릭스 사무총장에게 미국이 남한의 기지를 공개하고 북한의 사찰을 수용하면, 자신들도 핵 폐기장 두 곳을 사찰 받을 용의가 있다고 전했다. 그러자 6월에 미국은 강석주에게 남한 내 미군 기지의 '시험' 사찰이 가능하다면서 그 조건으로 북한 내 핵 폐기장 한 곳의 사찰을 제안했다.

경수로 건설 지원이 논의되었을 때도 북한은 자국 군사 시설의 대외적 개방을 완강히 반대했다. 경수로 건설을 위해서라도 이는 있을 수 없는 일이라고 천명했다. 북한 외교부 대변인은 독립을 생명과 혼으로 여기는 북한이 군 시설을 개방하는 것은 상상조차 할 수 없는 일이라고 일축했다.[12]

미국이 정의하는 북한 비핵화가 '완전하고, 검증 가능하며, 불가역적인 폐기[CVID]'든, '완전하고, 전면적이며, 검증 가능한 폐기[FFVD]'든 간에 모두 하나의 공통분모를 내포한다. 바로 '검증[verification]'이다. 그리고 이때의 '검증'은 연구·개발 관련 시설의 사찰까지를 포괄한다. 김책공업대학, 김일성종합대학 같은 대학을 포함한 모든 연구 시설 단지가 사찰 대상에 귀속될 가능성을 갖게 되는 것이다. 더구나 국제 사회가 북한의 핵무기를 WMD로 규정해 관련 무기와 시설에 대한 사찰까지 요구하면 그 범위와 영역은 더욱 확대된다.

---

11) Joel S. Wit, Daniel B. Poneman, Robert L. Gallucci, Going Critical: The First North Korean Nuclear Crisis, p. 52.

12) Reuters dispatch, September 23, 1994.

그러나 북한은 핵 관련 및 군사 시설의 사찰을 목적으로 한 개방보다도 더 쉬운 경제적 목적의 개방조차 거절하고 있다.[13] 핵 시설과 군사 기지의 개방은 북한에게 있어 백기 투항과 마찬가지이다. 북한의 저급한 군사력 수준이 노출될 게 뻔하기 때문이다. 따라서 경제적 대외 협력을 가져올 개방조차 시종 거부해온 상황에서 북한이 비핵화를 위한 개방을 단행하리라 기대하는 것은 어불성설이다.

그럼에도 북한이 진정으로 비핵화를 수행할 의사와 의지가 있다면, 전면적인 개방이 반드시 수반되어야 한다. 하지만 북한의 핵 시설 및 관련 군사 시설의 정확한 위치와 숫자는 미궁에 싸여있다. 다만 1982년 영변 핵 시설이 가동된 이후 관찰을 지속해 온 미국 정보 당국의 보고에 따르면, 북한에는 약 3,000여 개의 핵과 미사일 시설 및 기지가 존재하는 것으로 추정된다.[14] 그와 더불어 북한은 약 6,000~8,000개의 지하 군사 시설과[15] 무려 84곳의 핵 관련 지하 터널을 보유하고 있는 것으로 추측되고,[16] 탄도 미사일 기지는 16곳으로 추산된다.[17] 북한의 핵미사일이 해저와 육상 모두에서 가동되는 데다가 특히 육상 발사대가 이동형이란 점을 고려해 보면, 북한이 개방해야 할 대상은 모든 군사 기지가 될 가능성이 농후하다.

게다가 북한의 비핵화 의지도 두루뭉술하기 짝이 없다. 북한은 비핵화 의지의 견고함을 두 가지 이유로 설명한다. 하나는 선대의 유훈, 다른 하나는 한반도의 영구적인 평화 정착에 대한 염원이다. 그러나 선대의

---

13) Ruediger Frank, "Economic Reforms in North Korea (1998-2004): Systemic Restrictions, Quantitative Analysis, Ideological Background," Journal of the Asia Pacific Economy, Vol. 10, No. 3, 2005, pp. 278-311.

14) "[단독] '核·미사일 관련 시설 북한 내 3000개 존재'", 『문화일보』, 2018년 6월 18일.

15) "Report: U.S. military has mapped North Korea's underground facilities," UPI, August 6, 2015.

16) Kyle Mizokami, "North Korea's 'Underground Empire' Could Give the U.S. Military Big Problems," The National Interest, November 6, 2017.

17) "In North Korea, Missile Bases Suggest a Great Deception," New York Times, November 12, 2018.

유훈의 실상은 매우 유동적이다. 상황에 따라 유효하다가도 이내 빛을 잃기 일쑤다. 일례로 지난 2000년대 초 유럽 여러 국가와 수교하는 과정에서 유럽에 설치된 남한 대사관의 북한 대사 겸임을 불허하라는 김일성의 유훈에도 불구하고, 당시 김정일은 국내외 정세의 변화에 맞춰 남한의 대사가 북한 대사를 겸직하도록 허용했다. 분명 선대의 유훈을 부정한 결정이었으나, 그는 자국에 유리하다면 그 정도는 수용할 수 있다는 논리를 내세웠다.

북한은 기본적으로 1999년의 4자 회담 때부터 적대 정책 폐지에 기반한 미국의 위협 요소 철수와 적대 행위의 영구적인 중단 등을 주장해왔다.[18] 오늘날 역시 마찬가지다. 이는 주한 미군 철수, 한미 동맹 폐기, 미국의 전술 핵무기 철수와 핵우산 철회, 그리고 한미 연합 군사 훈련의 중단 등을 내포한다.[19] 그리고 다음 단계로 정전 선언과 평화 협정 체결을 통한 미국과의 관계 개선을 요구한다.[20] 미국과의 관계 개선은 곧 대북 위협의 영구적인 철회인 셈이다. 문제는 이를 위해 한미 양국은 물론 주변국 중 누구도 차후에 발생할 비용을 지급할 용의가 없다는 사실이다. 단순한 경제적 비용을 초월한 계산서를 모두가 거부하고 있는 것이다. 이는 곧 평화 협정의 체결이 가져올 한미 동맹 폐기와 주한 미군 철수, 그리고 한반도 주변 지역의 권력관계 및 구도의 변화, 나아가 지역 질서의 변화에 대한 대비책을 아무도 마련하고 있지 않다는 의미다.[21] 2008년에 6자 회담을 준비할 실무 그룹이 조직되었음에도 불구하고 그해 회담이 중단된

---

18) 북한의 입장을 검증하는 데 있어 중국 전문가들의 분석을 인용할 수 있다. 그들에 따르면, 평화 협정이 체결됨과 동시에 주한 미군의 주둔 명분과 이유는 사라진다. 또한 북미 간 평화 협정이 체결될 경우, 한반도에서 남북한 간의 무력 분쟁이 발생해도 미국은 협정에 따라 한국에 군사적 지원이나 개입을 할 수 없게 된다. 결국 미국의 개입이 협정에 대한 위반 행위로 정의되면서 평화 협정 체결은 곧 평화 체제의 확립으로 이어지는 것이다. 張璉瑰, "和平協定應與棄核同步", 『中國新聞周刊』, 2007年 第26期, pp. 46–47.

19) 于美華, "朝鮮半島還要'停戰'多久", 『世界知識』, 2006年 第16期, p. 35.

20) 何志工, 安小平, "朝鮮半島和平協定與和平機制", 『東北亞論壇』, 2008年 第17卷 第2期, p. 33.

21) 앞의 자료, p. 33.

사실은 이를 고스란히 입증한다. 중국은 북미 관계 개선에 따른 대비책이 없었고, 일본 역시도 북미가 수교하여 한미 동맹이 폐기될 경우에 대응할 대비책이 부재했다. 앞으로도 비핵화 이전의 북미 관계 개선이나 북미 수교를 진정으로 환영할 나라가 있을지 의구심이 들게 하는 대목이다.

하지만 영구적인 평화가 정착된 이후에야 비로소 비핵화는 시작될 수 있다는 게 북한의 일관된 관점이다. 이 과정에서 진행될 비핵화 담판은 북한과 관련 당사국들이 신뢰를 구축할 기회가 될 것이고, 이때 탄생할 신뢰를 바탕으로 비핵화 과정은 진행될 것이란 게 북한이 견지하는 논리다. 그러나 한반도의 영구적인 평화에 대한 염원은 북한의 대외 개방을 전제한다. 북한이 비핵화를 관철하기 위해서는 모든 사찰을 수용해야 한다. 북한의 모든 핵 시설은 물론 군사 시설과 과학 시설의 '완전한' 대외 개방 말이다. 하지만 근래 북한이 보여준 행태는 매우 모순적이다. 지난 2018년 풍계리 핵 실험장 폐기 당시 외신 기자의 접근을 불허한 것이 이를 증명한다. 과학자나 전문가가 아닌 기자들의 접근이나 관찰도 불허하는 판국에 그들이 미국을 비롯한 국제기구의 사찰을 받아들일 리는 만무하다.

6장

북한 붕괴론을 맹신한 미국

- 붕괴에 대한 믿음이 합의를 가능케 하는 역설
- 북한 붕괴의 카운트다운이 시작되다?
- 대비 없는 붕괴는 재앙이다

6장 | 북한 붕괴론을 맹신한 미국

우리의 눈으로 보기에 때로는 미국이 핵을 포함한 북한 문제 해결에 있어 열과 성의가 부족하다고 느껴질 때가 있다. 그런데 미국이 소극적인 데는 다 나름의 이유가 있다. 바로 미국이 북한의 붕괴를 맹신하는 수준의 강박 관념에서 벗어나지 못한 탓이다. 미국은 한국 전쟁 이후부터 북한의 붕괴가 늘 '임박해imminent' 있다는 신념을 가져왔다.

제재로 인한 경제적 고립이 장기간 이어지면서 북한에서는 국가 차원의 기근과 기아 상황이 빈번히 발생해왔다. 따라서 미국은 정치·사회적으로 북한 주민의 민심 동요와 이반이 심각하다는 사실을 믿어 의심치 않았다. 더욱이 독재 정권을 유지해온 북한 최고 지도자의 건강 이상설이 나돌 때마다 북한 붕괴론은 단순한 강박 관념이 아닌 현실로 입증되는 듯했다.

다시 말해 미국은 북한 정권이 오래 버티지 못할 거라는 가설을 여러 가지 요인으로 기정사실화했다. 그래서 미국의 대북 접근 전략은 대체적으로 북한이 원하는 것에 합의해 주면서도 그와 동시에 압박을 가하는 것이었다. 어차피 그들이 망할 것이라고 가정했기 때문이다. 또한 미 행정부의 입장에서는 북한 정권과 합의한 사항을 미 의회가 비준하고 지원해 줄 리가 만무하다는 정무적 판단도 늘 가지고 있었다.

북한의 붕괴 가능성에 대한 추측과 시나리오는 특히 냉전 종결 이후 국내외에서 많은 전문가와 연구기관들에 의해 제시되었다.[1] 대부분의 예상은 냉전의 와해로 국제 체제, 국가, 그리고 국가 지도자 등 세 가지 차원에서 일어난 변화에 근간했다. 구체적으로 소련 및 동구 진영의 붕괴는 북한의 생존에 치명적일 것이라는 의견이 지배적이었다. 북한의 최대 지원국이 사라졌기 때문이었다. 이에 버금가는 지원국인 중국은 당시 개혁 개방에 매진하고 있었으며, 소련을 대체할 수 있는 여력이 부족했다. 따라서 독립적으로 생존할 수 없는 북한에게 있어 탈냉전과 세계화, 상호 의존과 지역주의의 심화는 분명 악재가 아닐 수 없다는 게 주된 논리였다.

설상가상으로 1990년대 중반에 들이닥친 수년간의 가뭄과 홍수는 북한의 경제 상황을 더욱 악화시켰고, 상당 기간 진행된 기근은 북한의 붕괴를 초래할 수 있는 요인으로 인식되었다. 이 밖에 1994년 김일성의 갑작스러운 사망과 1998년 김정일의 때늦은 정권 장악은 장기간의 권력 공백 현상을 빚어내면서 붕괴론에 더 힘을 실어주었다.

---

1) Jonathan Stafford, "Finding America's Role in a Collapsed North Korean State," Military Review, Jan/Feb 2008, pp. 95-103; Robert D. Kaplan, "When North Korea Falls," The Atlantic Monthly, October 2006, pp. 64-73; "North Korea's Collapse?" US Fed News Service, Including US State News, (Washington DC, October 26, 2006); Robert A Wampler, ed.,"North Korea's collapse? The end is near - maybe," National Security Archive, Posted on October 26, 2006, https://nsarchive2.gwu.edu/NSAEBB/NSAEBB205/#doc14; CIA Intelligence Report, "Exploring the Implications of Alternative North Korean Endgames: Results for a Discussion Panel on Continuing Coexistence Between North and South Korea," January 21, 1998 [FOIA Release] (pages after 20-36 excised), https://nsarchive2.gwu.edu/NSAEBB/NSAEBB205/Document%20No%2014.pdf, Nicholas Eberstadt, "The Coming Collapse of North Kore," The Wall Street Journal, June 25, 1990;강장석, "북한의 체제붕괴 위기시 중국의 군사개입 가능성", 『新亞細亞』, 제13권 제3호 2006, 23-49쪽.

붕괴에 대한 믿음이 합의를 가능케 하는 역설

이렇듯 북한의 생존 가능성에 대한 비관적 전망이 팽배한 가운데 북한과 미국은 1994년에 『제네바 합의서』를 도출해냈다. 그러나 북한의 핵과 미사일 개발 능력에 대한 저평가 분위기 속에서 미국 정부는 『제네바 합의서』의 이행을 안일하게 생각했다. 역시나 곧 북한이 붕괴할 거라는 걸 확신했기 때문이었다.[2] 상기한 바와 같이 미국의 전술은 북한의 붕괴가 곧 일어난다는 가정 하에 북한과 합의한 의무와 책임의 이행을 최대한 지연하는 것이었다.[3]

이는 미 의회가 1995년에 『미국해외이익법American Overseas Interests Act』을 통과시킨 사실에서도 다시 확인할 수 있다. 동 법안은 북미 간 수교와 북한 핵 문제의 해결이 교환 조건으로 성숙되면서 동맹국들, 특히 '통미봉남'에 대한 한국의 우려를 잠재우기 위해 채택된 것이었다. 법안은 군사적 긴장 완화와 교역 확대 등을 위한 남북 대화의 재개를 북미 간 외교 관계를 격상시킬 조건으로 못 박았다. 그러나 미 의회의 그런 움직임에도 당시 클린턴 행정부는 전혀 개의치 않았다. 북한 붕괴론에 대한 믿음이 있었기 때문이었다.

1차 북핵 위기 당시 미국이 북한과의 협상에 임하고 『제네바 합의서』를 수용한 가장 큰 이유도 역설적으로 같은 믿음에서였다. 당시 북한의 잠재적 위협을 인식하는 데 있어 새로운 평가와 변화가 있었던 것도 사실이지만, 북한 붕괴가 불가피하다는 기대감이 결과론적으로 더 지배적이었다. 북한이 핵 프로그램을 종결할 때까지 붕괴만큼은 피할 수

---

2) Jonathan Stafford, "Finding America's Role in a Collapsed North Korean State," Military Review, Jan/Feb 2008, pp. 95-103; Robert D. Kaplan, "When North Korea Falls," The Atlantic Monthly, October 2006, pp. 64-73; "North Korea's Collapse?" US Fed News Service, Including US State News; and "North Korea: The coming collapse," Business Asia, April 26, 1993, p. 1.

3) Samuel Kim, The Two Koreas and The Great Power, (Cambridge; New York: Cambridge University Press, 2009), pp. 225-295.

있도록 미국이 시간을 버는 전략으로 선회하면서 북미 협상과 합의서 체결이 가능했던 것이다.

실제로 미국은 이런 전략적 계산을 과신하고 있었다. 특히 북한이 고난의 행군을 자처할 정도로 국내 경제 사정이 극악한 상황에 몰려 있었기 때문에 미 의회와 여론은 북한 붕괴를 기정사실로 치부하고 있었다. 북한과의 핵 협상은 결국 NPT 체제를 수호하기 위한 수단에 불과했다.

그리고 1995년 1월 1일, 북한의 선군 정치가 시작되었다.[4] 선군 정치는 군이 당이고, 국가이고, 인민이라는 독창적인 군 중시의 정치 철학을 천명한 것이었다. 『제네바 합의서』가 성사된 시기에 이런 선언을 한 것은 모든 것이 평온하고 안정되어 보일 때 긴장을 늦추지 말라는 대내적 경고 메시지와도 같았다.

김정일은 2차 세계 대전 당시 독일과 일본의 사례를 인용해 선군 정치와 같은 비상 체제의 선언을 정당화했다. 독일은 러시아와 불가침 조약을 맺고 일본은 대미 평화 공세를 펼쳤으나, 결과적으로 그들 모두 러시아와 미국의 허를 찌르며 공습을 강행했다고 역설했다.[5] 특히 당시 미국 중간 선거의 결과로 공화당이 의회를 장악하면서 대북 강경론자들이 득세하자, 김정일은 미국의 행정부를 신뢰할 수 없다고 확신했다. 훗날 그들은 2002년 6월 17일 자 「노동신문」을 통해 "선군혁명로선과 선군정치방식의 정당함이 강위력强偉力한" 자위적 국방력의 건설로 입증되었다고 자화자찬했다.[6]

북한은 미국이 『제네바 합의서』를 이행하지 않을 것이라고 확신했다.

---

4) 실제로는 1994년 10월경에 시작되었다는 주장도 있다.

5) 김철우, 『김정일장군의 선군정치』, (평양: 평양출판사, 2000), 264쪽.

6) "위대한 영도자를 높이 모신 우리당의 혁명위업은 필승불패이다", 『노동신문』, 2002년 6월 19일.

『제네바 합의서』로 북한의 자유화와 국내적 변화만 유발할 뿐, 언제든 미국이 강경책으로 선회할 수 있다고 믿었다. 국제 사회가 북한을 불신하는 만큼이나 북한 역시도 세계를 불신하고 있음을 선군 정치로 보여준 것이다. 이러한 북한의 맞불 작전은 끝내 미국이 대북 정책을 재검토하게 만드는 쾌거를 올렸다. 미국은 대북 특사로 윌리엄 페리 전 국방 장관을 평양에 파견했고, 그의 방북 결과로 1999년에 일명 '페리 프로세스'가 탄생했다.

북한 붕괴의 카운트다운이 시작되다?

미국의 북한 붕괴론에 대한 확신은 1990년대 중반부터 불붙기 시작했다. 1995년 말 스탠리 로스Stanley Roth 국가 안전 보장 회의NSC 특보는 "미국의 대북 정책은 북한이 조만간 붕괴할 것이라는 맥락에서 수립되었다"라고 발언했다.[7] 1996년 3월 미 하원 국가안보위원회에서 게리 럭Gary E. Luck 주한 미군 사령관 역시 북한의 심각한 경제 상황과 식량난을 볼 때 "문제는 북한의 붕괴 여부가 아니라 언제 어떻게 붕괴하는가, 즉 내부로부터의 붕괴implosion인가, 외부로부터의 붕괴explosion인가 하는 것"이라고 설명했다.[8]

마찬가지로 1996년 12월 미 상원 정보위원회 청문회에서 존 글렌John Glenn 상원 의원은 국방 정보국의 1996년 6월 보고서를 인용해 "북한이 향후 15년간 현재와 같은 국가로 존속할 확률은 낮거나 중간 수준이다. 북한은 경제 문제에 대한 해답이 마련되지 않으면 생존하지 못할 것이다"라고 했다. 또한 존 도이치John Deutch CIA 국장은 "북한은 심각한 경제 문제로

---

7) James Mann, "U.S. Watches North Korea for Signs of Collapse," Los Angeles Times, February 12, 1996.

8) Gary Luck, Testimony before the House Armed Service Committee, March 6, 1996.

인해 한국을 공격하거나, 자체적으로 붕괴 또는 내부에서부터 붕괴할 것이다"라고 지적했다. 제임스 레이니James Laney 주한 미국 대사조차도 일찍이 "북한이 불가역적인 정치 경제적 쇠락의 길로 가고 있으며, 미국의 정책은 김일성이 만든 체제의 붕괴를 관리하는 것"이라 언급하였다.[9)]

연말에 작성된 미 국무부의 메모memorandum 또한 북한 붕괴(설)에 힘을 실었다.[10)] 메모는 악화일로로 치닫고 있는 북한의 경제 상황이 다시금 그 붕괴 가능성을 부채질하고 있으므로 대비 태세를 갖춰야 한다고 평가했다. 하지만 동시에 미국의 대응 역량이 부족함을 지적했다. 즉 "북한 경제의 악화는 동북아 안정에 잠재적 위험이라고 평가할 수 있다. 그러나 문제는 북한의 갑작스러운 붕괴가 우려됨에도 불구하고 우리(미국)가 이를 막을 수 있는 능력은 제한적이라는 데 있다. 그러므로 우리(미국)는 북한의 경제가 악화될수록 한국과 협력하여 평양의 붕괴가 초래할 군사적 위험과 경제적 비용을 방지해야 한다"고 우려 섞인 보고를 전했다.[11)]

북한이 처한 극한적인 상황이 세상에 점점 알려지면서 미국은 1997년을 기점으로 점차 북한 붕괴의 불가피성을 확신하게 된다.[12)] 미 CIA는 북한의 붕괴가 불가피한 원인으로 지속적인 경제 위축과 침식하는 대중의 지지, 정치 엘리트와 군부에 가중되는 어려움, 그리고 경제 개혁의 필요성을

---

9) Marcus Noland, Korea after Kim Jong-il, (Washington, D.C.: Institute of International Economy, 2004), pp. 14-5.

10) 사실 1996년 초까지만 해도 북한 붕괴론에 대한 미국의 강한 확신에도 불구하고 그 실질적인 실현 가능성에 대해서는 의구심과 회의가 존재했다. 1996년 4월에 열린 미일 정상 회담에서 클린턴 대통령은 그런 소견을 공유했다. 그는 하시모토 일본 총리와의 회담 자리에서 북한 정권은 지난한 경제 상황에도 불구하고, 그 생존에 있어 단기간에 위협받는 일은 없을 것이라고 지적했다. State Department Briefing Memorandum, "Clinton-Hashimoto Meeting,", Subject: Korean Peninsula, April 17, 1996; and State Department, Talking Points in re situation in North Korea, May 1996.

11) State Department Memorandum, "Korean Peninsula Issues," December 1, 1996.

12) 이 같은 평가는 미 CIA에 의해 1997년부터 피력되기 시작했다. Priority Issues: Key Analytical Challenges, A Briefing Book produced and prepared by a team of Directorate of Intelligence, February 1997, (미 CIA 기밀문서, 2004년 4월 공개 자료).

압박하는 경제적 위협을 지적했다.[13] 그리고 이듬해 그들은 북한 붕괴가 향후 5년 내에 가능하다고 전망하는 보고서를 미 행정부에 제출했다.[14]

미국 국무부도 이에 동의하듯 "아사로 인한 (북한 붕괴의) 카운트다운"이 시작되었다고 자체 평가했다.[15] 이런 맥락에서 보면, 당시 미국의 북한 붕괴 시나리오의 근거는 "북한의 경제난으로 인한 식량난과 내정 불안, 그리고 인권 문제였다."[16] 그리고 이런 인식이 백악관 내에도 만연하다는 사실이 앨 고어Al Gore 당시 부통령의 입을 통해서 전달되었다. 그는 1997년 3월 비무장 지대를 방문하면서 "북한 체제가 붕괴하고 있기 때문에 한반도에서의 냉전은 오래가지 못할 것"이라고 주장했다.[17]

그러나 북한은 붕괴하지 않았다. 오히려 1999년에 김정일이 국방위원장으로 정식 추대되면서 북한의 정권과 통치 체계는 더욱 안정되고 공고화되었다. 이는 북한 붕괴론을 빠르게 잠재웠다. 특히 2000년 남북 정상 회담으로 조성된 한반도의 긴장 완화와 그를 통해 확인된 김정일의 건재함은 북한 정세에 대한 미국의 재평가를 재촉함으로써 주한 미군의 목표가 북한의 급변사태에 대한 대비에서 북한의 침략을 억제 및 타도하는 것으로 전환되는 동인이 되었다.[18]

그 뒤 21세기로 접어들면서 미국은 북한 붕괴론에 정권 교체를

---

13) CIA Briefing Book, Key Anayltical Challenges: Prirotity Issues: North Korea, February 1997.

14) Office of Asian Pacific and Latin American Analysis, CIA, Intelligence Report: Exploring the Implications of Alternative North Korean Endgames: Results from a Discussion Panel on Continuing Coexistence Between North and South Korea, January 21, 1998.

15) State Department, Bureau of Intelligence and Research Intelligence Brief, North Korea: Countdown to Starvation?, March 3, 1998.

16) "美 '北 급변 논의' 봇물... 中에 공동대책 타진까지", 『조선일보』, 2009년 8월 3일.

17) "고어 부통령, '북 체제 붕괴 중'", 『조선일보』, 1997년 3월 31일.

18) Department of Defense, 2000 Report to Congress: Military Situation on the Korean Peninsula, September 12, 2000, http://www.globalsecurity.org/wmd/library/news/dprk/2000/korea09122000.html/ (검색일: 2010년 7월 24일).

가미했다. 그들은 오래전부터 북한 정권이 경제 제재 등의 압박으로 자연스레 교체될 것을 희망했으나, 북한에는 어떠한 동요도 없었다. 그러자 미국 내부에서는 그를 위한 구체적인 방안이 모색되기 시작했다. 2003년을 기점으로 미국의 전문가들은 학술적 담론 차원에서 북한 정권의 교체 구상을 분석해 소개했다. 그리고 그 결과 이른바 정권 교체regime change와 정권 변화regime transformation를 둘러싼 두 개의 학파가 부상하여 논쟁을 벌였다. 전자는 김정일의 퇴진을 포함해 본질적인 체제 속성의 전환을 역설했다. 반면 후자는 북한의 현 정권을 다른 형태의 정권으로 전환한다면, 정권과 체제의 존속을 인정할 수 있다고 주장했다.

곧이어 2006년에 북한의 핵 실험이 있은 뒤, 미국은 더 이상 북한을 상대로 한 선제타격이나 정밀 타격surgical strike[19]을 공개적으로 논하지 않는 대신 북한 붕괴론에 대비한 일련의 대응책과 작전을 수립하는 데 더욱 몰두했다. 그중에서도 미국의 네오콘[20]들이 북한 붕괴론을 끊임없이 준비한 이유는 크게 두 가지였다. 첫째, 북한의 군사 능력이 변화를 거듭함에도 불구하고 미국의 대북 군사 작전 전략은 이를 반영하지 않았다. 네오콘들은 2001년 12월에 아프간 전쟁을 수행하는 동시에 한반도 유사 사태에 대한 작전을 검토했다. 당시 북한이 보유한 핵무기 개수가 불명확했음에도 불구하고, 작전 계획이 이를 전혀 고려하고 있지 않다는 사실은 네오콘들에게 경악 그 자체였다.[21] 무엇보다 북한은 미사일을 포함한 WMD를 수출하는 나라다. 그리고 핵 실험을 통해 보유한 핵무기가 이미 개발 수준을 초월했음을 입증했다. 핵 개발을 둘러싸고 비슷한 쟁점이 제기되는 이란보다 훨씬 더 심각하게 고려해야 하는 사안이 바로 북한 핵 문제인 것이다. 설령 북한에 핵무기가 존재하지 않거나 미

---

19) 마치 외과 수술을 하듯이 핵 시설만 정밀 타격해 무력화시키는 공격을 말한다.

20) 네오 콘서버티브(neo-conservatives)의 줄임말로, 미국 공화당을 중심으로 형성된 신보수주의자 세력을 일컫는다. 미국 우월주의와 종교적 신념을 강조하며, 힘이 곧 정의라고 믿는다. 미국이 강력한 군사력을 바탕으로 세계 패권국으로 부상하는 것을 목표로 한다.

21) Donald Rumsfeld, Known and Unknown: A Memoir, (New York: Sentinel, 2011), p. 429.

정보 당국의 정보에 오류가 있더라도, 미국은 기존 작전 계획을 보완하고 개선해 혹시나 모를 북한의 핵 대응 가능성을 고려한 새로운 전략 방안을 마련하는 것이 시급했다.

두 번째 이유는 2008년 김정일 위원장의 뇌졸중 사건이었다. 미국은 오래전부터 북한의 붕괴를 불러올 요인들 중 하나로 '위대한 수령'이나 '위대한 영도자'의 사망을 꼽았다. 하지만 김일성은 사망하기 훨씬 이전인 1970년대에 이미 김정일을 후계자로 지정하고, 1980년대부터 그를 후계자로 양성하는 데 주력했다. 따라서 1994년 김일성의 사망으로 북한 정권이 동요하는 일은 없었다. 그러나 김정일의 건강 이상은 문제가 달랐다. 당시 그의 후계자는 미궁에 빠져 있었고, 내부적으로 김정일이 이미 후계자를 결정했다 하더라도 그가 안전하게 정권을 승계받을 수 있을지는 미지수였다. 결과적으로 김정일은 2011년 12월에 사망했고, 그 직전인 2010년 전후에야 후계자가 공개되었다. 즉 김정일이 뇌졸중을 겪고 난 뒤 후계자 결정이 실제 이루어진 것이다. 그리고 그 바람에 김정은에게 주어진 후계자 수업 기간은 2년 남짓에 불과했다.

따라서 김정은의 정권 승계를 바라보는 미국의 시선은 자연스레 불안감으로 가득 찼다. 김정일의 승계 때보다 더 큰 불확실성이 김정은의 승계 능력과 통치 기반을 의심하게 만들었다. 이는 북한 붕괴가 현실적으로 가능하고 심지어 임박했다는 네오콘들의 주장을 실질적이자 논리적으로 뒷받침해 주는 구실을 했다. 그래서 많은 국내외 전문가들은 김정은 정권이 3~5년 안에 무너질 것으로 예측했다. 당시 체제 붕괴로 미국의 노선을 다시 돌려세운 동인은 두 가지였다. 하나는 북한 붕괴로 소모되는 경제적 비용이 체제 연명에 비해 적다는 데 있었다. 즉 북한과의 핵 협상 결과로 미국이 제공해야 할 경제적 비용보다 북한 붕괴로 소모해야 할 비용이 더 적다는 것이다. 다른 하나는 붕괴 속도에 비례하여 상대적인 비용 절감의 효과 역시 커진다는 논리였다. 붕괴가 빠르면 빠를수록 기회비용은 감소하고, 가성비 측면에서도 효율적이라는 의미였다.

대비 없는 붕괴는 재앙이다

북한의 붕괴가 초래할 문제 중 미국이 가장 심각하게 우려한 것은 무엇보다도 WMD의 유출이었다. 김정일은 후계자가 불확실한 상황에서 뇌졸중을 겪었고, 혹시나 있을지 모를 그의 갑작스러운 유고는 권력의 공백을 의미했다. 그리고 그것은 곧 무질서와 체제의 부재, 나아가 내부의 치열한 권력 투쟁을 예고하는 것이기도 했다. 그 과정에서 WMD는 특정 정치 세력이 상대적인 우위를 점하기 위한 도구로 전락할 것이 자명했다. 핵이든 미사일이든, 외부 세력에 대한 저항의 수단으로나 새로운 정권의 방패, 혹은 경제적 이득을 획득할 수단으로 활용될 수 있었다. 특히 후자의 경우에는 자칫 북한의 WMD가 테러리스트의 수중에 넘어갈 가능성을 내포하고 있었기 때문에 미국의 우려는 당연히 클 수밖에 없었다.

그러한 우려 때문에 미국은 북한 붕괴를 가정한 급변사태의 대비 계획을 사실상 지난 90년대부터 준비한 바 있다. 1999년 8월 존 틸럴리John H. Tilelli 전 한미 연합 사령관의 증언에 따르면 미 국방부가 이에 대비한 시나리오를 준비했다. 당시 그는 이 시나리오의 구체적인 내용을 밝히지는 않았다. 다만 미국은 북한 붕괴에 보다 효율적으로 대처하기 위해 기존의 작전 개념 계획COPLAN[22]을 작전 계획OPLAN으로 전환하자고 한국 국방 당국과 정부에 요청했다.

이 대목에서 놀라운 사실은 미국이 아프가니스탄과 이라크에서 두 개의 전쟁을 동시에 치르는 와중에, 그것도 북한이 핵 실험을 단행하는 동안에 북한 급변사태에 대비한 작전을 계속해서 준비 중이었다는 점이다.[23]

---

22) COPLAN-5029는 한미 연합 사령부가 북한의 붕괴에 대비해 설립한 작전 개념으로, 한미 군사 당국이 북한의 붕괴로 인해 발생하는 난민과 기타 비상 상황을 공동으로 관리(manage)하기 위한 것이었다.

23) Hearings before the full committee of the Committee on Armed Services, House of Representatives, One Hundred Eleventh Congress, first session, July 15, 2009, p. 24.

2009년 7월에 열린 미 하원 군사 위원회의 WMD 관련 청문회에 참석한 미 국방부의 마이클 나흐트Michael Nacht 세계전략문제 담당 차관보는 북한의 권력 승계 문제를 포함해 김정일 사망 이후 북한의 미래 상황에 대한 시나리오를 개발 중이라고 설명했다.

2010년 2월 1일에 나온 미 국방부의 『2010년 4개년 국방 태세 검토 보고서QDR』는 한 걸음 더 나아가 북한을 포함한 실패 국가failed state 혹은 취약 국가weak state에서 WMD 또는 핵무기의 보존을 위협할 수 있는 급변사태가 발생하면, 미국이 적극적으로 개입을 고려하도록 권장했다. 이 역시 북한의 붕괴나 급변사태에 시사하는 바가 컸다. 미국은 북한의 핵과 WMD를 확보하고 제거하는 데 적극적인 관심과 상당한 경계심을 지니고 있었고, 따라서 이에 대비할 전략 마련에 부단한 노력을 경주했다.

곧 보고서의 구체적인 윤곽이 더 드러나기 시작했다. 사흘이 지난 4일, 미 하원의 군사 위원회 청문회에 미 국방부의 정책 담당 차관인 미셸 플러노이Michele A. Flournoy와 합동 참모 본부의 군 구조 자원 담당 국장 스티브 스탠리P. Stephen Stanley 중장이 참석했다. 스탠리 중장은 아프가니스탄과 이라크 이외 지역에서 비상사태가 발생할 경우에 미군은 미리 선정한 3개의 시나리오를 운용하여 대비할 것이라고 답변하고, 이들 중 하나가 한반도를 포함하고 있다고 지적했다.[24] 그리고 플러노이 국방부 차관과 함께 북한의 비상사태 시 대비책으로 주한 미군을 지원할 지상군이 투입될 것이라고 강조했다.[25]

뿐만 아니라 그 전날인 2월 3일에 로버트 게이츠 미 국방 장관 역시도

---

24) 이후 부연된 내용에 따르면, 나머지 두 옵션은 각각 중국과 대만 간의 양안 분쟁을 상정한 남중국 일대와 핵무기 개발을 가속하고 있는 이란 지역을 겨냥하고 있었다. “한반도 급변사태 등 대비..美, 3개 시나리오 운용 중”, 『동아일보』, 2010년 2월 6일.

25) 이들의 청문회 증언 기록은 아래 웹페이지의 2010년 2월 4일 목요일 오전 10시 청문회의 비디오 자료에서 볼 수 있다. http://armedservices.house.gov/hearing_information_august_2009_april_2010.shtml/ (검색일: 2010년 7월 22일).

같은 청문회에서 북한에서의 급변사태 시 작계-5027[26]의 작동으로 2개월 이내에 69만 명의 미 육군과 해병대를 투입하는 계획이 수립되어 있다고 증언했다.[27] 뒤이어 90일 이내에는 5개 항모 전단을 포함한 160척의 함정, 항공기 2,500대 등이 추가로 동원될 것이라고 설명했다.[28] 그러나 그는 현재 미군이 아프간과 이라크에 개입되어 있기 때문에 신속하게 계획을 시행할 여력이 없다고 고백했다.[29] 그래서 북한의 급변사태가 단기적인 범위 내에서 발생한다면, 당분간 육군(과 해병대)의 초기 대응이 어려워 해군과 공군에 의존할 수밖에 없다고 설명했다.

따라서 북한에 비상사태[contingency situations]나 급변사태가 발생할 경우, 주한 미군은 북한의 WMD의 확보 및 제거를 수행하는 데 주력할 예정이었다. 이는 애초 전시 작전권[일명 전작권]을 2012년 이후에 한국으로 이양하기로 한 계획과는 무관했고, 한미 양국은 새로이 준비한 작계-5029의 내용에도 그 점을 명시했다. 월터 샤프 당시 주한 미군 사령관 또한 2009년 10월 30일 한국에서 개최된 <한미안보연구회> 초청 연설에서 전작권이 한국에 이양되어도 주한 미군이 북한의 WMD를 제거하는 임무와 해병대의 강습 상륙 작전을 주도할 것이라고 강조했다.[30] 같은 자리에 참석한 한국 측의 연합군 사령관 역시도 한국군이나 미군은 작계-5029에 의거해 북한의 안정 회복 작전을 수행할 것이며, 이는 북한에 존재하는 WMD 및 핵

---

26) 작전 계획(OPLAN)은 북한의 정권 붕괴나 대규모 난민 발생, 봉기 등 다양한 내부적 불안 요인에 대응하기 위한 보다 구체적이고 풍부한 군사적 조치를 담고 있다. 작계-5027은 전면전에 대비한 한미 양국 군대의 대응 방안을 담은 가상 시나리오로서, 북한의 남침 등 전면전이 발발했을 때 한미 연합군이 함께 적을 격퇴하고, 나아가 통일을 달성하기까지의 작전을 단계별로 정해 놓았다. 방어에서 반격 및 수복 작전에 이르기까지 총 6단계로 구성되어 있으며, 1974년 처음 작성된 이래 한미 양국이 2년마다 개정하고 있다. 작성 초기엔 방어 전략 중심이었으나, 최근에는 전면전 상황에서 한미 연합군이 북한의 전쟁 지도부를 제거하고 북한 전 지역에서 민사 작전을 수행하는 것 등으로 내용이 확대 및 변화했다. "'작계 5027' 北에 넘어갔다", 『조선일보』, 2010년 6월 5일.

27) http://www.globalsecurity.org/military/ops/oplan-5027.htm

28) "사설: 美 국방 '한반도 비상시 미군 신속하게 증파 못할 것'", 『조선일보』, 2010년 2월 4일.

29) "사설: 한반도 유사시 조기대응 빈틈 없어야", 『중앙일보』, 2010년 2월 6일.

30) "U.S. To Remove N. Korean WMDs in Contingency," Defense News, November 8, 2009.

시설의 확보를 포함한다고 설명했다.[31] 또한 작계-5029는 상황과 경우에 따라 한국군과 미군이 공동 혹은 단독으로 작전을 수행하도록 명시하고 있지만, WMD의 제거만큼은 미군이 단독 수행할 것이라고 단언했다.[32]

북한의 비상사태에 대비한 미국의 작전 가운데 또 하나 주목할 만한 사실은 그들이 한국뿐 아니라 일본과도 공조를 고려하고 있으며, 관련 작업에 이미 착수했다는 것이다. 2004년 12월 10일 일본 정부는 국가 안보와 방위 계획에 관한 두 건의 정책 문서인 『국가 방위 계획 아웃라인National Defense Planning Outline, NDPO』과 『군사 방위 강화 계획Military Defense Build Up Plan 2005 2009』을 승인했다.[33] 선자는 향후 10년 동안 일본의 군사 능력을 개선하기 위해 실천해야 할 발전 방향과 가이드라인을 담았고, 후자는 향후 5년 동안 구비해야 할 구체적인 무기 체계와 장비를 체계적으로 정리했다. 특히 이 새로운 NDPO(2004) 보고서는 처음으로 외국의 특정 국가를 일본 안보의 최대 위협으로 지목했다는 데 그 의미가 상당히 크다. 동 보고서는 중국과 대만 해협, 센카쿠 열도댜오위다오(釣魚島) 혹은 댜오위타이(釣魚臺)와 동중국해에서의 미중 갈등이 일본과 직결되어 있어 자국의 영토 주권 문제 등에 도전 요인으로 작용할 것으로 판단했다. 그와 더불어 북한이 동북아 안정의 최대 위협이며, 그들이 소유한 ICBM과 핵은 일본 국가 안보의 최대 위협이므로 (일본은) 준비 태세를 갖춰야 한다고 지적한다. 그리고 북한의 급변사태에 대응할 수 있는 무기 체계와 장비의 개선 및 제고 역시

---

31) 앞의 기사.

32) 이런 개념에 입각하여 2009년 10월 21일 31차 한미 군사 위원회 회의(MCM)에서 미 합참 의장 마이클 멀린(Michael G. Mullen)과 태평양 사령관 로버트 윌라드(Robert G. Willard), 그리고 샤프 주한 미군 사령관은 북한 급변사태에 대비한 한미 연합 작전의 마련을 한국 측에 제의했고, 이미 준비 중인 것으로 설명했다. 앞의 기사.

33) Subbash Kapila, "Japan's Revised Threat Perceptions and Military Up-Gradation Plans: An Analysis," Paper No. 1204, (India: South Asia Analysis Group, December 27, 2004), http://www.southasiaanalysis.org/papers131204.html/ (검색일: 2010년 8월 2일).

권고하면서, 이는 미국과 이미 협의된 대비책OPLAN-5055[34]에 따른 것이라고 정당성을 부여했다.[35] 이렇듯 북한에서 시작될 나비 효과를 철저히 통제하기 위해 미국은 동북아 동맹국들의 전면적인 참여를 독려하고 있었던 것이다.[36]

그러나 미국이 북한 급변사태 개입 작전을 계획대로 실천하려면 필히 극복해야 할 내부적 장애가 있다. 바로 미 의회의 승인이다. 지금껏 우리가 심각하게 간과해 온 중요한 사실은 북한이 실제 붕괴하더라도 주한 미군이나 한미 동맹이 자동으로 '작전 통제권OPCON'을 가동해 즉각 개입할 수는 없다는 점이다. 이를 간과할 수밖에 없었던 이유는 북한의 붕괴에 있어서 주한 미군 혹은 한미 동맹의 역할에 모두가 매몰돼 있었기 때문이다. 미국 헌법상 전시 상황과 흡사한 사태가 발생할 경우, 미군의 출동 명령은 미국 대통령의 고유 권한이라는 사실[37]이 우리로 하여금

---

34) OPLAN-5055는 2002년에 작성하고 조인된 미일 공동 작전 계획이다. 이는 1997년 미일 신가이드라인에서 규정한 기존 일본의 후방 지원 임무 외에 새롭게 한반도 관련 사항을 추가했다. 구체적인 임무 사항은 다음과 같다: 우선 육상 자위대가 미군 기지나 동해 연안의 원자력 발전소 등 주요 시설 135개소를 경호하고, 사태 발생 시 자위대를 집중 투입한다. 해상 자위대는 이 주요 시설들 연안에 호위함과 초계기 등을 대기시켜 놓고 공작선이나 괴선박을 경계하는 한편, 부유 기뢰의 소해(掃海) 작전으로 한반도와 규슈 북부를 잇는 수송로를 확보한다. 항공 자위대는 조기 경보기로 정보를 수집하고, C-130 수송기 등을 이용해 한반도에서 발생한 피난민의 수송을 지원한다. 그리고 마지막으로 북한의 WMD 위협에 대처하기 위한 적극적인 대응 태세 구축, 이른바 '적 기지 공격'의 의무를 다한다. 그러나 마지막 내용의 경우 일본 내 여론의 반대와 국내 정치 요인으로 현재까지 확정되지 않은 상태다. "US, Japan Have Operational Plan for N.K. Crisis," Asahi Shimbun, December 12, 2004; 조성렬, "日 '신방위대강', 무엇을 노리나", 『신동아』, 2005년 2월호, 172-186쪽; and National Defense Program Guidelines, FY 2005-, Reference 8 and Reference 9, (Tokyo: Defense of Japan 2008), http://www.mod.go.jp/e/d_policy/index.html/ (검색일: 2010년 6월 11일).

35) Kapila,"Japan's Revised Threat Perceptions and Military Up-Gradation Plans: An Analysis."

36) 아소 다로 전 일본 외교상은 북한 급변사태 시 한국에 있는 2만여 명의 일본인 주재원들과 수만 명의 일본인 관광객들에 대한 안전과 안보를 확보하기 위해서라도 미국과 협력해야 한다고 강조했다. 또한 자국민을 본국으로 안전하게 귀환시키기 위해 미군 군함과 상용 수송함을 이용해야 한다고 설명했다. 시오자키 야스히사 내각 관방 장관 역시 이러한 일본의 대비책은 동북아시아에서 발생 가능한 위기에 일본과 미국이 공동으로 준비한 대응책의 일환으로 마련된 것이라고 언급했다. "Japan and US Working on North Korea Emergency Plan," AFP, January 5, 2007.

37) 1994년 1차 북핵 위기 때 클린턴 당시 미 대통령이 북한 핵 시설을 향한 정밀 타격을 고민하고, 미군에 출동 명령을 거의 내리기 직전까지 갔던 사실이 이를 방증한다.

당연한 듯이 오해를 반복하게 만든 것이다. 하지만 주한 미군을 포함해 미군의 즉각적인 출동과 군사적 개입은 미국 대통령이 작전 명령을 하달할 수 있는 권한을 의회로부터 '부여받았을 때' 비로소 가능하다.

물론 예외도 있었다. 냉전 시기에 미 의회는 미군이 출동이나 출전할 가능성이 농후한 지역에 대해 예외를 적용했다. 즉 출동 명령권을 대통령에게 미리 지급하여, 해당 지역에서 실제 유사 사태가 발생하는 즉시 군사 공격 및 방어를 지휘할 수 있도록 조치한 것이다.[38] 그리고 그 가운데 1955년에 통과된 '대만 결의안'은, 대만이 적의 공격을 받아 군사적 대응이나 반격이 필요할 때 미 대통령이 미군에 공격 태세를 갖추고 더 나아가 공격을 가할 것까지 즉각 명령할 수 있는 무제한적인 권한을 부여했다.[39]

하지만 한반도에서 벌어질 모종의 유사 사태에 관련하여 미 대통령은 의회로부터 어떠한 작전권이나 명령권, 출전권도 부여받지 못했다. 아직도 주한 미군이나 한미 양국의 군사 관계는 한미 동맹 조약에 기반하고 있는데, 관련 조약의 제3조에 따르면 미군의 군사적 반격, 대응, 공격이나 출전 등과 같은 문제는 "헌법에 따른 수순을 거쳐야 한다"라고 명시되어 있다. 즉 주한 미군의 군사적 움직임은 모두 미 의회의 결정을 따라야 하는 것이다.

또한 냉전 시기부터 잔존하고 있는 미국 대통령의 유사시 군사 출동 명령권은 '전쟁 권한 결의안War Powers Resolution'에 따라 부여된다. 그러나 이 결의안은 미국 대통령이 미 의회와의 사전 상의를 거칠 것을 전제로 하고 있으므로, 상기한 '대만 결의안'과는 차이가 있다. 대통령과 의회가 미국의 병력 지원, 파견, 개입 등을 상의하고 이의 필요성에 의견이 일치하면, 미

38) Formosa Resolution in 1955, the Middle East Resolution in 1957, the Cuba Resolution in 1962, the Berlin Resolution in 1962, and the Gulf of Tonkin Resolution in 1964 등이다.

39) 동 결의안은 미중 관계의 개선으로 1974년 10월 26일에 폐기되었다.

의회가 그제야 대통령을 전폭 지지하게 되는 것이다.[40] 한반도 유사시 미국의 신속한 군사적 개입 역시 미국 대통령이 우선 동 결의안을 작동시켜 미 의회와 사태에 대해 의견 일치를 달성해야 비로소 이뤄질 수 있다. 그렇지 않을 경우 주한 미군의 군사적 개입이나 한미 연합군의 동원은 의회의 승인이라는 '공식적이고 정상적인' 절차를 거쳐야만 실현될 수 있다. 다시 말해 상기한 결의안이 대통령과 의회의 의견 불일치로 제대로 작동하지 않으면, 한반도 유사시 미국이 즉각 개입할 수 있는 소지는 '적다.' 미국이 한반도 유사시에 대해 시종 미온적인 입장을 견지하는 이유가 바로 이러한 미군 동원의 의사 결정 과정이 가진 구조적 약점 때문인 것이다.

40) "PUBLIC LAW 93-145--NOV. 7, 1973," November 7, 1973.

7장

미국의 대북 선제타격론 해부

- 되돌아보는 미국의 선제타격론
- 한반도에 드리운 전쟁의 먹구름
- 꺼지지 않은 선제타격의 불씨
- 전략적 인내에서 최대의 압박으로
- ICBM, 또 하나의 게임 체인저

7장 | 미국의 대북 선제타격론 해부

북한이 미국에 대한 적대 정책을 포기하지 않는 가장 큰 이유 중 하나는 미국의 끊이지 않는 선제타격 위협에 있다. 북한은 그러한 가능성을 제일 큰 위협으로 느낀다. 다른 수단을 이용한 적대 정책보다도 더 즉각적이고 즉흥적으로 실행될 수 있기 때문이다. 미국에 의한 대북 선제타격의 목적은 북한 정권을 지탱해온 군사적 요인을 모두 제거함으로써 궁극적으로 정권의 붕괴를 유발하는 것이다. 일단 선제타격이 실시되면, 그 목표는 핵과 군사 시설을 폭격함으로써 핵 억지력을 포함한 북한의 반격을 무력화하는 것이다. 그러면서 정권의 생존 기반을 와해시켜 핵 협상에서 백기를 들고 나오게 하는 목적인 것이다. 설사 북한 정권이 무반응으로 대응하더라도 고립이 심화될수록 정치, 경제, 사회적 동요가 발생할 수 있으므로 미국으로선 기다려볼 만한 결과이다.

미국의 선제타격이 두려운 것은 작전의 핵심 성질이 기습에 있기 때문이다. 물론 선제타격을 위해서는 대량의 병력과 무기 체계의 이동 및 재배치가 선행될 테니 사전에 전운을 감지할 수는 있을 것이다. 그러나 그것이 실질적인 작전을 위한 동원인지는 사전에 알아내기가 거의 불가능하다. 타격이 기습의 방식으로 이뤄지기 때문이다. 대비 태세를 갖추지 못한 무방비 상태에서 핵과 군사 시설이 타격당하면, 북한은 '눈 뜨고 코 베이는 식'으로 당할 수밖에 없다. 북한의 입장에서는 한미 연합 군사 훈련에 과민할 수밖에 없는 이유도 이런 작전의 성격이 비밀스럽고 은밀하고 도발적이기 때문이다.

핵무기 체계와 대규모의 군사력이 동원된 훈련이 대북 공격형으로 갑작스럽게 전환될 수 있는 것도 북한이 한미 연합 군사 훈련에 민감한 이유 중 하나다. 여기에는 북한의 트라우마도 한몫을 한다. 북한 스스로가 그런 방식으로 한국 전쟁을 일으켰기 때문이다. 북한의 민감한 반응은 1993년 3월 팀 스피릿 훈련 때도 그대로 나타났다. 당시 김일성은 북한 전역에 '준전시 상태'를 선언했고, 이는 90일 동안 지속됐다. 북한이 매년 12월에서 4월까지 군사 훈련을 벌이는 이유도 한미 간의 공동 군사 훈련에 맞불 작전을 펴기 위함이다.

이는 북한이 핵 협상을 하면서도 항상 불안을 느끼는 이유이기도 하다. 핵 협상이 교착에 빠지고 돌파의 실마리가 보이지 않을 때, 미국은 종종 선제타격을 운운했다. 선제타격은 미국의 대북 전략 옵션의 한 축으로 존재한다. 이 옵션은 미국 정치권 내에서 강경파만의 전유물이 아니다. 소위 '비둘기파'나 민주당 정권도 선제타격을 전략 옵션으로 심각하게 고려한 적이 많기 때문이다. 아니, 사실상 더 많으면 많았지 결코 적지 않았다. 이는 북한이 미국을 향해 적대 정책을 견지하는 실질적 근거가 되고 있다.

되돌아보는 미국의 선제타격론

미국의 북한 핵 시설 '선제타격론'은 어제오늘의 이야기가 아니다. 1990년 걸프전 이후 미국은 WMD 확산과 관련된 나라에 대한 대응책의 일환으로 이를 활용해왔다.[1] 북한도 예외는 아니었다. 미 국방부는 오랫동안 영변 핵 시설의 타격 조건을 연구해왔다. 건물의 정밀 타격에서부터 모든 핵 관련 시설을 통째로 폭격하거나 전술적으로 크루즈 미사일을 발사해 명중시키는 것, 심지어 특수 부대의 침투에 이르기까지 미국은 여러 각도에서 다양한 방법을 활용해 북한 핵 시설을 파괴하는 시나리오를 작성했다.[2]

미국이 북한을 선제타격 대상으로 구상한 것은 1991년의 일이었다.[3] 그해 말 미국 정보 당국은 이른바 '빌딩Building 500'이라 불리는 북한 내 핵 재처리 시설의 공사 현장을 위성으로 포착했다. 그러자 이 시설을 파괴해버리자는 의견이 백악관 내에서 자연스레 대두됐다. 당시 이를 주도한 대표적인 행정부 인사는 국가 안전 보좌관이던 브렌트 스코우크로프트Brent Scowcroft, 로버트 게이츠 CIA 국장, 폴 월포위츠Paul Wolfowitz 국방 정책 차관 등이었다.

여기서 한 가지 흥미로운 사실은 당시 한국도 이를 부추겼다는 점이다. 미국이 한국 내 모든 핵무기의 철수를 선언하던 날인 1991년 9월 27일, 당시 한국의 이종구 국방 장관은 북한이 핵 시설에 대한 사찰을 불허하면 미국의 특수 부대를 북한 핵 기반 시설에 침투시켜 폭파할 것을 제안했다. 11월에 열린 한미 안보 전략 대화에서도 한미 양국의 국방 장관은 그와 비슷한 구상에 동의했다. 북한이 원자로를 중단하고 사용 연료를 재처리하면, 영변 핵 시설을 공격하는 데 의견을 일치시킨 것이다.[4]

---

1) Michael Gordon, "Pentagon Begins Effort to Combat More Lethal Arms in Third World," New York Times, December 7, 1993, p. 15.

2) Joel S. Wit, Daniel B. Poneman, Robert L. Gallucci, Going Critical: The First North Korean Nuclear Crisis, p.103.

3) Program and Markup of H. Con. Res. 189 and H. Con Res. 240, Hearings before the Subcommittee on Asian and Pacific Affairs of the House Committee on International Relations, 102 Cong. 1 sess. (Government Printing Office, November 21, 1991).

4) Leon V. Sigal, Disarming Strangers: Nuclear Diplomacy with North Korea, p. 33.

때로 미국은 위협의 가중 효과를 위해 노골적으로 선제타격 계획을 공언하기도 한다. 하지만 대부분의 경우에는 내부 검토 수준에 머무는 것이 사실이다. 미국도 공론화의 후과를 의식하지 않을 수 없고, 한반도 주변 지역의 동요가 북한을 자극하면 불상사가 일어날 수 있기 때문이다. 그뿐만 아니라 한국과 주한 미군, 주변 동맹국들에 불안감을 조장해 미국의 전략적 이익에 손실을 초래하고, 무엇보다 주변국들과 미국의 관계에 부정적인 영향을 미칠 수도 있다.

미국이 선제타격에서 기대하는 효과는 단 한 가지다. 북미 협상이 심각한 교착 상황에 빠지면, 최고의 압박 수단인 군사적 전략 옵션을 활용해 북한을 압박함으로써 돌파구를 마련하자는 것이다. 실제로 미국은 선제타격을 공론화하거나 북한에 단독 선포하는 방식으로 평양으로부터 적지 않은 양보를 얻어내 왔다.

이러한 이유로 대북 선제타격은 클린턴 행정부의 등장과 더불어 한층 구체화되기 시작했다. 당시 북한의 NPT 탈퇴 선언으로 첫 번째 북핵 위기 사태가 시작되자, 미국은 북한이 핵 문제를 외교적으로 해결할 의사가 없다고 간주했다.[5] 그래서 크리스토퍼 국무 장관은 미 의회 <국방 예산 분과위원회Defense Appropriations Subcommittee>의 청문회 자리에서 대북 원유 금수 조치를 선언했지만, 위원회의 위원장이던 존 머타John Murtha 하원 의원은 한 걸음 더 나아가 군사적 행동의 필요성까지 지적했다.[6] 그러자 이에 호응이라도 하듯 국방 장관 레스 에스핀Les Aspin은 북한 태스크포스 팀TFT을 조직한 뒤, 팀의 좌장으로 미 국방부 국제 안보 정책 담당 차관보였던 애슈턴 카터Ashton Carter를 임명했다. 그리고 1993년 3월에는 국가 안보 회의가 검토할 포지션 페이퍼position paper가 처음으로 제출되었다. 흥미롭게도

5) Joel S. Wit, Daniel B. Poneman, Robert L. Gallucci, Going Critical: The First North Korean Nuclear Crisis, p. 28.

6) Ruth Sinai, "Bush Administration Approved Major Trade Deals with North Korea," Associated Press, March 17, 1993.

이 보고서를 작성한 인물은 부시 전임 대통령의 국가 안보 회의 일원이었던 필립 젤리코우Philip D. Zelikow였다.

해당 보고서는 북한과의 협상에 매우 비관적이었다. 협상이 실패할 경우 북한 핵 시설을 타격해야 한다고 건의하면서 "북한이 사용 연료를 원자로에서 처리하기 시작하면 (타격의) 기회가 온 것"이라고도 덧붙였다. 사용 연료가 원자로에서 일단 이탈하는 순간 타격의 기회는 사라지고, 사용 연료가 핵무기 제조에 투입될 수 있다는 것이었다.[7] 보고서의 이러한 비관론에 애슈턴 카터의 측근들은 매우 황당해했다. 전쟁 발발의 가능성을 끌어올릴 게 너무나도 자명했기 때문이다. 이후 들려온 후문으로는 보고서가 무책임한 수준을 뛰어넘었다는 악평이 쏟아졌다고 한다.[8]

그리고 5월 초에는 보고서의 완성본이 에스핀 국방 장관과 윌리엄 페리 국방 차관에게 전해졌다. 해당 문건은 다음과 같은 네 가지 고려 사항을 제시했다. 첫째, 북한을 NPT와 IAEA에 복귀시키는 것만으로는 북핵 문제를 해결하는 데 충분하지 않다. 둘째, 북한의 과거 핵 처리 기록보다 앞으로의 재처리 행위를 막는 게 더 중요하다. 셋째, 경제 제재의 효과는 미미하고 그를 선호하는 의견에 동의하지 않는다. 마지막으로, 북한의 핵 프로그램을 통제하지 못하면 향후 미국의 중대한 이익에 분명 위협이 될 것이다.[9] 특히 보고서는 미국의 중대한 이익은 전쟁을 치러서라도 수호해야 할 이익임을 거듭 강조했다.

곧이어 11월, 북한이 계속해서 사찰을 거부하자 미 행정부 내에서도 제재 검토를 넘어 본격적인 선제타격을 고려하기 시작했다. 지난 3월과 비교해 공격을 찬성하는 분위기가 더욱 팽배했고, 공습 4개월 만에 속전속결이

---

7) Interview with Defense Department official, April 24, 1996.

8) Interview with Defense Department official, May 20, 1996. For the hawks' account, see Kenneth R. Timmerman, "Going Ballistic," New Republic, January 24, 1994, pp. 12-15.

9) Interview with Ashton Carter, March 3, 1997.

가능하다는 시나리오도 나왔다. 걸프전에서처럼 54만 5,000명의 병력을 동원하는 고도의 전쟁일 경우에 그런 결과가 예측된다는 것이었다.[10] 이에 결국 북한은 NPT 탈퇴를 멈추고 협상에 임했고, 핵 시설에 대한 사찰과 검증에도 합의했다.

그러나 북한이 다시금 사찰을 거부하면서 클린턴 행정부는 선제타격 카드를 다시 꺼내들기 시작했다. 1993년 12월 미 국방부는 54만 명의 병력과 현대화된 무기를 투입하는 전쟁 계획인 한반도 전쟁 방안을 수립했다. 그리고 이를 토대로 1994년 초에 이른바 작계-5027을 마련하고, 세 가지 상황을 들어 계획의 당위성을 설명했다. 첫째는 핵과 인권 문제를 빌미로 북한에 제재를 가한 후 타격한다는 것이었고, 둘째는 핵 의혹설을 제기해 '정밀 타격'을 실시한다는 것이었으며, 셋째로는 긴장 국면을 조장해서 정세가 악화되었다는 이유로 선제타격을 단행한다는 것이었다.

새로운 작전 계획에 따라 미국은 1994년 이후로 대북 선제타격의 목적을 수정했다. 북한의 반격을 가정해 작전 계획의 목적을 북한 정권의 파괴destroy로 정정한 것이다.[11] 여기엔 한반도 내 미군의 추가 배치가 필수였으나, 그건 어려운 문제는 아니었다. 1993년 11월에 미국이 이미 한국과 '유연한 배치 옵션Flexible Deployment Options'을 대북 선제타격 작전에 포함하기로 합의했기 때문이었다. 이는 선제공격을 단행하기 이전에 만약의 반격을 미리 대비하겠다는 의미였다.[12]

그러나 미국은 북한에 또 한 번의 기회를 줬다. 북한의 핵 시설 사찰 수용을 유도하기 위해 1993년 12월 29일에 북한이 원하는 요구 조건을

10) Barton Gellman, "Trepidation at Root of U.S. Korea Policy: Conventional War Seen as Catastrophic for South,"Washington Post, December 12, 1993, p. 1.

11) Michael Gordon and David Sanger, "North Korea's Huge Military Spurs New Strategy in South," New York Times, February 6, 1994, sec. 1, p. 1.

12) Anthony Lake, Six Nightmares: Real Threats in a Dangerous World and How America Can Meet Them (Boston, MA: Little, Brown, 2000), p. 129.

전격 수용한 것이다. 협상 끝에 미국이 1994년도 팀 스피릿 훈련을 중단하면 북한은 세이프가드를 수용하고, 남북 실무 회담 재개 및 남북한 특사 교환, 그리고 이듬해 3월 21일 제네바에서 3차 북미 회담을 개최하기로 합의했다. 하지만 그 이행 시기가 임박한 3월에 북한의 강석주 외무성 제1부상은 돌연 미국에 거부 의사를 드러냈다. 상기한 합의 사항을 미국이 이행하지 않을 시에 북한이 터뜨릴 대응, 곧 핵 처리 시설을 재가동하고 핵 연료봉을 재처리하겠다는 경고였다. 미국은 이를 선전포고로 인식했다.

그 결과 미국은 강도 높은 대북 압박을 선호하는 입장으로 선회했다. 미국이 제재를 고려하고 있다는 사실이 공개되자, 북한은 IAEA의 사찰을 완강히 거부했다. 3월 15일 사찰단이 북한을 떠났고, 19일 판문점에서 개최된 남북 회담에서 북한은 제재는 곧 대북 선전포고이며 그것이 실행되면 "서울은 불바다가 될 것"이라고 협박했다. 그러자 4월에 미 백악관은 이에 수반되는 군사 작전을 본격적으로 논의하기 시작했다.

한반도에 드리운 전쟁의 먹구름

미국은 두 가지 영역에서 대응 전략을 분주히 마련했다. 하나는 백악관에서 열린 대북 제재를 위한 작전 회의, 다른 하나는 국방부가 진행하는 북한 정권의 붕괴를 위한 작전 회의였다. 전자를 위해 백악관은 1994년 3월 19일에 <장관 회의^Principals' Committee^>를 개최했다.[13] 북한이 미국의 제재를 자국에 대한 선전포고로 규정한 이상, 대북 제재에는 미군의 준비 태세가 수반되어야 했다. 윌리엄 페리 국방 장관 역시 4월부터 대북 군사

13) 이른바 백악관의 '장관 회의'는 미 정부 부처의 장관, 기관장 및 백악관 참모들로 구성되며, 이들은 대통령에게 제출할 보고서 등을 검토해 실제 보고하는 일을 수행한다.

전략 옵션을 준비하기 시작했다.

4월 3일 페리 국방 장관은 미 NBC 방송의 「Meet the Press」에 출연해 대북 제재와 군사 작전을 동시에 준비하는 이유와 목적을 설명했다. 그는 북한의 핵 개발 프로그램 동결과 폐기가 미국 정부의 분명한 정책 기조임을 역설했다. 더불어 군사적인 최우선 목표는 북한이 한두 개의 핵폭탄만 보유해도 미국이 즉각 그를 제거하는 데 있다고 재차 강조했다.[14)]

곧이어 북한의 세이프가드 사찰 거부로 미 국방부가 1994년 4월에 수립한 대북 선제타격 작전의 일환으로 월트 슬로콤브Walt Slocombe 국방 정책 차관을 좌장으로 한 <대북 군사 작전 회의>가 개최됐다. 그리고 작전 수립 과정에서 주한 미군의 증강 계획도 자연스럽게 마련됐다. 미국의 군사 옵션 논의가 알려지면서 북한은 4월 28일에 정전 협정의 무효화를 선언한 뒤, <한국 전쟁 정전 위원회>에서의 탈퇴를 미국 측에 통보했다.

비록 일련의 대응 조치를 취하긴 했지만, 북한 역시 분위기의 심각성을 감지하고 있었다. 연일 이어진 김일성의 핵 관련 발언이 그들의 불안감을 입증했다. 김일성은 외신 기자 및 외교 관련 인사들과의 연속된 만남에서 비핵화 의지와 더불어 핵무장의 불필요성, 그리고 핵무기를 갖지 않겠다는 의사를 수차례 공개적으로 밝혔다. 하지만 미국은 결코 이를 곧이곧대로 믿지 않았다.

그런데 김일성의 발언을 믿지 않으면서도 미국은 5월 제재 계획에서 군사 옵션을 배제하며 일보 후퇴했다. 그러나 경고는 계속되었다. 페리 장관은 미국의 "동맹이 신속하고 결정적으로 북한의 공격을 격퇴할 것"이라고 강조하는 한편, 미국이 전쟁을 주도하지는 않을 것이라고 부연하는 것도 잊지 않았다. 그는 "미국이 전쟁을 시작할 리는 전혀 없다.

---

14) Perry on Meet the Press, quoted in Don Phillips, "Sanctions a First Step, U.S. Warns North Korea," Washington Post, April 4, 1994, p. A-1.

또 경거망동한 행동으로 전쟁을 유발 혹은 도발하지도 않을 것이다"라고 밝혔다.[15)]

클린턴 대통령의 제재 의지가 견고해지면서 페리 국방 장관은 군사 수단의 필연성을 역설했다. 1994년 6월 10일 페리 장관은 대통령에게 전하는 메모memorandum에서 이제는 핵 위기의 엔드 게임end game을 고려할 때라고 강조했다. 미국의 옵션을 군사적 준비, 즉 선제타격에 제한해서는 안 된다는 것이다. 그는 미국이 두 가지 경우의 수를 대비해야 한다고 지적했다. 북한 정권의 점진적 또는 갑작스러운 붕괴였다.

구체적으로 그는 세 단계의 군사 준비 태세를 제안했다. 첫째, 제재를 발효하기 이전에 우선 250명 규모의 특수 부대를 투입하고, 2,000명의 작전관을 배치한다. 둘째, 다음 단계로 한반도 주변에 대규모 군사력을 배치한다. 1만 명의 지상군과 F-11 스텔스, 장거리 폭격기 등을 포함한 몇 개의 전술 비행 대대, 그리고 제2의 항공 모함 전단을 한국 인근에 추가 배치한다. 셋째, 제재가 본격적으로 진행되기 전에 예비군을 소집하고, 5만 명의 병력, 400대의 전투기, 50척 이상의 군함, 그리고 미사일 발사대 및 패트리어트 미사일을 추가로 배치한다는 것이었다.[16)]

미 국방부는 이런 만반의 준비 없이 제재는 무용無用하다고 확신했다. 북한이 제재를 선전포고로 인지하는 한, 미국 역시 완벽한 유사시의 대비 태세를 갖춰야 할 필요성을 절감한 것이다. 이때부터 미국은 제재를 위한 군사적 수반 조치를 북한이 일으킬지도 모르는 전쟁의 억지 수단으로 정의했다. 이에 근거해 페리는 게리 럭 주한 미군 사령관에게 영변 핵 시설에 대한 정밀 타격 계획의 준비를 지시했다. 그로 인한 산물이 오늘날 알려진 일명 '작계-5026'이다.

---

15) Speech to the Asia Society, Washington, May 3, 1994.

16) Don Oberdorfer, Two Koreas: A Contemporary History, (Reading, Massachusetts: Addison-Wesley, 1997), pp. 324-26.

실제로 클린턴 대통령은 그 무렵 페리 장관의 세 가지 권고안 중 하나를 선택할 준비를 갖추고 있었다. 작전 계획 중에는 한국에 거주하는 미국인들의 탈출 작전도 포함돼 있었으나, 이는 미국의 작전 계획을 사전에 노출할 뿐 아니라 북한의 오해와 오판을 초래할 수도 있었다. 북한을 되레 적극적으로 도발할 수 있는 맹점이 있었던 것이다.[17]

6월 14일에 열린 장관 회의에서는 대북 선제타격의 초점을 '오시락 옵션Osirak option'으로 다시금 전환했다. '오시락 옵션'이란, 1981년 6월 이스라엘이 이라크의 오시락 원자로를 선제타격할 때 사용한 작전명이었다.[18] 이를 참고해 영변 시설의 선제타격을 심각히 고려하고 있음을 보여주는 대목이었다. 그를 위해 미국은 스스로 충족 요건을 설정했다. 북한의 재처리 활동이 없다는 것을 증명할 IAEA의 지속적이고 방해 없는 감시가 어려워질 때, 그리고 미국의 한반도 군사력 증강이 완성되었을 때가 그것이었다. 물론 후자의 경우 한국과의 사전 협의가 선행되어야 했다.

상기 작전의 목적은 세 가지로 집약됐다. 첫째, 재처리 시설을 파괴한다. 둘째, 이와 더불어 영변의 핵 시설, 즉 5MWe 원자로와 핵사용 원료 저장소 등을 주요 표적으로 삼는다. 셋째, 핵 시설을 비롯해 주요 군사적 자산을 모두 제거함으로써 북한의 반격을 저지한다는 것이었다. 이는 이스라엘의 대이라크 작전 때보다 타격 대상과 목적이 더욱 확대된 형태였다.

이상에서 보듯 당시 미국과 북한은 금방이라도 전쟁을 벌일 기세였다. 이후 토마스 허버드Thomas Hubbard 주한 미 대사는 당시를 회고하며, 미국의 존 샬리카쉬빌리John Shalikashvili 합참 의장은 북한이 제재를 선전포고로 정의하고

17) Leon V. Sigal, Disarming Strangers: Nuclear Diplomacy with North Korea, p.122.

18) 미국은 당시 이스라엘의 선제 타격 요청을 거부했다. 이에 이스라엘이 직접 나서서 작전을 수행했다.

있으므로 제재를 취하면 전쟁은 불가피하다는 가정 아래 모든 것을 준비하고 있었다고 언급했다.[19)]

하지만 당시의 대북 작전 계획은 지미 카터 전 대통령의 6월 15일 방북과 중재로 극적인 중단을 맞이했다. 그래도 클린턴 대통령은 같은 날 제재에 대비한 주한 미군의 군사력 보강을 승인하기 위해 <전쟁 위원회[Council of War]>의 회의를 주관했다. 미 국방부는 그 자리에서 제재의 강도에 맞춘 세 가지 전략 옵션을 소개했다. 동 위원회가 선호한 첫 번째 옵션은 2만 3,000명의 병력을 후방 지원군으로 한반도에 투입하고 40만 명의 병력을 추가 배치하여 경계 태세를 갖추는 것으로, 럭 주한 미군 사령관의 주장을 반영한 대목이었다. 두 번째 옵션은 전투기를 포함한 30~40기의 항공기를 한국에 추가 배치하고, F-117 스텔스 전투 폭격기와 다른 폭격기들을 괌에 배치하는 것이었다. 세 번째 옵션은 더 확고한 전략으로, 미 육군과 해병대의 전투 병력을 투입하고, 항공 모함 한 척을 한반도 인근 지역에 2차 배치하는 것이었다. 그 자리에서 미 CIA 국장보이자 국가 정보국 경고팀의 찰스 엘렌[Charles Allen]은 클린턴 대통령에게 군사력 보강이 북한군의 선제 대응을 촉발할 수 있다고 경고했다. 그에 덧붙여 이런 위험 부담을 안은 채 미국이 군사 이동으로 전쟁이 임박했음을 알리고 경고를 전할 때, 대통령은 자신에게만 부여된 고유 권한을 발동할 수 있다는 사실도 상기시켰다.

꺼지지 않은 선제타격의 불씨

이후 조지 W. 부시 대통령 시기와 오바마 대통령 시기에도 미국의 대북 군사 전략 옵션은 여전히 유효했다. 부시 대통령은 취임 후 북미 간의

---

19) Interview with Thomas Hubbard, June 27, 1996.

『제네바 합의서』의 무효를 선언하고, 북한을 '악의 축'으로 규정하며 강경한 압박 정책의 도래를 알렸다. 부시 행정부는 북한과의 핵 협상이 경색 국면에 빠지거나 북한이 심각한 도발을 단행하면, 군사적 대응 조치를 예외 없이 신속히 마련했다. 2002년 9월에는 『국가 안보 전략 보고서NSS』를 발표해, 필요하다면 자위 차원에서 선제공격의 권한을 행사할 수 있음을 재확인했다. 그리고 9.11 테러 사태를 계기로 더욱 강경한 반테러 및 WMD 비확산 정책 노선을 채택하면서, 외교 안보 전략의 요소로서 '선제공격' 독트린을 채택했다.[20] 이는 미국이 7개국을 상대로 핵무기를 사용할 수 있는 비상 계획을 마련한 데 이어[21] 핵무기 불사용의 원칙을 본질적으로 수정한 셈이었다. 미국의 이런 결의는 2002년에 '작전 계획-5030'으로 명문화되었다. 하지만 미국의 강경책은 동시에 북한이 핵무기 개발에 더욱 박차를 가하는 구실이자, 2차 북핵 위기 사태 발생의 빌미를 제공하는 역할을 했다.

앞서 이라크 전쟁을 준비하던 2002년 2월에만 하더라도 부시 대통령은 한미 정상 회담 자리에서 북한을 공격할 의사가 없다고 밝혔다. 그러나 얼마 지나지 않은 6월 1일, 미 웨스트포인트 육군 사관 학교의 졸업식 연설에서 그는 새로운 위협엔 새로운 사고가 필요하다며 선제타격의 정당성을 강조했다. 그리고 9월에는 『대통령령 17호』를 통해 미국의 선제타격 목표에 북한을 포함시켰다.

부시 행정부의 대북 군사 위협은 클린턴 시기와 비교해 그 의도가 명확히 달랐다. 위협의 용도는 두 가지로, 중국에 대한 압박과 북한에 대한 압박이었다. 그들은 자신들의 대북 공격 위협 발언을 계기로 중국이 더

---

20) "Remarks by the President at 2002 Graduation Exercise of the United States Military Academy," West Point, New York, June 1, 2002; David E. Sanger, "Bush to formalize a Defense Policy of Hitting First," The New York Times, June 17, 2002; "The National Security Strategy of the United States of America," The White House, September 2002.

21) "Nuclear Posture Review Report," January 8, 2002.

적극적인 역할과 책임을 지고 북한을 협상 테이블에 앉혀 놓길 바랐고, 그와 더불어 평양이 더 적극적으로 협상에 임하길 원했다. 구체적으로 미국은 중국이 6자 회담을 주최할 것을 제안했다. 그러나 중국의 초기 반응은 매우 유보적이었고, 그러자 미국은 중국의 적극성을 끌어내기 위해 대북 공격 카드를 꺼내 들었다. 중국이 6자 회담 개최를 거절하면 미국은 단독 군사 행동으로 북한을 공격할 수밖에 없다고 경고하고 나선 것이다.[22) 결국 중국은 입장을 선회해 2003년 4월에 3자 회담을 주도하고, 그해 8월에는 6자 회담을 개최해 북한을 회담장으로 끌어냈다. 미국의 위협이 성과를 올린 것이다.

6자 회담이 개최되는 동안 미국의 대북 군사 작전 계획은 유보되었다. 하지만 2005년에 6자 회담의 첫 합의문이었던 『9.19 공동 성명』이 도출된 후 북한이 다시금 도발을 감행하자, 선제타격 전략 역시 재소환되었다. 2006년 7월에 북한의 장거리 미사일 발사 시험이 있기 전 미국은 이미 북한이 발사 시험을 준비하는 움직임을 포착했다. 당시 윌리엄 페리 전 국방 장관은 북한의 미사일 시험장을 공중에서 타격하자는 제안을 내놨다. 이는 부시 행정부 시기에 대북 정밀 타격을 처음으로 제기한 것으로, 물론 페리는 이미 정부 인사가 아닌 민간인의 신분으로 돌아가 있었으나 그의 군 이력에 비춰보면 단순히 민간인 전문가 한 사람의 발언으로 가벼이 치부할 수만은 없었다. 게다가 그때는 미 국방부에서도 내부적으로는 대북 공격 작전 계획을 준비하고 있던 시기였다. 그러나 당시 부시 대통령과 그의 자문관들은 이런 군사적 옵션을 고려하고 있지 않았다. 이러한 행정 수뇌부의 행동은 북한의 미사일 도발이 초래할 예측 불가능한 결과에 대한 불안과 우려 때문이었다. 그리고 그 우려엔 북한의 타격 범위 내에 위치한 한국이 직면할 치명적 결과도 포함되어 있었다.[23)]

---

22) Condoleezza Rice, No Higher Honor: A Memoir of My Years in Washington, (New York: Crown Publishing Group, 2011), p. 242.

23) Condoleezza Rice, No Higher Honor: A Memoir of My Years in Washington, p. 708.

그럼에도 북한의 강경한 군사적 도발이 지속되자, 부시 행정부는 대북 압박 전략에서 제재의 불가피성을 인정하고, 군사적으로 어떠한 압박을 취해 어떠한 목표를 달성할지를 심각하게 고민하기 시작했다. 부시 대통령의 참모들은 두 가지 전략적 선택을 고려했다. 하나는 북한 핵 시설에 대한 정밀 타격이었고, 다른 하나는 북한 정권의 교체를 목표로 한 전략이었다.[24] 이 또한 클린턴 행정부와 차별화된 전략이었다. 클린턴 행정부가 선제타격을 고려했던 것과 달리 부시 행정부는 정밀 타격을 우선시했다. 즉 미사일 기지와 핵시설만 타격해 불능화하는 게 주목적이었고, 이를 시작으로 북한 정권의 붕괴를 유발하겠다는 것이었다.

문제는 후자의 실현 가능성이 매우 낮다는 데 있었다. 심지어 네오콘들마저도 북한 정권이 현재까지 붕괴하지 않고 반백 년 넘게 유지되어 온 현실을 인정할 수밖에 없었다. 무엇보다 북한의 첫 핵 실험은 네오콘들을 더욱 당황하게 했다. 50년이 넘는 오랜 기간 동안의 제재에도 불구하고 북한은 핵 개발을 진척시켰기 때문이다. 이제 미국은 북한의 핵무기 보유 여부를 진지하게 토론해야 했고, 네오콘들은 군사적 수사로만 사용했던 선제타격 작전 계획을 현실화시켜야만 했다.

당시는 2005년을 기점으로 이라크와 아프가니스탄에서 '테러와의 전쟁'을 종결하려는 실용적인 전략이 모색되기 시작하던 시기였다. 미국이 북한에 더욱 집중할 수 있는 여력이 생긴 것이다. 네오콘들은 이 두 전쟁이 끝나면 북한을 자신들의 '마지막 전쟁final battle'으로 만들려 했다. 김정일의 생존과 핵무기의 교환 가능성을 타진하던 중에 떠올린 발상이었다.

2005년 초 국가 안보 회의에서 부시 대통령은 "우리가 김정일의 생존을 허락하면 그가 모든 WMD를 포기할 것인가?"라는 질문으로 말문을 열었다. 콘돌리자 라이스 국무 장관은 김정일을 직접 테스트하지 않는 이상 판단하기 어렵다고 답했다. 이에 부시 대통령은 즉각 그를 테스트해

---

24) 앞의 책, p. 520.

보자고 제안했고, 그러자 스티븐 해들리Stephen Hadley 국가 안보 보좌관은 그러면 정권 교체 계획은 아예 없었던 것이 되어버린다고 경고했다. 이에 부시는 입장을 번복하며, 북한의 "정권 교체는 다른 방법으로 해야 한다. (북한이) 개방하면 김정일은 생존하지 못할 것이다"라는 말로 분위기를 전환했다.[25] 부시 행정부 2기에서도 북한의 정권 교체에 대한 네오콘들의 생각은 여전히 유효했던 것이다.

그에 비해 오바마 행정부 1기의 첫 2년 반 동안에 미국은 압박과 제재를 병행하는 전략을 선택했고, 2011년 중후반부터는 대화와 협상으로 선회했다. 하지만 그 사이 북한은 2009년 6월에 사용된 연료봉을 추가로 재처리해 모두 무기화하는 데 성공했고, 2010년 11월에는 영변에 새로운 중소 규모의 경수로와 최신식 우라늄 농축 시설을 건설했다. 오바마의 대북 정책은 백악관의 리더십보다 외곽에서 활동하며 비확산 레짐(가치)을 강조한 전문가들에게 과하게 의존했다. 그러면서 초점은 자연스레 과학 기술과 협상 기술로 기울어졌고, 논의는 지지부진했다. 그 결과 오바마 행정부의 대북 정책은 아무런 새로운 협력 이니셔티브(주도권)도 취하지 못한 채 '전략적 인내'라는 노선으로 굳어졌다. 오바마 대통령은 대화를 제안함으로써 긴장을 완화하고 무력 충돌을 피하려 했지만, 현실 정치에서 그의 행동은 의지를 따라가지 못했다. 2009년의 2차 핵 실험과 2010년 3월의 천안함 폭침 사건이 발목을 잡았기 때문이었다.

한미 합동 군사 훈련이 끝난 뒤, 북한은 2010년 5월 하순부터 중국과 협력하여 적극적인 대화와 평화 공세를 펼쳤다. 하지만 오바마 행정부는 이를 모두 거절한 채 북한과 어떠한 새로운 대화도 시도하지 않는 전략적 인내로 일관했다. 일례로 북한은 2010년 6월 16일에 한반도 문제와 북핵 문제 등을 해결하기 위한 대미 고위급 회담을 제안하고, '한반도 비핵지대화'까지 시사했다. 그러나 미국은 끝내 이를 수용하지 않았다.

---

25) 앞의 책, p. 520.

북한의 연속된 도발에 맞서 미국은 북핵 문제에서 '북한의 선先핵 포기'를 강하게 요구했다. 이는 북한을 핵보유국으로 인정할 수 없으며, 북한이 행동으로 비핵화에 대한 진정성을 우선 증명할 때 미국은 비로소 대화에 나설 것이란 입장이었다. 즉 북한의 선先핵 포기를 북미 대화의 전제 조건으로 설정한 것이다. 그럼에도 북한이 도발을 멈추지 않자, 오바마 행정부도 대북 공격 작전 수립에 들어갔다. 2013년 10월 2일 서울에서 개최된 45차 <한미 안보 협의회SCM>는 대북 '맞춤형 억제 전략tailored deterrence strategy'을 채택했다. 북한은 이를 '선제 핵 공격' 전략이라 비난했다.

이른바 맞춤형 억제 전략은 핵 확장에 대한 억제력을 강화하는 것뿐만 아니라 억제 효과를 극대화하기 위한 동맹 간의 능력 통합과 강화를 의미한다. 포괄적인 동맹 능력의 발전은 무기체계뿐 아니라 지휘 체계까지 포괄한다. 따라서 평시와 전시의 북한 위협 시나리오에 대비한 전략의 '기틀' 확보가 중요해졌다. 곧 한국형 미사일 방어 체계를 발전시켜 미국 미사일 방어MD 체계와의 상호운용성 증진을 통해 미국이 주도하는 미사일 방어 체계에 실질적으로 합류시킨다는 결론이었다.[26] 하지만 한국형 미사일 방어 체계의 개발이 늦어지면서 미국은 고고도 미사일 방어 체계THAAD, 사드의 배치를 전략 옵션으로 고려하기 시작했다.

2013년 10월 3일 도쿄에서 개최된 <미일 안전 보장 협의 위원회>에 참석한 존 케리John Kerry 미 국무 장관은 이후 공동 기자 회견에서 미국은 북한의 정권을 교체하려는 것이 아니라고 언급했다. 북한이 비핵화를 결심하고 이를 위해 진정성을 가지고 협상에 나선다면, 미국은 기꺼이 대화에 나설 것이며 평양과 불가침 조약까지 준비할 것이라고 발언했다. 이는 미국이 처음으로 불가침 조약을 북한에게 제시한 것으로, 미국은 자신들이 제시한 요건이 북한이 견지하는 안전 보장 요구를 충족시킬 수 있다고 믿었다. 따라서 케리 장관의 발언은 미국 정부가 북한 정권을 교체

---

26) "北 핵도발 '위협→사용임박→사용' 3단계로 나눠 원천봉쇄", 『동아일보』, 2013년 10월 3일.

혹은 선제타격하지 못하도록 미 의회가 조약으로 보장함으로써 북한의 불안감을 해소하겠다는 제안이었다.

이에 북한은 10월 12일 국방 위원회 대변인 성명을 통해 무장이 해제된 상태로 불가침 조약을 체결한 나라는 역사적으로 없었다고 비판했다. 이미 핵 억지력을 갖춘 북한으로선 미국의 제안을 수용할 이유가 없었다. 하지만 미국의 평화 공세가 시작되자, 북한 국방위 역시 대미 회담에 적극 응대하기 시작했다.

한편으로 북한은 2003년 1월 NPT 탈퇴 선언 당시에 내세운 철회 이유를 상기시켰다. 그때 북한은 미국이 먼저 적대 정책을 포기한다는 약속을 어겼고, 핵 위협(연합 군사 훈련) 행동 역시 지속한 사실을 지적했다. 그리고 몇 년 뒤인 2016년 9월 5일에 그들은 탄도형 단거리 미사일을 시험 발사하고, 나흘이 지난 9일에는 5차 핵 실험까지 마친 뒤 새로운 핵폭탄을 탄도 미사일에 탑재하는 게 가능해졌다고 선언했다.[27] 그들이 발사한 미사일은 1,000km를 비행한 다음 동해에 수장되었는데, 이는 남한과 일본이 그 사정거리에 들어온다는 의미였다. 그러자 전쟁을 진심으로 피하고 싶었던 오바마 대통령은 최악의 결과를 막기 위해 정밀 타격을 심각하게 고려했다. 소위 '특별 추진 사업Special Access Programs' 전략이었다.

해당 사업은 북한의 미사일 위협을 억지하는 극비 작전 전략으로서, 단 세 가지 프로그램만이 세상에 공개되었다. 하나는 미사일 시험 발사 직전이나 과정에서 사이버 공격을 단행해 북한의 지휘 및 통제 체계와 원격 측정telemetry, 유도guidance 기능을 정확히 공격하는 것이다. 이러한 사이버 공격 전략은 오바마 정부의 임기 첫해에 수립되었는데, 시뮬레이션을 해본 결과 위험성은 큰 반면 성공률은 극히 낮았다. 다른 하나는 극비 중의 극비 작전으로 북한 미사일을 확보하는 것이었다. 그리고 마지막 세

27) 그러나 미 정보 당국은 그 진위 여부를 의심했다.

번째는 미국이 북한의 미사일 발사를 7초 안에 파악하는 것이었다. 사업의 구체적인 내용이 이 정도밖에 소개되지 못한 것은 미 「워싱턴 포스트」지의 편집장인 밥 우드워드Bob Woodward가 백악관의 국정 운영을 담아 펴낸 책 『공포Fear』를 집필할 당시에 미 당국이 극비 사항이기 때문에 자세한 내용을 공개하지 말아 달라고 신신당부했기 때문이었다.[28]

북한의 위협이 사라지지 않자, 실제로 오바마 대통령은 국가 안전 보장 회의에서 사이버 공격을 이용해 북한의 핵과 미사일 시설을 선제타격할 수 있는지 묻기도 했다. 미국의 선택지는 점점 줄어들고 있었고, 반대로 북한은 미국에 직접 핵을 투하할 수 있는 능력을 갖추어 가고 있었다.[29] 그러던 차에 임기 말에 접어든 오바마 행정부는 북한이 핵 전투 부대를 구축하고 있다는 정보 평가를 입수했다. 이내 국방부와 정보 당국에 북한의 핵무기 관련 시설을 대상으로 한 군사적 타격과 그를 통해 핵과 관련된 모든 것을 제거할 수 있는지 그 가능성을 연구하라는 지시가 떨어졌다. 그런데 오바마 행정부의 희망을 실현하기 위해서는 인공위성과 신호 체계, 인간 정보HUMINT[30]의 업데이트가 필수였다. 파키스탄처럼 북한 역시도 핵탄두를 최소화하여 포탄이나 지뢰에 탑재할 수 있는지의 여부도 풀어야 할 궁금증이었다. 그러나 당시 미국의 정보력으로는 확답을 제시하기 어려웠다. 게다가 비무장 지대에 포진된 북한의 포대도 문제였다. 미국이 공격을 개시하는 순간 이들의 공세 역시 시작될 것이 자명한데, 미국이 이런 수천 개의 포대에 일일이 대응할 수 있을지가 불확실했다. 결국 한 달여 동안의 연구 끝에 미 정보 당국과 국방부는 알려진 핵무기와 시설의 85%를 타격해 파괴할 수 있으나, 이는 어디까지나 판명된 것에 국한된다고 오바마 대통령에게 보고했다. 미국의 공격으로 북한이 가진 모든 것을 제거하기는 어렵지만, 부분적인 타격은

28) Bob Woodward, Fear: Trump in the White House, p. 92.

29) 앞의 책, p. 93.

30) 직접적인 대인 접촉과 인맥을 통해 정보를 수집하는 활동을 말한다.

가능하다는 판단이었다.[31]

그 대신 작전은 완벽해야만 했다. 북한이 핵무기 하나만 작동시켜도 남한은 수만 명의 희생자를 보게 될 터였다. 미국의 공격은 북한 포대의 반격으로 이어질 것이고, 재래식 무기를 비롯한 최소 20만 명의 지상군과 지원군의 반격이 쏟아질 것 역시 불 보듯 뻔했다. 미 국방부는 북한의 핵과 관련된 모든 요소를 완벽히 식별하고 정확하게 파괴하기 위해서는 지상군에 의존할 수밖에 없다고 보고했다. 하지만 이는 북한 군대의 반격은 물론 핵 반격 역시 초래할 가능성이 농후했다.[32] 오바마는 국방부의 계산을 수용할 수 없었다. 그는 2009년 노벨 평화상 수상식에서 "선생은 인류의 재앙을 약속한다. 전쟁은 어떠한 형태로든 인간의 어리석음을 표현한다"라고 말한 바 있다. 짜증과 분노가 치밀었지만, 그는 선제공격을 포기할 수밖에 없었다.

따라서 오바마 행정부의 전략은 결국 사이버 공격 능력을 증강하는 것으로 귀결되었다. 일각에서는 관련 보안망을 피해서 공격하는 방식이 북한의 위협을 저지하는 데 효과적일 것이라 생각했다. 문제는 효과적인 공격을 위해선 국가 안보국이 중국에 있는 북한 서버에 침투해야 한다는 데 있었다. 만약에 중국이 이를 포착하면 자신들이 겨냥된 줄 알고 반격할 가능성이 농후했고, 이는 곧 재앙과도 같은 미중 간 사이버 전쟁을 의미했다. 한 고위 관계자는 중국의 반격을 미국이 감당해낼 수 있을지 자신할 수 없다고 고백했다.[33]

---

31) Bob Woodward, Fear: Trump in the White House, p. 94.

32) 앞의 책, p. 94.

33) 앞의 책, p. 97.

전략적 인내에서 최대의 압박으로

그에 비해 뒤이어 집권한 트럼프 행정부는 당근과 채찍을 동시에 병행했다.[34] 당근은 김정은 위원장을 포함한 북한 인사들과의 직접적인 대화를 말하는 것으로, 북미 고위급 회담과 정상 간의 만남은 북한이 건국 이후 줄곧 견지해온 바람이었다. 반면 채찍은 선제공격의 가능성을 유지해 북한을 계속 압박해 들어가는 것이었다.

트럼프 대통령은 취임 직후인 2017년 1월 26일 백악관에서 자신의 국가 안보 회의 아시아 담당자 매튜 포틴저Matthew Pottinger에게 돌발적인 질문 하나를 던졌다. 그는 전임 오바마 대통령이 백악관을 떠나면서 자신에게 북한이 제일 시급하고 중대한 문제이며 그것을 해결하는 데 가장 많은 시간을 할애해야 할 거라는 경고를 남겼는데, 그 말이 무슨 의미인지를 포틴저에게 물었다. 트럼프는 오바마의 말을 그가 임기 동안 취했던 '전략적 인내'가 실패작이었음을 시인하는 의미로만 이해하고 있었다. 그러면서 트럼프는 포틴저에게 향후 대북 전략을 정리해 오라고 지시했다.[35]

그로부터 약 한 달 뒤, 포틴저는 트럼프 대통령에게 전략 옵션 몇 가지를 제출했다. 모두 9개의 옵션이었지만, 각각이 추구하는 목표는 3개로 축약할 수 있었다. 북한을 핵보유국으로 인정하거나, 북한 정권을 CIA의 비밀 작전을 통해서나 군사 공격으로 교체하는 것이었다.

---

34) "Trump's strategy on North Korea: 'Maximum pressure and engagement,' officials say," Chicago Tribune, April 14, 2017.

35) 트럼프 대통령의 북핵 정책은 2018년에 출간된 『미국의 핵 태세 보고서(NPR)』에 반영되었다. 동 보고서는 북한의 핵 위협을 "미국과 그 동맹들에 대한 명백하고 심각한 위협"으로 정의했다. 그러면서 "미국과 동맹에 대한 북한의 어떠한 공격도 정권의 종말로 귀결될 것"이라고 경고했다. 보고서 출간 이후 틸러스 당시 미 국무 장관은 오바마 행정부의 대북 정책 기조였던 '전략적 인내'가 종결되었음을 선언했다. 트럼프 대통령 또한 북한 비핵화 문제의 해결을 위해 무력을 포함한 모든 수단과 방법을 총동원하겠다는 뜻을 밝혔다. "틸러슨 초강경 대북메시지…'선 넘으면 군사행동 가능' 언급", 『연합뉴스』, 2017년 3월 17일.

때마침 거의 같은 시기에 조셉 던포드Joseph Dunford 합동 참모 총장이 린지 그레이엄Lindsey Graham 상원 의원의 사무실을 찾았다. 그레이엄 의원은 그가 방에 들어서면서 몸을 떨고 있다는 사실을 알아차렸다. 그 자리에서 던포드 총장은 트럼프 대통령이 자신에게 북한을 선제공격할 작전 계획을 준비하라고 비밀리에 명령한 사실을 털어놨다. 그래서 북한에 대한 정보가 아직 부족해 대통령에게 새로운 계획을 보고하기 전에 고급 정보를 좀 더 수집할 목적으로 그레이엄 의원을 찾아왔다는 것이었다.[36)]

그리고 다음 달인 3월 5일, 북한 미사일 4발이 동해로 떨어졌다. 그레이엄 의원은 트럼프 대통령에게 북한이 미사일을 가졌다는 사실을 인정하고, 이를 미국과 중국에게 사용하면 북한은 끝이라는 점을 경고하라고 조언했다. 더불어 미국의 대응 방안으로 두 가지 시나리오를 제시했는데, 시나리오 원one은 미사일 방어 시스템의 구축이었고 시나리오 투two는 중국을 겨냥한 경고였다. 즉 중국은 북한이 미국을 타격할 수 있는 미사일을 갖지 못하도록 통제해야 하며, 그에 실패할 경우에는 미국이 직접 나설 것이라는 사실을 베이징에 경고하라는 것이다.

트럼프는 그레이엄에게 만약 그가 결정권자라면 어떤 선택을 할지 물었고, 이에 그레이엄은 두 번째 옵션이라고 답했다. 시나리오 원의 위험 부담이 너무 컸기 때문이었다. 그는 트럼프가 북한이 미국을 타격할 수 있는 핵 강국이 되도록 놔둔 대통령이 되어서는 안 된다고 경고했다. 북한이 미국을 타격할 수 있는 미사일을 가졌다면 강경한 한 방을 먹여야 하고, 북한 미사일에 핵탄두 탑재가 가능해지면 이는 곧 끝을 의미하므로 단호히 대응해야 한다는 것이 그의 주장이었다. 그레이엄 의원은 이후 4월 어느 날 존 매케인 공화당 상원 의원 부부가 초대된 대통령 주최의 만찬 자리에서도 같은 시나리오를 되풀이하면서 한국에 폭탄 세례가 쏟아지더라도 어쩔 수 없다고까지 발언해 트럼프가 그의 냉정함을

36) Bob Woodward, Fear: Trump in the White House, p. 99.

꼬집기까지 한 것으로 전해진다.

결과적으로 취임한 지 두 달이 지난 3월 17일 트럼프 대통령은 최대 압박maximum pressure 전략을 선택했다. 이는 경제, 군사, 외교적 수사를 동원한 압박은 물론이거니와, 필요할 경우 비밀 작전covert action의 수행까지를 모두 포함했다. 그리고 그 목적은 김정은 위원장에게 북한이 심각한 위험에 처해 있으며 핵무기는 더 큰 대가를 초래할 뿐임을 경고하는 데 있었다.

그 가운데 경제적 압박은 북한이 48개의 해외 공관을 통해 더 이상 수익을 올리지 못하도록 저지하는 조치가 우선이었다. 그와 더불어 경제 제재를 통한 북한산 석탄 수입의 전면 금지와 북한 노동자 추방, 북한 식당 혹은 정권과 연계된 해외 기업 폐쇄, 북한산 해산물의 작업 공간 폐쇄, 그리고 북한으로의 석유 수출 금지 같은 조치들이 포함됐다.

실제로 트럼프의 의제 중에서 북한은 최우선 순위로, 미국을 겨냥한 북한의 위협을 제거하고 핵무기를 완전히 소멸시키는 것이 그의 목표였다. 당시 CIA 국장이던 마이크 폼페이오는 앤디 킴Andy Kim[37]을 3월 초에 자신이 지휘하던 북한팀에 합류시켰는데, 폼페이오와의 대화에서 앤디 킴 역시 오바마의 전략적 인내는 실패작이라는 데 동의했다. 곧이어 북한이라는 공동의 적을 두고 미 정부 내 핵심 인사들 간의 분업화가 시작됐다. 제임스 매티스James Mattis 국방 장관은 대북 작전 전략을 계획했고, 렉스 틸러슨Rex Tillerson 국무 장관은 외교 작전을 진두지휘했으며, 앤디 킴은 트럼프의 재가가 있을 것을 대비해 북한 지도자를 전복시킬 비밀 작전 수립에 열을 올렸다. 그리고 트럼프가 내리는 정식 명령은 '수색과 작전 승인a finding, authorizing an operation'으로 명명되었다.[38]

2017년 5월에는 오바마 전 대통령이 트럼프에게 했다는 경고의

37) 앤디 킴은 미 CIA에서 오랫동안 북한을 담당했던 인사였다.

38) Bob Woodward, Rage, (New York: Simon & Schuster, 2020), Chapter 6 참조.

구체적인 면모가 밝혀졌다. 그것은 북한이 상상치도 못한 속도로 미사일과 핵무기를 개발하고 있으며, 1년 이내에 핵탄두 탑재가 가능한 탄도 미사일의 개발을 완성하여 미국을 사정거리에 포함할 것이라는 내용이었다. 당시만 하더라도 미 정보 당국은 북한 미사일의 능력이 향후 최소 2년 동안은 미국을 공격할 수준까지 이르지는 못할 것이라 예상했었다. 따라서 새로이 전달된 정보는 안보와 정보 당국자들 사이에서 일대 지각변동을 일으켰다. 해당 정보는 외부로 알려질 경우 그 파장이 감당하기 힘들 정도로 커질 것을 우려해 밖으로 새어 나가지 않도록 철저히 보안에 부쳐졌다.

그로 인해 국방부의 최우선적인 비밀 작전은 경계 강화의 신호를 보내면서 전쟁 준비 태세에 주력하는 것으로 정리되었다. 구체적으로는 한반도로 항공 모함 두세 척을 파견하고, 토마호크 미사일을 갖춘 공격형 잠수함과 F-22 비행 편대 및 B-2 폭격기를 추가로 배치하는 한편, 2만 8,500명의 미군 가족들을 탈출 또는 귀국시키는 것이었다. 더불어 지상군 역시 추가 배치하고, 미사일 방어 시스템을 강화함으로써 군 병력을 분산시켜 리스크를 줄이는 대신 인프라를 강화하여 포탄 공격에 대한 방어 능력을 증강하는 것이었다.[39)]

뒤이어 7월 3일에는 북한이 첫 ICBM인 화성-14호를 발사하는 일이 일어났다. 930km의 거리를 37분 동안 비행한 미사일의 발사 시험은 성공적이었다. 미 정보 당국은 트럼프 대통령에게 화성-14호가 저공비행으로 미 대륙 본토에까지 도달할 수 있는 능력을 갖추고 있다고 보고했다. 다음 날인 4일에는 폼페이오 CIA 국장 또한 그러한 사실을 확인했다. 화성-14호 미사일은 중국에서 수입한 8개의 축이 달린 발사대에서 쏘아 올려졌는데, 이는 북한에 대한 중국의 영향력을 더 이상 기대할 수 없다는 걸 의미했다. 틸러슨 국무 장관은 중국 측과의 접촉이

---

39) Bob Woodward, Fear: Trump in the White House, pp. 177-178.

불가능해지자, 유엔 안보리를 대신 소집했다. 이 문제에 대해 러시아와 협력하고, 그들의 지지를 확보해야 할 필요성이 점점 커지고 있었다. 또한 기존의 제재에 협력하지 않는 국가들에게도 더욱 집중해야 하는 시기가 도래했다.

ICBM, 또 하나의 게임 체인저

7월 4일 미국 독립기념일 오후에 허버트 맥매스터Herbert Raymond McMaster 보좌관이 소집한 긴급 장관 회의에서 니키 헤일리Nikki Haley 주유엔 미국 대사는 유엔에서 중국 측이 미국을 피한다고 보고했다. 제임스 매티스 국방 장관은 군사적 유사 사태에 대한 작전 계획을 브리핑하면서 정밀 타격에서부터 전면전, 심지어 북한 지도부를 타격하는 방안까지도 소개했다. 문제는 부족한 한반도 내 군사 자원과 작전 계획을 완비할 시간이라는 설명도 덧붙였다.[40] 스티븐 므누친Steven Mnuchin 재무 장관은 미국의 첫 행보가 유엔 제재여야 하지만, 여의치 않을 경우에는 미국이 이미 준비된 12개의 자체 제재를 시행할 것이라 첨언했다. 마이크 로저스Michael Rogers 국가 안보국NSA 국장은 미국의 사이버 안보 방어 태세에 대해 보고하면서도 사이버 공격 능력에 대해선 말을 아꼈다. 댄 코츠Dan Coats DNI 국장은 미국이 중국, 러시아와 어느 정도의 기술 데이터, 특히 ICBM 등과 관련된 정보를 공유하는지가 관건이라고 지적했다. 틸러슨 국무 장관은 앞으로 중국이 보여줄 행보가 곧 미국의 입장에 대한 중국 정부의 공감 여부를 판가름해 줄 것이라고 내다보았다.[41]

당시 분위기는 미국이 대담한 반응을 보이지 않으면 되레 약점에 노출될

---

40) 앞의 책, p. 179.

41) 앞의 책, p. 180.

상황이었다. 그럼에도 미국은 ICBM을 갖춘 북한에 내세울 만한 변변한 대응책이 없어 보였다. 북한의 미사일 발사는 말 그대로 전면적인 위기 상황이었고, 북한이 미국 본토를 타격할 수 있는 이동식 ICBM 능력을 완성했다는 것은 더 이상 예측이나 추정이 아닌 현실이었다.[42)]

8월 29일 오전 5시 57분, 북한은 또 한 번 미사일을 쏘아 올렸다. 그러자 1급 비밀 국가 위기 회의[Top Secret National Event Conference]가 또다시 열렸다. 매티스 국방 장관은 만약 미사일이 한국이나 일본, 혹은 미국을 위협할 경우 저격 명령을 내릴 권한이 있었다. 즉각 알래스카가 경계 태세에 들어갔고, 캘리포니아의 밴덴버그[Vandenberg] 공군 기지와 미 7함대에도 경계경보가 울렸다. 북미 지역을 지휘하는 노스콤[NorthCom43)]은 발사된 미사일이 중거리용이라 미국에 직접적인 위협은 되지 않는다고 판단했다.

미사일이 일본 열도를 지나 바다에 추락하는 장면을 목도한 매티스 장관은 혹여 미사일이 오작동을 일으켜 일본에 떨어지는 상황을 우려했다. 미사일이 일본을 지나가는 것은 위기를 상승시키는 데 그치지만, 낙하는 국제적으로 중대한 위기 상황을 연출할 수 있었다. 위협의 본질 자체가 바뀌는 것이다. 북한의 도발이 있은 다음 날, 한국 측이 폭격 훈련으로 대응에 들어갔다. 한국은 F-15 전투기를 띄워 북한 경계선의 20km까지 비행했다. 매티스 장관은 최고 수위의 군사 압박이 통하지 않자, 더 공세적인 옵션을 찾기 시작했다. 북한 항만을 실제 폭격하는 조치를 떠올린 것이다. 그는 컴퓨터가 미사일의 목표물을 계산할 수는 있으나, 핵심적인 관건이 될 질문엔 즉각 응답하지 못한다는 것을 알고 있었다. 미사일에 핵탄두가 탑재되었는가? 이번 발사는 시험 발사인가, 아니면 실질적인 공격인가? 미국은 대답이 필요했다.

---

42) 앞의 책, p. 180.

43) 미국 본토 방어를 위해 2002년 4월 설립된 미 북부 사령부(United States Northern Command)를 일컫는 용어로, 콜로라도주 콜로라도스프링스의 패터슨 공군 기지에 본부를 두고 있다.

그리고 뒤이은 9월 3일, 북한이 6차 핵 실험을 단행했다. 이번 실험은 히로시마에 투하된 핵폭탄 17개에 맞먹는 위력을 자랑했고, 많은 과학자들은 이를 수소 폭탄으로 추정했다. 미국 시각으로 9월 9일, 펜타곤에 집결한 조셉 던포드 합동 참모 총장은 빈센트 브룩스Vincent K. Brooks 주한 미군 사령관에게 북한에 더 큰 압박을 주기 위한 군사적 옵션을 물색하는 중이며, 미국과 북한이 전쟁을 피할 수 없을지도 모른다는 우려를 전했다.

북미 간에 격한 설전도 벌어졌다. 9월 22일, 트럼프 대통령은 "북한 김정은은 보다시피 사람을 아사餓死시키거나 사형시키는 미친놈"이라며 "겪어 보지 못한 시험대에 오르게 될 것"이라는 트위터 글을 남겼다. 다음날 북한의 리용호 외교 부장은 유엔 총회 연설 도중 트럼프를 "악마 대통령"이라고 묘사했다. 그러자 즉각 트럼프의 답변이 날아들었다. "방금 북한 외교 부장이 유엔에서 연설했다고 들었다. 그가 '꼬맹이 로켓 맨Little Rocket Man'을 대변한다면, 시간은 얼마 남지 않았다." 북한도 미국도 모두가 노골적으로 상대를 비난하고 있었다.

9월 25일에는 미국이 B-1 폭격기와 20여 대의 전투기, 사이버용 전투기 등을 동원해 서해 북방 한계선NLL 지역에 대한 침공 연습을 진행했다. 이는 북한 영공이나 상공에 진입하기 직전에 회항하는 작전 훈련으로, 매우 도발적인 조치였다. 한국의 국가 안전 보장 회의NSC는 문재인 대통령을 만나 미국이 북한에 너무 나갔다고 전하면서 처음으로 북한을 옹호하고 나섰다. 이렇듯 2017년 7월에서 9월 사이 한반도는 누란지위累卵之危에 처해 있었다.[44)]

11월 29일 북한이 '화성-15형' ICBM을 시험 발사하자, 트럼프 대통령은 12월에 '블러디 노즈Bloody nose, 코피'라는 대북 군사 작전의 준비를 알렸다. 북한의 ICBM 추가 시험 발사를 용인하지 않겠다는 결의를 보여준 것으로,

---

44) Bob Woodward, Rage, Chapter 11 참조.

북핵 문제에 있어 외교적 해법이 통하지 않으면 군사 행동을 취하겠다는 의미였다. 작전 목표는 북한이 ICBM 발사를 추가 진행하기 전에 발사대를 파괴하거나, 미사일이 보관된 무기고를 타격하는 것이었다. 도발 조짐을 타격으로 예방 척결하겠다는 뜻이었다.

2017년 말 매티스 국방 장관은 트럼프 취임 첫해의 연말을 초조함으로 보내야 했다. 김정은은 이제 핵무기와 핵탄두 장착이 가능할뿐더러 미국까지 타격할 수 있는 ICBM을 보유하고 있었다. 그해 김정은은 보는 이의 혼을 빼놓을 정도로 미사일을 쏴댔고, 그때마다 매티스 장관은 대략 여섯 차례의 1급 비밀 국가 위기 회의에 참석하여 직접 동향을 살폈다. 이 위기 회의는 군과 국가 안보팀이 함께 소통하는 회의로, 고위급 인사들이 상황을 예의주시하고 만약의 상황에 대비하여 즉각 대응할 수 있는 태세를 갖추는 데 목적이 있었다.

트럼프는 이미 매티스 장관에게 북한이 미국으로 미사일을 겨냥하면 즉각 이를 요격 미사일로 격추할 수 있는 권한을 양도했다. 매티스 장관은 사적으로도 "(북한 미사일이 미국 서해안의) 시애틀로 향하면 우리는 요격 미사일을 발사할 것"이라는 언급을 서슴지 않았다. 하지만 북한은 미국이 이런 조짐이나 시도를 보일 경우 되레 더 많은 미사일을 남발할 태세였다. 따라서 그는 "2차 공격(반격)의 가능성은 현실"이라고 확신했다. 다만 미국이 북한의 반격에 요격미사일로 대응하려면, 트럼프의 승인이 반드시 필요했다. 그리고 이는 곧 북한과의 핵전쟁을 악몽에서 현실로 옮겨오는 것과 진배없었다. 북한은 몇 십 개의 핵무기를 유동적이고 숨기기 용이한 이동 발사체에 이미 탑재해 둔 상태였다. 매티스 장관 역시 이런 북한의 실력에 깊은 인상을 받았다고 전해진다.

하지만 그는 트럼프의 명령을 걱정하지 않았다. 대통령이 임의적이고, 즉흥적이고, 생각이 없다는 걸 알기 때문이었다. 국방 장관으로 재임하던 시절에 그의 보고는 주로 대통령과의 사적인 자리에서 이뤄졌다. 공개석상에서 하게 되면 대통령에게 노골적으로 개입할 수 있는 기회를 부여하는 셈이 되기 때문이다. 핵무기 사용은 대통령만이 승인할 수 있는데, 매티스 장관은 자신의 판단과 제언이 그 결정에 큰 영향을 미칠 것이라고 확신했다. 누구도 수백만 명을 죽일 권한을 갖고 있지 않지만, 그게 바로 매티스 자신이 당면한 현실이었다.

정리하자면, 2017년 한 해 동안 트럼프 대통령은 북한에 대한 선제공격 의사를 수차례 밝혔다. 그러면서 4월과 8월, 10월, 12월에 '한반도 위기설'이 불거졌다. 4월에 트럼프 행정부는 "초대형급 선제공격super mighty pre-emptive strike" 계획을 검토했다.[45] 8월에는 미군의 선제타격 준비 태세의 완료를 선언하면서 "화염과 분노fire and fury"로 가득 찬 공격에 북한은 최고의 후회를 맛볼 것이라 예고했다.[46] 이는 북한 정권의 교체가 실패할 경우를 대비해 선제타격을 하겠다는 의미였다.[47] 10월에도 트럼프는 미 항공 모함 레이건호를 한반도에 급파하면서 대북 타격설의 고삐를 늦추지 않았다.[48]

이렇게 2017년은 미국과 북한 두 나라가 상호 위협을 마다하지 않은 설전과 공방을 펼친 한 해가 되었다.[49] 미국은 더 강한 제재로 북한을 압박하는 동시에 선제타격이나 정밀 타격 등의 표현으로 부지런히

---

45) "Trump praises Chinese efforts on North Korea 'menace,' Pyongyang warns of strike," Reuters, April 20, 2017; and "Kim Jong-un blames 'loud mouth' Trump for North Korean nuclear war programme," New York Times, August 11, 2017.

46) "Pentagon plan for pre-emptive strike on North Korea would reportedly launch from base in Guam," CNBC, August 9, 2017, https://www.cnbc.com/2017/08/09/pentagon-plan-for-pre-emptive-strike-on-north-korea-would-reportedly-launch-from-base-in-guam.html (검색일: 2017년 8월 21일).

47) John Bolton, "Trump must stop North Korea from striking American soil," The Hill, August 20, 2017.

48) "Donald Trump Asked Military for a Plan to Strike North Korea, and Generals Were Terrified: Woodward Book," Newsweek, September 6, 2018.

49) 트럼프는 김정은을 "아주 영리한 작은 쿠키(pretty little smart cookie)"와 "꼬맹이 로켓 맨(little rocket man)"으로 비하했다. "From 'fire and fury' to 'rocket man,' the various barbs traded between Trump and Kim Jong Un," ABC News, June 12, 2018. 마찬가지로 김정은도 트럼프를 허풍쟁이 혹은 싸이코패스라 칭했다. "Kim Jong-un blames 'loud mouth' Trump for North Korean nuclear war programme," Express, April 9, 2017, "North Korea says Trump is a 'psychopath' who may launch a preemptive strike," Washington Post, June 22, 2017.

엄포를 놓았다. 북한 역시 미국과 더불어 한 해 동안 한반도의 긴장국면을 상승시키는 공범으로서 열심히 활약(?)했다. 2017년 4월 16일부터 11월 29일 화성 15형 미사일 발사 시험에 이르기까지 북한은 14차례의 미사일 발사 시험과 1차례의 핵 실험을 감행했다.

북한은 2017년까지 미국과 중국이 강경한 대책을 내놓지 못하는 상황을 이용해 총 6차례의 핵 실험을 성공적으로 진행했다. 그와 더불어 대남 미사일을 부지기수로 남발했고, 수십 차례의 미사일 시험 발사도 단행했다. 2017년을 꽉 채운 북한의 미사일 도발은 연초에 발표한 김정은의 신년사를 통해 이미 예고된 것이었다. 그는 신년을 맞아 그해 2017년을 ICBM 시험 발사의 준비 사업이 마감 단계에 접어든 해로 설정했다.[50] 그리고 그를 위해서는 김정은 역시 트럼프의 위협에 굴할 수 없었던 처지였던 것이다.

훗날 트럼프 대통령은 자신이 김정은과 만남으로써 당시 북한과의 전쟁을 피할 수 있었다고 공개적으로 자랑했다. 2019년 12월 13일 밥 우드워드와의 인터뷰에서 그는 김정은이 미국과의 전쟁을 기대한 사실을 고백했다고 전하며, "김정은은 모든 게 준비되어 있었다"고 덧붙였다. 실제로 김정은이 그렇게 이야기했냐고 재차 확인하는 우드워드의 질문에 트럼프는 "그럼. 그가 전쟁을 하려던 차에 우리가 만난 거 아니오"라고 답하며, 자신의 결단이 전쟁을 막아냈다고 자찬했다. 같은 달 30일에 진행된 인터뷰에서도 그는 "내가 대통령이 아니었으면…(중략)…큰 전쟁에 빠졌을 거요"라고 다시금 본인의 공헌을 자랑했고, 2020년 2월에도 "나쁜 전쟁, 매우 격한 전쟁이었을 것"이라고 2017년의 위기를 평가했다. 17개의 정보 담당국을 감독하던 댄 코츠 국가 정보 국장 역시도 "우리는 갈등으로 향하고 있었다"고 회고한 바 있으며, 상대방인 김정은 또한 폼페이오와의 첫 만남에서 "우리는 미국과 전쟁할 준비가

---

50) "北김정은 '2017년 신년사' 전문", 『연합뉴스』, 2017년 12월 14일.

되어 있었소," "우리는 (전쟁) 직전까지 갔었소"와 같이 유사한 발언을 이어 갔다. 두 나라 지도부가 쏟아낸 이러한 발언들이 과연 사실인지 엄포인지는 지금으로선 증명할 수 없다. 하지만 무엇이 진실이건 간에 어쨌든 미국은 최악의 경우에 대비했어야 하는 입장이었던 것만큼은 부인할 수 없다.

8장

더 강한 제재는 왜 안 되나

- 우물쭈물하다 구멍 난 대북 제재
- 중국에게 북한은 배은망덕한 동맹
- 미국의 발목을 잡은 진주만 트라우마
- 중국의 독자적 대북 제재에 담긴 속내

8장 | 더 강한 제재는 왜 안 되나

직진 궤도에 접어든 북한의 핵 개발을 목전에 두고도 우리가 북한에 대해 강도 높은 경제 제재를 취하지 못한 이유는 과연 무엇일까? 우리는 왜 1차 북핵 위기 사태를 묵인해 북한의 핵 개발 야욕을 조장하는 결과를 빚었을까? 미국과 국제 사회의 제재는 왜 항상 북한이 핵 실험을 단행한 이후에야 실현되어 아쉬움을 남기는 걸까? 과거의 실패를 극복하지 못한 상태로 제재만 가한다고 해서 북한의 핵무장을 막을 수 있는 걸까? 백기를 들고 비핵화를 선택하는 평양의 모습을 앞으로 기대할 수 있기는 한 걸까?

경제 제재는 국제 분쟁의 평화적 해결 수단 중 최후의 마지노선이다. 다시 말해 무력 수단을 동원하기 직전에 꺼내 드는 마지막 보루인 것이다. 하지만 오늘날에는 경제 제재가 남용(?)되는 경향을 보이며 그 효력이 기대에 미치지 못한다는 인식을 심어주고 있다. 제재가 무력해 보이는 이유는 간단하다. 완벽한 제재의 부재, 즉 빠져나갈 수 있는 대안이 존재하는 것이 현실이기 때문이다. 철통같은 제재는 국제 사회가 일심단결해 전면적인 협조와 협력에 동의할 때 비로소 실현 가능성을 얻게 된다. 군사력을 동원해서라도 육상, 해상, 영공 등의 모든 수송로를 차단하겠다는 의지가 세계의 공통분모가 되어야 한다.

이와 같은 완전한 봉쇄가 실현될 경우에 국제 사회는 다음의 세 가지 결과를 기대할 수 있다. 우선 정권의 교체 혹은 투항이다. 경제 제재가 생산과 소비를 정체시켜 민심이 동요하고, 분노한 민중들의 반란이나 봉기는 끝내 정권의 전복과 붕괴로 이어진다. 이 과정에서 위기를 느낀 기존 정권의 지도자는 도주나 백기 투항 중에서 하나를 선택해야 한다. 지금까지의 사례에 따르면 그들은 대개 망명을 택했다. 그러나 망명국이 철저한 보호를 보장하지 않을 경우에 그들은 결국 법정에 서야 했다. 그러지 않고 저항하다 죽음에 이르는 경우도 다반사였다. 다른 하나는 제재 대상국의 정권이 투항 직전에 정책 노선을 전환하며 타협하는 것이다. 이는 해당 정권의 지도자가 자신의 정권을 유지한 채 어려워진 정치, 경제, 사회적 상황을 타개하는 방법이다. 실제로 쿠바는 1990년대 초에 서구의 경제 제재가 유효한 상황에서 소련의 붕괴로 원유 공급이 중단되자, 개혁 개방 노선을 채택하여 정권의 생존을 도모했다. 마지막은 제재 대상국 정권이 국가 생존을 빌미로 제재에 찬성한 나라에 군사적 반격을 가하는 것이다. 하지만 이는 결국 국가 간 전쟁을 의미하는 것으로, 2차 세계 대전 당시에 독일과 일본이 보여준 모습이었다.

그러나 2차 세계 대전 이후로 완전한 봉쇄는 사라졌다. 냉전 시대에 서구 민주 진영이 사회주의 진영에 경제 봉쇄 및 금수 조치를 단행했지만, 그 효과는 기대에 부응하지 못했다. 사회주의 국가들은 진영 내에서의 교역으로 제재 대상의 숨통을 틔워 주었고, 이를 막을 방도는 없었다. 그에 더해 인도주의는 냉전과 탈냉전을 가리지 않고 완벽한 경제 제재의 사각 지대를 형성했다.[1] 가령 탈냉전 시기의 가장 강한 제재로 손꼽히는 이라크의 사례를 보면, 원유는 일일 생산량에 기초한 생산량 쿼터제로

1) 유엔의 이라크 제재는 1990년 8월 이라크가 쿠웨이트를 침공하면서 채택되었다. 이후 2003년 3월 20일에 개시된 미국의 이라크 침공 작전이 5월 1일에 완수된 후, 같은 달 22일에 유엔의 모든 제재가 해제됐다. "이라크 13년 경제제재 풀렸다", 『중앙일보』, 2003년 5월 22일.

부분적으로만 통제를 받았을 뿐이며, 원유 수출 경로나 상공에서의 비행 역시 인도주의를 이유로 완전히 봉쇄되지는 않았다. '선량한' 이라크 국민들을 정치의 희생양으로 마냥 몰아갈 순 없다는 인류애는 다양한 제약과 강도 높은 제한 조치의 최대 변수였다.[2)]

마찬가지로 완전한 봉쇄를 기반으로 하는 완벽한 대북 제재도 인도주의에 의해 발목이 잡힌 경우다. 이는 핵 실험 이후 유엔 결의안 협상 과정에서도 표출되었다. 미국, 일본, 중국 등을 포함한 일부 국가들의 독자 제재 조치가 북한 전체가 아니라 정권 지도층의 특정 인사들과 기관, 기업들만을 제재 대상으로 제한하는 이유도 바로 그것이다.

그렇다면 미국을 비롯한 국제 사회가 완벽히 봉쇄하지도 못하는 제재를 채택하는 목적은 무엇일까? 경제 제재로 북한의 비핵화를 끌어낼 수 있다고 생각하는지, 아니면 비핵화로 향해 가는 중간에 일단 북한의 핵 개발과 WMD의 개발 속도를 제어하기 위한 것인지, 고가품 등의 물자와 자금 유통을 차단하여 정권에 직접적인 타격을 가함으로써 그들의 핵 의지를 꺾는 결말을 기대하는 것인지, 우리는 확실한 대답이 필요하다. 그에 대한 대답은 아마도 정권의 핵 개발 의지를 꺾으려는 의도와 긴밀한 관계가 있을 것이다. 핵이 정권의 생존과 유지를 위한 최선의 수단이라는 북한 정권의 신념이 확고하다면, 우선 핵무장에 대한 그 의지부터 꺾어야 한다는 논리가 성립되기 때문이다. 따라서 국제 사회가 핵무기 개발을

---

2) 가령 유엔은 인도주의 차원에서 1995년 4월 '식량과 석유 교환 프로그램 (Oil for Food Programme)'의 운영을 허용하는 결의안 986호를 채택했다. 이를 간략히 소개하면, 이라크가 6개월 동안 20억 달러어치의 석유를 판매해 올린 수익금 중 최소한 2/3를 유엔 회원국들이 제공하는 인도주의 물품과 지원의 대금으로 지급하도록 하는 것이다. 이 금액은 1998년 52억 6,000만 달러로 상향 조정되었는데, 1999년 12월에 이르러 유엔은 이라크의 원유 수출 제한을 완전히 해제하는 결의안 1284호를 통과시켰다. 그럼에도 상황이 악화되자, 2002년 5월 유엔은 이라크에 대한 제재를 일부 완화하는 결정을 내렸다. 당시 외신들은 "이라크 국민들은 그동안 유엔의 경제 제재로 극심한 생활고에 시달려왔다. 91년 걸프 전쟁 이전 3,000달러에 달했던 1인당 국내 총생산(GDP)은 전쟁 이후 715달러로 극감했다. 또 80년대 이미 사라졌던 콜레라와 디프테리아 등의 전염병이 다시 등장하기도 했다. 96년 '식량과 석유 교환 프로그램'으로 경제 제재가 완화되면서 생필품 공급이 다소 나아졌으나, 중산층은 이미 거의 사라졌다."라며 이라크 경제의 심각성을 알리는 동시에 제재 완화의 당위성도 제기했다. "이라크 경제제재 조건부 해제", 『경향신문』, 2002년 5월 15일.

위한 자금과 물자를 조달할 수 있는 해외의 모든 원천을 봉쇄하면 북한 정권의 근본을 흔들 수 있는 결과를 기대할 수 있다. 그러나 미국 의회 보고서에서도 누차 강조했듯이 원천적인 봉쇄가 불가능한 것이 현실이다. 세계화와 정보 통신 발달로 핵 개발 자금과 물자를 조달하기 위한 북한의 불법적이고 비법非法적인 행위는 날로 교묘해지고 있다. 세계화와 정보 통신 기술의 발달이 북한에 대한 감시를 강화해 주는 한편으로 평양이 재원과 물자, 기술을 공급받을 수 있는 은밀한 경로를 개척해주는 역설적인 상황이 벌어지고 있는 것이다.

따라서 현재 국면에서 대북 제재의 실효를 기대하는 것은 순진한 발상이라고 하지 않을 수 없다. 대신 북한의 핵무장 속도를 감속시키고 그 노력을 어렵게 하는 효과는 기대할 수 있겠다. 다시금 왜 진작 북한에 제재를 가하지 못했는지 후회가 커지는 순간이다. 이런 아쉬움을 조금이라도 달래기 위해 당시의 상황을 한 번 회고해 볼 필요가 있다. 당시 미국이 대북 제재를 채택하는 데 왜 소극적으로 임했으며, 미국의 오판에 결정적으로 작용한 요인은 무엇인지 등을 살펴야 비로소 지금의 대북 제재가 한계를 내포할 수밖에 없는 역사적 배경을 알 수 있을 것이다.

우물쭈물하다 구멍 난 대북 제재

미국이 1차 북핵 위기 때 국제 사회의 힘을 모아 북한에 제재를 가하지 못한 이유는 다양했다. 그 원인들은 독립적이 아니라 서로 상호 작용을 하는 속성을 가지고 있어 복합적이라고도 말할 수 있는데, 그러한 판단과 결정에는 미국의 전략적 계산도 한몫을 담당했다. 당시 제재는 북한 핵 문제를 해결하는 데 있어 미국이 가용할 수 있는 압박 수단 중 하나로밖에 여겨지지 않았다. 물론 그를 심각하게 고려한 적도 있었으나, 이때의 압박 대상은 중국까지 포괄하는 것이었다. 미국이 중국을 압박한 것은 그들의 대북 영향력을 기대했기 때문으로, 그들은 중국이 북한을 협상 테이블로 나오게끔 하는 것 말고도 북핵 문제 해결에 있어 실질적이고 적극적인 자세로 임하기를 희망했다.

한편 세계적인 차원에서 대북 제재가 갖는 의미는 또 다르다. 이것만이 핵에 대한 북한의 의지를 꺾을 수 있는 유일한 평화적 압박 수단이기 때문이다. 거기에 있어 단독적인 제재는 의미가 없다. 미국은 한국 전쟁 이후 독자적으로 북한에 다양한 종류의 제재를 다방면에 걸쳐 이미 취하고 있었으나, 북한의 핵 의지에는 아무런 영향을 미치지 못했다. 오히려 그것은 북한의 재래식 군사력 발전을 저해하는 효과를 발휘하여, 평양이 비대칭 전력 강화에 주력하도록 하는 동기로 작용했다.

따라서 북한의 핵 개발 의지를 꺾거나 중단시키기 위해서는 국제적인 대북 제재가 전제된다. 필요한 기술, 자금, 정보, 물자 및 부품 등을 해외에 의존하는 북한에게 이들의 유입을 차단하는 것은 이론적으로 최선이자 평화적인 선택이다. 특히 핵 개발 기술과 정보, 관련 핵심 부품과 장비를 겨냥한 국제 사회의 제재는 핵의 성장 가능성을 가장 직접적으로 상쇄할 것이다.

특히 핵보유국들이 이들을 엄격히 관리하고 통제하는 상황은 핵 개발국에게는 극복해야 할 또 하나의 제재 장벽을 의미한다. 따라서 수많은 보안 난관을 극복하고 어렵게 취득한 핵 관련 기술, 정보, 자금과 장비 및 부품의 본국 유입을 국제 사회가 차단할 경우 핵 개발이 실제로 어려워지는 효과를 기대할 수 있다. 특히 제재의 범위와 영역이 핵에 국한되지 않고 핵 개발의 제일 관건인 자금 획득의 원천을 차단하는 범경제적인 제재로 확대되게 된다면, 핵 개발 의지에 치명적으로 작용할 수 있다.

북한 핵 위기의 발발로 인해 미국이 국제적인 차원에서 대북 제재를 고려한 것은 1993년의 일이었다. 1993년 3월에 북한은 NPT 탈퇴를 선언했고, 곧바로 미국은 국제 사회를 통해 북한의 NPT 복귀를 종용했다. 그리고 자신과 동맹국들의 호소가 효력을 발휘하지 못하자, 미국은 해당 사안을 유엔으로 가져갔다. 하지만 IAEA와 유엔의 연속된 결의안에도 불구하고 북한은 NPT에 복귀할 기미를 보이지 않았고, 그 결과 만약 탈퇴가 공식화되기 이전까지 북한이 NPT에 복귀하지 않으면 미국은 북한에 경제 제재를 가할 태세를 취했다.

미국의 이러한 제재 카드가 알려지면서 북한도 강경하게 맞대응했다. 북한은 미국이 제재를 취할 경우 그를 '선전포고'로 간주하고, 군사적 반격을 취할 것을 천명했다.[3] 워싱턴은 이와 같은 북한의 경고를 가벼이 여길 수 없었다. 2차 세계 대전에서 겪은 아픈 교훈이 있었기 때문이다. 당시 일본은 미국이 석유 금수 조치를 내리자 하와이 진주만을 기습 공격하는 것으로 반격을 가했다. 미국이 대북 제재와 군사 작전을 병행하는 이유도 바로 이러한 역사적 경험에 기초한다.

외교에서 전쟁 직전에 가해지는 최고의 외교적 압박 수단이 경제 제재다. 특히 금수나 봉쇄 조치의 경우는 거의 선전포고 수준의 위협적인 의미를 갖는다. 왜냐하면 이 같은 조치를 취하는 의도와 목적이 해외 수입으로만 충당할 수 있는 전략 물자와 해외 수출로의 차단을 통해 제재 대상국의 외화 수입 기회를 말살시켜 사실상 그 나라 전체를 아사 직전까지 몰고 가는 데 있기 때문이다. 그래서 결국 제재 대상국이 경제적인 어려움을 견디지 못하고 백기 투항하면, 그 제재는 성공한 것이 된다. 하지만 북한처럼 군사 대응을 경고하고 나설 경우에는 문제가 달라진다. 만약 북한이 실제로 군사 대응을 실행에 옮긴다면 서울을 비롯한 남한 전역이 공격 대상이 될 수 있고, 이는 한국과 미국의 군사적 보복 대응을 초래해 전면전이 발발할 가능성을 그만큼 끌어올리게 된다. 또한 미국의 동맹국인 일본과 북한의 동맹국인 중국이 어떤 식으로든 그

---

3) Leon V. Sigal, Disarming Strangers: Nuclear Diplomacy with North Korea, p. 107.

전쟁에 연루되리란 것도 불을 보듯 뻔하다.

따라서 워싱턴이 대북 제재를 취하기 위해서는 한국은 물론이고 중국과 일본의 동의가 필요했다. 특히 중국으로부터 한반도 전쟁 발발 시에 개입하지 않겠다는 약속을 받아낸다면, 제재와 군사 작전은 병행될 수 있었다. 그러나 앞에서도 언급했듯이 중국은 '문제는 북한이 아니고 중국'이라는 말로써 제재를 방어하는 데 기여(?)했다.

1차 북핵 위기 사태 당시에는 두 가지 요소가 미국이 세계적인 차원에서 북한을 제재하는 데 있어 발목을 잡았다. '선전포고'에 대한 북한의 강박관념과 중국의 반대가 바로 그것이었다. 당시 미국이 북한과 중국의 입장을 명확히 파악하는 데 어려움을 겪었던 것은 사실이다. 북한이 '불량'한 독재 국가이며 호전적인 무법 국가라는 인식은 미국인들의 머릿속에 뿌리 깊은 나무와도 같이 박혀 있었기 때문에 북한의 군사적 경고 발언에 미국은 경거망동할 수 없었다. 게다가 비록 중국이 북한의 동맹으로서 이행해야 할 방어 의무에 관해 1980년대부터 명확히 입장을 밝혀 왔으나, 외부 사람들은 그다지 귀담아듣지 않았다. 그러나 미국의 제재 이후 북한이 선제적 군사 대응을 취하게 되면, 이를 촉발한 미국의 적대 행위를 중국이 도발의 근본적 원인으로 인식해 개입할 가능성은 언제나 존재해왔다. 특히 중국이 북한의 대응 행위를 방어로 해석하고, 이에 대한 미국의 공습은 '침공'으로 해석할 경우에 중국의 개입은 불가피했다. 미국이 '침공' 과정에서 물리적으로 38선을 넘게 되면, 중국은 이를 곧 북한에 대한 선제공격으로 인식하기 때문이다.

그 밖에 미국이 북한을 적극적으로 제재하지 않은 또 하나의 이유는 북한이 머지않아 붕괴할 것이라는 맹목적인 믿음에 있었다. 그들은 북한의 경제 의존도의 90% 이상을 차지하는 소련의 붕괴가 북한의 해체를 가져오리라 맹신했다. 실제로 소련이 사라지면서 냉전 체제가 해체되고, 그 결과 북한은 경제적으로 심한 타격을 입었다. 1991년에 북한이 국제 정세에 따라 경제 정책을 대폭 조정하여 소련과의 관계 변화에 대응하고

중국이 지원을 자청했지만, 그것으로 소련의 자리를 메꾸기엔 턱없이 부족했다.[4)]

사실 당시 중국은 소련을 대체하기는커녕 1992년에는 새로운 무역협정을 체결해 '정상적인 교역'을 요구하기도 했다.[5)] 이는 '바터 교역'[6)]이나 '우호 가격' 등 사회주의 국가들 간의 전통적인 무역 제도를 폐기하겠다는 의미였다. 또 그들은 무역 대금을 경화(달러)로 결제할 것을 요구하며 더 이상의 외상은 없다는 뜻을 분명히 했다. 하지만 북한의 경제가 악화일로로 치닫고 있었기에 중국의 요구는 지속될 수 없었고, 북한은 끝내 일련의 자연재해와 흉작이 초래한 경제적 난국을 혼자 견뎌내겠다는 이른바 '고난의 행군'을 선포했다.

'고난의 행군'이 지속되자, 북한의 내부적 붕괴^implosion^나 자체 붕괴^collapse^가 불가피하다는 외부의 신념은 날로 확고해졌다. 이때 만약 미국이 강력한 대북 제재나 봉쇄 정책을 취했더라면, 실제 북한의 붕괴가 가능했을지도 모른다. 그러나 미국은 여전히 북한의 반격을 두려워했고, '구석에 몰린 쥐가 고양이를 무는 상황'의 도래를 우려했으며, 북한과의 전쟁이 언제 재연될지 모른다는 악몽에서 벗어나지 못했다. 무엇보다 미국의 제재에 발목을 잡은 것은 인도주의였다. 그들은 북한 내 영유아와 노약자 사이에서 극심한 기아로 인해 아사자와 영양실조가 속출하는 비극을 결코 지나칠 수 없었고, 그래서 1998년에는 대규모 인도주의 지원까지

---

4) 1990년대 북한의 경제성장률은 1999년 6.2%를 기록하기 전까지 줄곧 마이너스 성장세를 유지했다. 사실 이 시기 중국은 북한을 도울 충분한 여력이 없었다. 1989년 천안문 사태의 후유증으로 서구로부터 경제 제재를 받으면서 4%대의 경제성장률에 머물러 있었기 때문이다. 주재우, 『팩트로 읽는 미중의 한반도 전략』, (서울: 종이와 나무, 2018), 266-8쪽.

5) Nicholas Kristoff, "Cash Only, No Bartering, China Tells North Koreans," New York Times, December 30, 1992; "北韓, 中國과 硬貨결제 무역협정 체결", 『연합뉴스』, 1992년 1월 29일.

6) 사회주의 국가들 사이에서 성행했던 일종의 물물 교환을 뜻한다.

단행하기에 이른다.[7)]

그렇다면 미국이 1차 북핵 위기 당시에 현실적으로 제재가 불가능하다는 걸 인지하면서도 이를 고려한 이유는 무엇이었을까? 당시 제재는 미국의 외교 전략상 두 가지 의미에서 유용했다. 하나는 북한이 미국과 국제 사회의 요구를 수용하게끔 하는 압박 수단으로서의 의미였다. 그리고 다른 하나는 중국이 동맹국으로서 영향력을 발휘하여 북한을 국제 사회의 핵 개발 중단 노력에 동참토록 하는 전략적 가치가 있었다.

워싱턴은 협상이 경색 국면에 빠지면 이를 극복하기 위한 압박 수단으로 제재를 종종 고려했다. 특히 북한이 국제 사회와의 약속을 어길 경우, 미국은 국제 제재를 카드로 북한을 위협했다. 국제 제재가 실제로 추진되지는 않았지만, 미국은 소정의 성과를 올리며 그 효과를 체감했다. 북한의 NPT 탈퇴를 저지한 것이 대표적 성공 사례다. IAEA와 합의한 핵 시설에 대한 사찰과 검증을 북한이 거부하거나 제대로 이행하지 않을 때도, 미국은 다시금 제재 카드를 들고 나왔다. 워싱턴의 외교적 압박은 1994년 3월 남북 회담에서 북한이 "서울 불바다"라는 격앙된 언사를 내뱉었을 때 그 유효성을 입증했다. 비록 IAEA의 사찰이 미국의 뜻대로 진행되진 못했지만, 1994년 10월 『제네바 합의서』를 도출하는 데 견인 작용을 했음을 부정할 수는 없다.

---

7) 국제 사회의 대북 지원은 1995년을 시작으로 1998년에 대폭 증가하였는데, 대부분이 식량 지원이었다. 그중 미국은 주요 지원국으로서 2000년대 말까지 지속적으로 북한에 식량을 지원했는데, 규모를 보면 1999년이 약 70만 톤으로 가장 많았고, 2001년이 35만 톤, 다음으로 1998년과 2002년이 각각 20만 톤이었다. 덧붙여 1998년부터 2000년까지 미국의 식량 지원 규모는 중국의 것을 압도했다. Mark E. Manyin, Mary Beth D. Nikitin, Foreign assistance to North Korea, (Washington, D.C.: Congressional Research Service, April 2, 2014); 김영훈, "미국과 국제사회의 대북 식량지원", 『KERI 북한농업동향』, 12권 2호 2010, 4-7쪽.

중국에게 북한은 배은망덕한 동맹

국제 제재는 중국을 압박하는 수단으로서 미국의 유효한 전략 옵션이다. 북한 핵에 있어 중국의 입장은 두 가지였다. 하나는 문제 해결에 있어서의 '당사자 원칙'이었다. 중국은 북한의 핵 개발 동력이 미국의 위협에 있다면서 북핵 문제를 북미 양국 간의 문제로 규정하고, 두 나라가 대화와 협상을 통해 평화적으로 해결해야 한다는 입장이었다.

다른 하나는 북핵 문제의 '국제화'를 반대하는 것이었다. 중국은 당사국 간의 문제 해결을 선호하는 만큼 북핵이 국제 현안으로 다뤄져야 할 필요성에 공감하지 못했고, 북한과 마찬가지로 유엔과 IAEA 같은 미국이 주도하는 국제기구의 공정성을 신뢰할 수 없었다. 그럼에도 그들은 한반도 비핵화에 대한 지지를 잊지 않고 강조했다. 1991년 11월 당시 중국 첸치천錢其琛 외교부장의 "우리(중국)는 한반도에 핵무기가 존재하는 것을 원하지 않는다"는 발언은 여전히 유효했고, 중국은 유엔과 IAEA 표결에서 최소한 거부권은 행사하지 않음으로써 그를 증명했다. 그러나 북한의 NPT 탈퇴 선언으로 미국이 공개적으로 국제 제재 카드를 거론하기 시작했을 때, 리펑李鵬 당시 중국 국무총리는 북한에 대한 미국의 압박에 분명한 반대 의사를 표했다. 이후 1993년 3월 16일 중국 외교부 대변인 션궈팡沈國放이 이를 재확인하면서, 유엔 안보리가 한반도 핵 문제에 개입하거나 제재로 해결하는 방식에 동의하지 않는다는 중국의 입장이 공식화됐다.

이러한 중국의 외교적 입장이 드러났음에도 불구하고, 북한의 행태는 중국을 딜레마에 빠뜨렸다. 한반도 비핵화를 공식 입장으로 견지하는 중국은 북한이 국제 조약과 기구의 권위와 위상에 도전하는 행위를 현실적으로 간과할 수 없었다. 그러나 다른 한편으로 북핵 문제의 당사국은 북미 양국이며 문제의 국제화는 불가하다는 점에 있어 북한과 인식을 같이하는 중국으로서는 이에 반대되는 처사로 북중 관계를 곤란하게 만들 수도 없었다. 북한은 중국이 북미 당사자 간의 협상에서 자신을 끝까지 지지해 주리라 믿고 기대했다.

그러나 의외로 미국의 압박이 너무나 만만치 않았다. 북한을 계속 지지하기 어려워진 중국은 한 가지 이유를 들어 미국의 대북 제재에 대한 동참을 거부했다. 과거 자신들이 겪은 금수 조치와 봉쇄 경험을 되돌아 볼 때 북한이 유사한 전철을 밟지 않기를 바란다는 이유였다. 그러나 중국의 이러한 항변은 클린턴 미 행정부에게 약점을 스스로 노출한 꼴이었으며, 오히려 중국이 북한을 압박하는 상황을 만드는 레버리지가 되었다. 미국은 중국의 대미 수출 '최혜국 대우MFN' 지위의 연장을 미끼로 중국의 협조를 요구했다. 이러한 요구는 매년 6월 초마다 공식적으로 되풀이되었으나, 실제로 미국이 MFN 지위의 연장을 결정할 때 중국의 협력 여부가 반영되지는 않았다.

그럼에도 워싱턴의 내막을 몰랐던 중국은 자신들에겐 북한을 움직일 영향력이 없다면서 MFN 지위 문제를 북한 사안과 결부시킨 것에 대해 항의했다.[8] 그리고 장쩌민江澤民 중국 주석은 1994년 3월 28일 김영삼 대통령과의 베이징 회담에서 대북 압박이나 제재를 지지할 수 없다는 입장을 다시금 분명히 피력했다. 그러나 궁지에 몰린 중국에게 선택권은 많지 않았고, 결국 미국과 절충안을 찾는 쪽으로 선회할 수밖에 없었다. 즉 유엔 안보리 결의안 표결에 반대가 아닌 기권표를 던지는 대신에 미국이 작성한 결의안을 안보리 의장 성명으로 교체하는 것이었다. 그래서 결국 안보리 의장 성명이 발표되는 것으로 결정되자, 중국은 북한의

---

8) 중국의 발언이 완전히 틀렸다고 볼 수 없었던 것이, 작년인 1993년 만해도 북중관계는 긴장 기류가 맴돌았다. 알려진 바에 따르면 여전히 중국의 막후 최고 실력자였던 덩샤오핑은 3월 김정일의 면담 요청을 거부하며 그의 방중 계획에 제동을 걸었다. 이는 중국이 그러나 북핵 문제 때문에 김정일의 방문을 허용하지 않은 것은 아니었다. 대신 1983년 김정일의 지시로 한국의 전두환 대통령 수행단에 가해진 버마 랭군 폭탄 테러가 실제 화근이 되었기 때문이었다. 사건 이후 김정일의 중국 방문은 덩샤오핑이 사망한 1997년 이후에나 가능해졌다. 중국은 4월 15일 김일성의 생일을 맞이하여 예정됐던 고위급 방문단의 방문도 취소했다. 중국의 태도에 불만이 가득했던 북한은 잠정적으로 양국의 국경을 폐쇄했고, 북한 보위대는 중국군을 향해 발포마저 서슴지 않았다. 하지만 중국 정부는 양국 간 동맹 관계의 공고함을 다시 한 번 공표한 데 이어 중국을 잊고 북한과 직접 대화할 것을 미국에 촉구하며 평양 달래기에 나섰다. Lena H. Sun and Jackson Diehl, "Arms Issue Reported Causing Rift Between China, N. Korea," Washington Post, April 28, 1993, A-13.

준수 사항을 요구하는 초안 작성에 도움을 제공했다. 그 덕분에 미국은 처음으로 중국의 반대를 피해 북한에 대한 압박의 내실화를 이룩할 수 있게 되었다.

해당 의장 성명서는 1994년 2월 15일 합의된 사항에 따른 세이프가드 이행의 첫 임무로 사찰 기한의 엄수를 촉구했다.[9] 결국 중국의 개입 덕에 미국은 사찰 기한과 후속 조치로서 보상의 시작을 명문화할 수 있었다. 북한이 원하는 대가가 "사찰이 모두 완료된 후"에 제공되는 것으로 명시된 것이다. 성명서는 만일 그렇지 않을 경우 후속 제재가 뒤따를 것이란 경고의 의미로 원래 "안보리의 더 진전 있는 행동"이라는 표현을 초안에 담았지만, 중국의 개입으로 인해 해당 문구는 "안보리의 더 진전 있는^further 고려"로 수정되었다.

미국의 압박이 가중되는 가운데 중국이 결국 유엔과 그 산하 기관들에서 북한 문제에 관한 기존의 태도를 바꿀 수밖에 없었던 이유는 크게 세 가지로, 첫 번째 이유는 자국의 이익을 수호하기 위해서였다. 결과적으로 미국의 MFN 지위 카드는 엄포에 불과했지만, 중국이 그에 위협을 느끼기엔 충분했다. 1989년 천안문 사태의 유혈 진압 이후 중국의 인권 문제에 불만이 가득했던 미국은 간접적인 제재로서 인권 문제를 MFN 지위 연장 문제와 결부시켰는데, 중국으로서는 거기에다 북한 문제까지 떠안은 셈이었다.

두 번째로는 북한이 중국의 체면을 세워주지 않았던 걸 들 수 있다. 중국은 북한의 한반도 비핵화 원칙을 전격 수용해 줬는데, 이는 중국이 대외적으로 내세우는 공식 입장이자 오늘날에도 유효한 원칙이다. 한반도 비핵화 주장은 결국 미국이 한국에 설치한 핵우산까지 반대하는 것이었기에 이를 기치로 워싱턴을 압박하는 것은 중국에게도 아주 정치적 행위였다. 그런 상황에서 북한의 핵 개발은 그동안 중국이 미국에 해왔던

---

9) "북핵 안보리의장성명 채택 中 포함, 15개국 만장일치로", 『매일신문』, 1994년 4월 1일.

한반도 비핵화 요구를 속된 말로 '내로남불'로 만들어버리는 것이었기에 중국의 체면이 이만저만이 아니게 된 것이다.

세 번째 이유는 북한이 유엔 산하 기관에 보여준 불경하고 비신사적인 행동이었다. 북한은 NPT에 비준한 엄연한 회원국이었고, 따라서 NPT의 회칙을 준수할 의무와 책임이 있었다. 그렇기에 평양의 NPT 탈퇴 선언은 곧 해당 기구의 권위를 위협하고 모욕한 것에 진배없었다. 더구나 북한은 IAEA와 핵 시설 검증과 사찰의 절차 및 범위에 합의했음에도 불구하고 불리할 때마다 번복과 거절을 반복하는 전략을 고수했다. 물론 때로 IAEA와 미국이 본래 합의된 내용보다 더 많은 것을 요구하기도 했다. 그러나 북한이 이미 가동한 핵 원심 분리기 등의 시설을 중단하기에 무리가 있어 눈속임으로 위기를 모면하려 했던 것도 사실이다. 그러다 북핵 시설의 사찰과 검증이 중단되면 미국은 제재 카드를 다시 꺼내 들곤 했다. 이런 결과는 북한이 IAEA 등과 절충점을 찾지 못한 결과였고, 안보리 상임이사국인 중국의 입장에서는 불만을 갖기에 충분했다.

이런 상황에서 한반도 비핵화를 지지하는 입장에 있는 중국이 북핵에 관련한 국제기구의 표결 과정에서 마냥 북한을 감싸주기는 어려웠고, 그래서 거부권 대신 기권표를 행사할 수밖에 없는 처지가 되었다. 가령 1993년 북한의 NPT 탈퇴 선언 이후 거행된 3월 21일의 IAEA 이사회 결의안 표결에서 중국은 기권표를 던졌다. 이 결의안은 북한이 IAEA가 모든 사찰 활동을 완료할 수 있게 허용하고, 세이프가드 합의 사항을 완전히 이행할 것을 촉구하는 내용을 담았다. 표결 결과 찬성25 대 반대1로 IAEA는 결의안 통과를 선언하며, 이를 유엔 안보리로 회부했다. 이때 반대는 리비아가 유일했으며, 중국과 8개 나라는 기권을 선택했다.[10] 또 하나의 사례는 같은 해 5월 11일 북한의 NPT 탈퇴가 공식화되기 약 한

10) Allison Smale, "IAEA Asks UN to Intervene on North Korea Nuclear Dispute," Associated Press, March 21, 1994.

달 전에 발생했다. 당시 유엔 안보리는 북한의 NPT 복귀와 세이프가드 합의의 준수를 촉구하는 결의안을 찬성13 대 반대0의 압도적 찬성으로 채택했는데, 당시에도 중국은 파키스탄과 더불어 기권을 선언했다.

중국의 달라진 태도엔 다음의 세 가지 목적을 고려한 측면도 있었다. 첫째, 미국의 제재는 군사 작전을 동반하기 때문에 한반도에서 전쟁과 같은 일촉즉발의 위기 상황을 막을 필요가 있었다. 이는 중국이 기본적으로 북핵 문제가 국제 현안으로 확대되는 것을 원치 않은 이유이기도 했다. 또한 미국의 단독 제재가 아닌 국제 사회의 봉쇄와 금수 조치가 수반되는 경제 제재는 북한의 생존을 위협할 수밖에 없고, 북한이 이를 선전포고로 해석해 반격에 나서는 상황도 연출될 수 있다. 결국 이를 사전에 방지하기 위해서라도 중국은 북한이 합의한 사찰과 세이프가드를 제대로 이행하도록 압박할 필요가 있었다. 둘째, 한반도의 비핵화를 지지하는 차원에서도 그런 선택은 불가피했다. 핵 시설의 사찰과 검증을 계속 회피하며 미국의 화를 돋우고 한반도의 긴장을 고조시킨 북한의 행위는 비핵화에 역행하는 처사였다. 중국은 북한이 유엔과 그 산하 기관의 회원국으로서 책임 있는 행동을 보일 것을 간접적으로 요구하고자 했다. 셋째, 중국은 한반도의 비핵화를 실천하는 국가라는 이미지를 투사하고자 했다. 중국은 북미 양국이 북핵 문제를 평화적으로 해결해야 한다고 시종일관 촉구해왔지만, 북한과 미국, IAEA 간에 합의된 검증 절차와 세이프가드 등의 이행이 난항을 겪게 되자 결국 이를 총괄하는 유엔과 IAEA의 압박이 필요해졌다. 유엔 안보리 상임이사국이자 IAEA의 회원국으로서 책임을 회피할 수 없었던 중국은 최소한 대세를 크게 거스르지 않는 선에서 한반도 비핵화에 대한 자신의 언행일치 외교를 증명할 필요가 있었다.

하지만 중국의 노력에도 불구하고 북한의 핵 개발은 멈추지 않았다. 북한은 협력을 촉구하는 국제 사회의 목소리에도 아랑곳하지 않고 세이프가드에 따른 요구 조건이 아니라는 이유를 들어 IAEA의 핵 시설

시료 채취를 거부했고, 이에 IAEA는 사찰단을 철수시켰다. 그러자 미국은 1994년 3월 19일 유엔 안보리에 제재 결의안을 회부하겠다는 계획을 밝혔고, 같은 날 판문점에서 열린 남북 회담에 참석한 북측은 이를 확인한 후 유엔의 제재를 선전포고로 간주하겠다면서 이른바 서울 불바다 경고를 던지고는 회담장을 떠났다.

이후 5월 27일에 IAEA가 부트로스 갈리 유엔 사무총장을 통해 북한이 핵원자로에서 배유를 급속도로 진행 중인 사실을 미국 측에 알렸다. 5월 31일에는 클린턴 미 대통령이 참모들과 대북 제재 전략 논의에 들어가, 제재 위협을 동원한 대북 압박 외교를 단계적으로 진행하자는 결론을 도출해냈다. 우선 안보리가 경고와 함께 30일의 유예 기간을 준 후에 다시 압박을 재개하기로 한 것이다. 안보리의 초기 경고는 핵 개발 노하우가 북한에 유입되는 것을 차단하기 위해 국제 사회에 협력 활동의 중단을 촉구하는 동시에 유엔의 대북 경제 지원을 중단하고, 북한과의 외교 활동도 축소하거나 금지하는 것을 전제했다. 더 구체적으로는 문화, 과학 기술, 상업과 교육 방면에서 북한과의 교류를 대폭 줄이고, 무기 거래를 금지한다는 것이었다.[11] 물론 군사 작전도 당연히 검토되었는데, 초점은 제재에 맞선 북한의 반격뿐만 아니라 핵 활동의 재개를 억누르는 데 있었다. 즉 북한이 냉각수에서 사용한 연료봉을 제거하고 이를 재처리하기 시작하면 영변을 타격하겠다는 경고였다.

미국의 제재 의사가 점점 뚜렷해지자, 그 후과를 우려하는 목소리도 나타났다. 특히 중국, 일본, 그리고 미국의 국방부가 제재에 반기를 들고 나섰다. 이들은 백악관의 구체적인 제재안이 매우 도발적이라고 지적하며, 미국이 자세를 낮춰 천천히 우회할 것을 제안했다. 군사 작전에 대해서는 중국과, 한국, 일본 등 주변국 모두가 부정적인 반응을 보였다. 특히 일본은

11) Daniel Williams, "U.S. Considers Gradual Path for North Korea Sanctions," Washington post, June 2, 1994, p. A-1. Briefing by Madeleine Albright, Ambassador to the United Nations, Associated Press, June 15, 1994.

이때만 해도 북한을 주적이나 적국으로 간주하지 않았다. 중국은 모든 행동이 반대의 결과를 초래할 수 있다면서, 다시금 중요한 것은 북한의 반응이 아닌 중국의 반응이라는 의미심장한 발언을 남겼다.[12)] 6월 9일 미 의회 청문회에 참석한 로버트 갈루치 북핵 특사 역시도 중국의 제재 반대 입장을 전하며, 그 근거로 베이징이 평양에 대화를 촉구하면서 안보를 확인[assurance]해 준 사실을 들었다. 말인즉슨 중국의 장쩌민 주석이 인민 육군 참모장 최광을 단장으로 해 중국을 방문한 북한 국방 사절단과의 회담 석상에서 북한과 중국 간의 동맹 관계를 재확인해 주었다는 것이다.

갈루치 특사는 일본과 한국의 우려를 전하는 것도 잊지 않았는데, 두 나라가 미국의 제재 제안에 동의하기는 하나 안보리의 결의를 요구하고 있다는 것이었다. 그중 일본은 결의안이 통과되면 대북 송금을 통제하겠다고 밝혔다. 클린턴 대통령 또한 두 나라의 입장에 동의하며 완전한 제재를 취할 생각은 없다고 토로했다. 러시아는 당시 제재에 반대하지는 않고 제재를 취하기 전에 북핵 관련 당사국 간의 국제회의를 개최하자고 제안했다. 다자간 협상이 러시아 측에서 처음으로 제기된 것이다.

결국 주변국들의 이러한 우려와 만류로 클린턴 행정부는 제재 논의만으로 북한을 압박하는 데 만족해야 했다. 그들은 대북 압박 메시지가 충분히 전해졌다고 판단한 가운데 외교적 압박과 협상 노력을 배가하는 전략으로 선회할 준비를 시작했다. 그리고 그 결과물로서 그해 10월에 탄생한 것이 바로 『제네바 합의서』였다.

12) 시걸의 중국과 일본 측의 인터뷰 내용을 재인용. Leon V. Sigal, Disarming Strangers: Nuclear Diplomacy with North Korea, p. 118.

미국의 발목을 잡은 진주만 트라우마

북한은 1차 북핵 위기 당시엔 미국이 대북 제재를 압박 카드로만 사용하고 실제로는 추진하지 않은 탓에 그나마 제재의 공포를 피할 수 있었다. 하지만 만일 제재가 실현됐더라면 정권의 생존까지 위협받을 수 있는 상황이었기에, 북한이 제재에 맞서 군사 대응까지 마다하지 않겠다는 확고한 입장을 보인 건 그들 입장에서는 어찌 보면 당연한 선택이었다. 이런 북한의 강경한 대응은 미국에 있어 뼈아픈 기억 하나를 소환해냈는데, 바로 2차 세계 대전 당시 미국의 제재를 받은 일본이 하와이의 진주만을 기습 공격한 사건이었다.

일본은 1931년과 1937년 두 차례에 걸쳐 중국을 침략했다. 당시 침략은 이른바 '대동아 전쟁'의 서막을 올리며 중국을 포화 속으로 끌고 갔다. 일본은 우선 중국을 점령하고, 동남아를 석권한 뒤, 독일의 나치와 이탈리아 파시스트들과 함께 세계를 지배하겠다는 꿈에 젖어 있었다.

그 무렵은 미국의 32대 대통령인 프랭클린 루스벨트Franklin D. Roosevelt이 중국을 향한 남다른 사랑을 드러내던 시기이기도 했다. 그는 시어도어 루스벨트Theodore Roosevelt 26대 대통령 시절부터 노골적으로 드러나기 시작한 미국의 중국 사랑을 집착으로까지 승화시킨 인물이었다. 그뿐만 아니라 백악관 참모들을 비롯한 정부 인사들이나 언론계, 문학계, 학계 내에도 중국을 흠모하는 인물들은 널리 포진돼 있었다. 정부 내에서는 헨리 스팀슨Henry Stimson 국방 장관, 헨리 모건소Henry Morgentheau 재무 장관, 내무부장 헤롤드 아이크스Harold Ikes, 그리고 재무 차관 등을 역임한 딘 애치슨Dean Acheson 국무 차관보 등이 대표적이었다. 언론계에는 당대 미국 최고의 잡지들인 「Time」과 「Life」, 「Fortune」의 창간자 헨리 루스Henry Luce, 문학계에선 소설 『대지The Good Earth』의 작가 펄 벅Pearl Buck, 학계에선 하버드대 교수 루치안 파이Lucian Pye가 대표적인 중국 로비스트로 각자의 영역을 담당했다. 이렇게 중국에 우호적인 인물들은 이른바 '중국 로비스트China Lobby'라 불리며 소위 '동방 박사들Wise Men'[13]에 복종했는데, 그중 최고 우두머리는 헨리 스팀슨으로, 오늘날 워싱턴에 있는 싱크탱크인 스팀슨 센터Stimson Center의 설립자였다.

그들은 기독교화 되어가던 중국에 민주주의를 정착시키려던 선량한 농민들을 일본이 공격했다는 프레임으로 일본의 침략 문제를 이해했다. 그래서 일본의 침략에 항의하며 평화적인 해결을 원했던 루스벨트 대통령이 꺼내든 전략적 선택은 두 가지였다.

하나는 국민당 정부에 대한 군사적, 경제적 지원을 증강하여 일본에 적극 대항하도록 하는 것이었다. 이는 1941년 7월 23일 미국의 중국 군사위원회American Military Mission to China, AMMISCA가 장제스蔣介石 정권에 승인한 무기 지원책으로 입증되었는데, 여기서 미국은 전투기 269대와 폭격기 66대의 제공을 약속했다. 미국이 처음으로 국민당 정부에 공격형 무기를 제공한 역사적 순간이었고, 따라서 그들과 미국이 공식적으로 군사적 제휴 관계를 맺게 된 계기이기도 했다.[14]

두 번째 선택은 일본이 미국 원유에 백 퍼센트 의존하고 있다는 사실을 무기로 일본의 침략행위를 우회적으로 중단시키는 것이었다. 루스벨트 대통령은 이론적으론 동의하면서도 대일본 제재를 실제 실행에 옮기는 것은 원하지 않았다. 제재가 초래할 일본과의 전쟁이나 중국에서의 확전을 바라지 않았기 때문이었다. 확전은 곧 중국 전역으로의 확대뿐만 아니라 전쟁 자원과 물자를 확보하기 위해 일본이 동남아시아로 전진하게 되리라는 것을 뜻했다. 따라서 루스벨트 대통령의 전략 셈법에는 미국산

---

13) 작가이자 칼럼니스트인 카이 버드(Kai Bird)의 "지금 미국에 헨리 스팀슨보다 더 큰 그림자(영향력)를 드리우는 사람은 없다(no man casts a longer shadow over the American Century than Henry Lewis Stimson.)"는 평가처럼 스팀슨은 Wise Men의 시작이었고, 따라서 해당 용어는 그의 몇몇 자서전에 부제로도 활용되었다. James Bradley, The China Mirage: the hidden history of American disaster in Asia, (N.Y.: Little, Brown and Company, 2015), p.120.

14) James Bradley, The China Mirage: the hidden history of American disaster in Asia, pp.264-265.

식량과 원유에 대한 일본의 높은 의존도 덕분에 제재를 시사하는 강한 외교적 수사만으로도 일본에 억지력을 발휘할 수 있을 것이란 기대가 있었다. 또한 독일의 러시아 침공으로 미국은 이미 유럽 전장에 집중하기도 벅찬 상황이었던 현실도 중요한 요소로 작용했다. 따라서 대만과 군사적 전략 제휴 관계를 맺던 날, 루스벨트는 공식 석상에서 처음으로 미국이 일본에 계속 원유를 판매하겠다는 사실을 분명히 했다.[15] 일본을 정치, 경제적 충격에 빠뜨리지 않고, 전쟁으로까지 치닫지 않기 위해서라는 이유였다. 당시만 하더라도 미국 정부 내에서는 결국 일본이 대중국 침략 행위를 자제할 것이라는 기대가 팽배해 있었다.

그래서 루스벨트 행정부는 일본에 대한 제재 수준을 미국산 원유 구매에 쓰이는 일본의 자금줄을 압박하는 데 국한하기로 결정했다. 미국의 원유는 미국 내 일본의 금융 자산으로 거래되고 있었는데, 1941년 7월 26일 루스벨트 대통령은 『행정 명령 8832호』를 제출해 일본의 지분이 25% 이상인 자산의 동결을 결정했다.[16] 이는 겉으로 보기엔 강경책처럼 보였으나, 실제로는 일본의 구매를 완전히 제약하지는 않겠다는 의도를 이면에 감추고 있었다. 그는 동결된 일본의 금융 자산이라도 필요하다면 승인할 예정이었다. 단지 일본이 군사 장비에 해당하는 물자와 물품을 구매할 때, 그 절차를 어렵게 하려는 의도일 뿐이었던 것이다.

하지만 루스벨트 대통령은 자신의 '외교적 책략' 뒤에 숨어 있는 복병을 간파하지 못했다. 바로 중국 로비스트 그룹이었다. 이들은 중국의 평화와 해방에 관건이 되는 요소로서 대일본 제재를 주장했다. 나아가 제재를 취해도 일본의 반격은 없을 것이라 확신했다. 합리적인 일본인이라면 미국을 공격한 결과는 곧 패망을 의미한다는 것을 모를 리 없다는 이유에서였다.[17]

---

15) 앞의 책, p.265.

16) Press release, July 26, 1941, box 424, Morgenthau Papers.

17) Dean Acheson, Present at the Creation: My Years in the State Department, (N,Y,: W. W. Norton, 1969), p. 19.

그 선봉장 역할은 당시 국무 차관보였던 딘 애치슨이 맡았다. 그는 스팀슨 국방 장관의 신뢰를 한 몸에 받으며 1941년 국무 차관보로 임명된 이후, 루스벨트와 사사건건 갈등을 겪고 있는 인물이었다. 스팀슨을 비롯한 여타 중국 로비스트들과 달리 아시아에 무지했던 그는 그저 중국 로비스트 그룹과 '동방 박사'에 심취한 한 명의 광신도일 뿐이었다. 그러나 아시아에 무지한 그가 진주만 공습과 한국 전쟁이라는 두 개의 비극을 가져온 사실은 참으로 역사의 아이러니가 아닐 수 없다.

애치슨 차관보는 부서가 다른 모건소 재무 장관과 이른바 '원 팀One Team'을 이루고 있었기 때문에 그의 승인과 허락을 받은 후에야 비로소 움직이는 인물이었다. 그런 그는 모건소의 재가 아래 8월 4일부터 일본의 모든 자금줄을 막았다. 일본은 국가 체면이 구겨지다 못해 짓밟히는 치욕을 얻은 셈이었다. 하지만 '동방 박사'들은 모든 정부가 미국의 모욕적인 제재를 그저 묵묵히 감내하는 건 아님을 알지 못했다. 애치슨 차관보는 일본과의 전쟁마저도 두려워하지 않아, 일본이 선제공격할 용의가 있으면 그걸 실행에 옮기는 게 뭐가 놀랍냐고 반문할 정도였다.[18] 일본의 무력 저항 의지를 과소평가한 동시에 일본과의 전쟁에 대한 자신감에 차 있었던 당시 미국의 친중파 참모들의 태도를 대변하는 대목이었다. 이들은 또한 일본의 군부에게 모욕을 줌으로써 일본 내의 민주화 세력이 정권을 잡을 기회를 제공해 일본의 민주화를 견인하리라는 기대에도 부풀어 있었다. 그러나 그들은 일본 군부가 단지 경제적 이유만으로 극동아시아 점령에 나선 것은 아니라는 사실을 간과했다. 일본 군부에게는 대국으로서의 명예와 자존심이 더 결정적이었다. 그들에게 실패란 곧 일본의 빈곤과 불명예, 대국으로서의 종말, 나아가 미국에 영원히 복종하는 하수인으로 전락하는 것을 의미했다. 따라서 그들의 대결 의지는 미국 '동방 박사'들의 기대를 아득히 넘는 것이었다.

---

18) Roland H. Worth, Jr., No Choice but War: The United States Embargo Against Japan and the Eruption of War in the Pacific, (Jefferson, NC: McFarland, 1995), p. 129.

반면 일왕이었던 히로히토의 고심은 이만저만 깊은 게 아니었다. 러시아와 청나라를 상대할 때와는 달리 미국에 맞서 싸우려면 국가의 존망까지 걸어야 했고, 원유 없이 버텨야 하는 현실도 타개해야 했다. 실제로 미국 캘리포니아산 원유의 공급이 중단되자, 일본은 네덜란드령 동인도[오늘날의 인도네시아]로 눈을 돌렸다. 그러나 그곳을 점령하자면 작전 전략에 수정이 필요했다. 무턱대고 진격하는 건 일본 스스로가 미국 정부의 등을 동남아시아로 떠미는 것과 마찬가지였다. 결국 일본의 '미친' 군부는 미국의 하와이 진주만을 무력화시켜 개입을 사전에 차단한다는 새로운 전략으로 과감히 돌아섰다.

당시 미국 정부는 이를 전혀 감지하지 못했다. 대신 그해 8월 10일 미국에서 루스벨트 대통령과 극비리에 조우한 영국의 윈스턴 처칠[Winston Churchill] 총리가 일본에 더 강력한 경고 메시지를 전하라고 촉구하고 나섰다. 일본이 더 공세적으로 나오면, 이는 곧 미국, 영국과의 전쟁이라는 사실을 명확히 일본 측에 전달하라는 조언이었다. 하지만 돌아가는 형세에 깜깜했던 루스벨트는 그럴 마음이 추호도 없었다.

애치슨 차관보가 주도한 금수 조치로 9월 한 달 동안 일본엔 단 한 방울의 미국 원유도 제공되지 않았다. 그 무렵 일본의 원유 비축량은 민간 사용을 절제할 경우, 이듬해인 1942년 6월이나 길어도 7월이면 바닥날 상황이었다. 국가 존망과 직결된 원유의 공급이 끊기자, 일본 국내에서는 이제 일왕이 안전하고 확고한 경제 기지를 모색해야 한다는 분위기가 팽배했다. 기획위원회 위원장이던 스즈키 데이이치[Suzuk Daiichi]는 각료들의 의견을 취합해 일왕에 전달했고, 일본 제국 해군 총참모장 나가노 오사미[Nagao Osami] 제독은 어차피 망할 바에야 싸워보기라도 하자는 제안까지 내놨다. 투쟁 없는 항복은 결코 원하지 않는다는 뜻이었다. 10월 14일 온건파 고노에 후미마로 총리는 도조 히데키 전쟁 장관에게 "철수는 없다. 설령 일본이 미국에 패하더라도, 일본 천황의 역사를 더럽히게 되더라도 말이다"라고 못 박았다.

'동방 박사'들과 중국 로비스트들의 예측은 계속 현실을 비껴갔다. 일본 군부는 원유 공급이 중단되었음에도 폭주를 멈추지 않았고, 일본 내에서 온건파가 득세하거나 민주주의 세력이 출현하는 결과는 도래하지 않았다. 오히려 군부가 모든 것을 장악해 버리는 정반대의 결과가 발생했고, 그 '미친' 사령탑에 도조 히데키가 올랐다. 도조는 중국에서의 철수를 거부했고, 7월부터 캘리포니아 산 페드로San Pedro에 정박했던 일본 유조선을 11월 초에 비어있는 채로 회항시켜 버렸다. 그리고 "2년 후 일본의 군사용 원유가 고갈되면 선박들은 항해를 중단할 것이고," "국민은 근검절약과 고충을 감내해야 할 것"이며, "만약 이 사태가 지속된다면 일본은 2, 3년 내에 3등 국가로 전락할 것이다"라는 엄중한 경고도 잊지 않았다.

도조 정부는 비밀스럽게 목표를 설정했다. 동아시아에서 미국, 영국과 네덜란드의 영향력을 척결하고, 일왕 스스로의 안위Self-defense와 자주적인 보존Self-preservation을 위해 세력권을 구축하는 한편, 나아가 동아시아에 새로운 질서를 확립하자는 목표 아래 군부의 총칼이 집중되었다. 다시 말하면 동남아시아와 일왕 사이에 정치, 군사, 경제 등 전방위적으로 불가분하고 긴밀한 관계를 확립하여 일왕의 안위와 보존을 이룩하자는 것이었다. 11월 26일, 도조의 명을 받은 일본 항공 모함 6척이 충분한 명분을 가지고 미국 진주만을 향해 항해를 시작했다. 그리고 12월 7일 일본은 진주만을 습격함으로써 미국을 2차 세계 대전의 소용돌이 한복판으로 밀어 넣었다.

이처럼 미국은 지난날 경제 제재와 관련하여 아픈 경험이 있었고, 그 과정에서 그들은 몇 가지 과오를 저질렀다. 우선 일본의 경고에 담긴 함의를 제대로 분석하려 하지 않았고, 일본의 반응과 대응을 잘못 예측했다. 또한, 아시아에 대한 무지(애치슨)와 중국이라는 '신기루'에서 벗어나지 못한 편파적 견해(중국 로비스트와 동방 박사)로 인해 오판과 오해, 자만을 거듭하면서도 대통령과 참모 간에 이견을 조율하는 과정을 거치지 않았다. 따라서 미국은 1차 북핵 위기 발발 당시에 그러한 역사로부터 얻은 교훈을 활용하고자 했다. 국제 제재와 군사 작전을 병행하면서도 북한의 발언과 반응을 간과하지 않으려 신중에 신중을 기했다. 하지만 후자는 되레 미국을 국제적인 대북 제재에 더 적극적으로 나서지 못하게 하는 동인이 되어 또 다른 아픈 역사의 서막을 열었다.

중국의 독자적 대북 제재에 담긴 속내

2006년 북한이 첫 핵 실험을 단행했을 때, 국제 사회는 모두 한목소리로 제재를 외쳤다. 북한의 경고 발언과 군사적 대응이 충분히 예상됨에도 불구하고, 유엔은 처음으로 대북 제재 결의안을 채택했다. 이후 북한의 핵 실험 강행과 함께 유엔이 꺼내 드는 제재의 강도는 높아져 갔다. 국제 사회의 대북 제재가 가능했던 이유로는 우선 중국이 적극적으로 참여한 것을 첫 번째로 꼽을 수 있다. 베이징은 북한이 핵 실험을 단행하기 불과 한 시간 전에야 통보한 사실을 두고 '제멋대로'라는 뜻의 '한란悍然'이라는 유례없이 강한 외교 수사까지 동원하며 강한 불쾌감을 드러냈다. 이후 2차 핵 실험은 없을 것이라던 북한이 그 약속을 저버린 데 대한 배신감도 컸고, 3차 핵 실험에서는 중국 동북 지역의 오염을 심각하게 우려하기도 했다. 더욱이 한반도 비핵화를 지지하는 나라로서 이를 행동으로 옮겨야 한다는 인식이 중국 내에서 팽배해지며, 중국의 제재 참여는 정당화되기 시작했다.

그 결과 국제 사회는 북한의 군사적 대응 가능성을 두려워하지 않았다. 세계는 중국의 제재 참여를 북한의 군사적 대응을 방관하지 않겠다는 메시지로 해석했다. 미국이 '세컨더리 보이콧'을 독자 제재에 반영하면서 중국에 상당한 부담을 안긴 것도 제재가 가능했던 이유로 크게 작용했다. 북한과 관련된 중국 기업과 인사들을 겨냥한 제재의 가능성을 열어둠으로써 중국 스스로가 이에 대한 대응 조치를 마련해야 할 필요성을 제고한 것이다.

미국의 대중국 압박이 가져온 결과는 세 가지였다. 첫째, 유엔 제재에서 중국의 참여와 협조가 점진적으로 확대되었다. 둘째, 중국의 참여와 협조가 부족하다는 인식을 무마하기 위해 그들 자체적으로 제재를 검토하기 시작했다. 셋째, 미국 세컨더리 보이콧으로부터 자국 기업과 경영인의 권익을 보호하기 위해, 중국 정부가 독자적인 제재를 채택해 이들의 대북 사업을 직접 통제하기 시작했다. 즉 중국으로 하여금 북한에 단독 제재를 가할 수밖에 없는 상황을 연출한 셈이다.

이 지점에서 북한과 사실상의 동맹 관계를 유지하고 있던 중국이 대북 경제 제재에 가담하는 행위를 어떻게 이해해야 할지 의문이 생길 수 있다. 2006년 이전까지 중국은 유엔에서 북한과 관련된 모든 의제의 결의안을 상임이사국의 자격으로 반대하거나 기권해왔다. 북한과의 동맹 때문이었다. 하지만 2006년 북한의 첫 핵 실험을 전환점으로 해서 중국은 유엔의 대북 제재 결의안에 찬성표를 던지기 시작했고, 나아가 2013년부터는 북한에 독자적인 대북 제재 조치까지 채택하기에 이르렀다.

그렇다면 중국이 실제로 북한에 제재를 가하긴 하는 걸까? 유엔의 제재 결의안 채택에 찬성표를 던졌음에도 실상 적극적으로 동참하지 않는다는 분석은 사실일까? 만약 사실이라면, 그럼에도 중국이 북한에 독자적인 제재 조치를 취하는 것은 단순히 북한의 핵 실험 때문일까? 꼬리에 꼬리를 무는 질문들에 대한 대답은 '중국은 한반도의 비핵화를 지지한다'는 문구만으로는 턱없이 부족하다. 특히 북한 경제가 이미 어려워질 대로 어려워진 상황에서 중국의 대북 제재 참여는 북한에게 최악의 직격탄이 될 것이 명백하다. 그리고 나락으로 떨어진 북한이 여전히 중국을 동맹국이라 부르며 한반도의 비핵화를 가만히 손 놓고 지켜만 볼 리 없다는 것도 자명하다. 결국 중국의 결정에 숨겨진 나름의 전략적 계산과 정치적 판단을 파악해야 한다. 그렇지 않고서 두 나라 정상이 마치 아무런 일도 없었다는 듯 서로를 부둥켜안고, 양국의 전통적 우호 관계를 대놓고 광고하는 기이한 만남을 이해하긴 힘들 것이다.

중국이 북한의 핵 개발 문제와 관련해 국제무대에서 북한의 입장을 마냥 옹호하지만은 않겠다는 의사를 밝힌 것은 2003년의 일이었다. 그해 3월, 중국은 북한 핵 문제 결의안을 유엔 안전보장이사회에 상정하는 안건을 두고 열린 IAEA 회의에서 찬성표를 던졌다. 중국이 유엔과 그 산하 기관에서 북한 관련 안건에 대해 사상 처음으로 찬성표를 던진 사건이었다. 그리고 이후 해당 기구에서 중국의 표결 행위는 반대나 기권을 되풀이하던 과거의 행태로 회귀하지 않았다.

뿐만 아니라 2006년 북한의 첫 핵 실험 이후 중국은 유엔의 대북 제재 결의안 표결에 있어 늘 찬성으로 일관해왔다. 모든 결의안에 찬성하는 동시에 2013년부터는 자체적인 대북 제재 조치를 선보이기 시작했다. 이는 아마도 정무적인 판단에 근거하여 유엔 및 서구 사회와 나름의 절충을 본 결과일 것이다. 중국이 유엔 결의안에서 북한의 경제 활동과 발전에 치명적인 타격을 가져다줄 수 있는 사항들을 중재하는 데 외교적 노력을 아끼지 않은 것은 언론을 통해 잘 알려진 사실이기 때문이다.

중국의 단독 제재는 이 과정에서 절충안으로 마련된 것으로 추정된다. 이는 중국의 독자적인 대북 제재의 항목과 분야에서 입증된다. 경제의 90% 이상이 중국에 의존하고 있는 북한에게 중국의 독자적인 제재는 그 자체만으로도 충분한 타격이 될 수 있다는 점이 참작되었을 것이다. 2016년 3월 북한의 5차 핵 실험이 있은 직후에 중국이 북한 주민의 경제생활에 영향을 미치지 않는 범위 내에서의 제재는 용인할 수 있다고 발언한 것만 봐도 그렇다.[19] 중국이 세계가 원하는 수준의 제재를 실행한다면 북한의 붕괴는 자명했다.

중국의 독자적 대북 제재 조치는 세 개의 분야에 집중한다. 첫째는

---

19) "北민항기 해외급유 등 예외조항… 中·러 입김에 '제재 구멍' 커지나", 『서울경제』, 2016년 3월 4일.

금융이다. 2013년 3월 중국은 북한 광선은행의 중국 단둥 지점을 폐쇄하고, 5월에는 북한 조선대외무역은행과의 거래를 중단했다. 두 번째 분야는 북한의 핵무기와 ICBM 관련 기술의 이전과 장비 및 부품의 거래를 중단하는 조치였다. 2013년 9월 23일 중국 상무부, 공업정보화부, 해관총서와 국가원자력기구 등은 핵, 미사일, 화학과 생물, 보충 물품 등 4가지 분야에서 900여 개 품목을 제재하는 이른바 '민군 겸용 물자와 기술의 대북 수출 금지 품목에 관한 공고'를 홈페이지에 공시했다.[20] 이후 2015년 5월 13일 핵 관련 민군 겸용 기술과 물자 가운데 수출 금지 품목이 추가 공지되었고, 2017년 1월 25일에는 재래식 무기의 민군 겸용 물자와 기술에 더해 WMD 및 그 수송 장비의 북한 수출도 중단되었다.[21] 세 번째는 북한의 주력 산업에 대한 수출입 금지와 북한의 대중 투자 금지였다. 광산업과 같은 북한의 주력 수출 산업 분야를 제재하여 무기 개발에 투자될 수 있는 외환 수입원을 봉쇄하겠다는 의미였다. 더불어 무기 개발로 이어질 가능성을 원천 차단하고자 민간 기술, 민용 물자 및 장비의 수출도 금했다. 무기 운용의 절대적인 필수품인 원료와 연료의 북한 수출은 말할 것도 없었다.

수출입 제재는 2016년부터 본격적으로 시행되었다. 4월에 중국 상무부는 금, 티타늄, 바나듐 및 희토류 광물의 수입과 항공기용 연료유와 휘발유, 나프타 종류의 항공기 연료유, 미사일용 연료와 석유류의 미사일용 연료 등의 수출을 우선 금지했다.[22] 6월에는 군수 물자와 관련된

---

20) "商務部 工業和信息化部 海關總署 國家原子能機構公告2013年第59號 關於禁止向朝鮮出口的兩用物項和技術清單公告", 2013年 9月 23日, http://www.mofcom.gov.cn/article/b/c/201309/20130900317772.shtml, (검색일: 2013년 9월 24일).

21) "商務部、工業和信息化部、國防科工不、國家原子能機構、海關總署公告2017年第9號", 2017년 1월 25일 중국 상무부 홈페이지 참조, http://www.mofcom.gov.cn/article/b/e/201701/20170102507933.shtml, (검색일: 2017년 2월 7일).

22) "商务部 海關總署公告2016年第11號關於對朝鮮禁運部分礦產品清單公告", 2016年 4月 5日 중국 상무부 홈페이지 참조, http://www.mofcom.gov.cn/article/b/e/201604/20160401289770.shtml (검색일: 2017년 2월 7일).

수출 금지 품목이 발표되었고,[23] 12월 11일에는 북한산 매탄 수입이 중지되었으며,[24] 같은 달 24일에는 북한산 동, 니켈, 은과 아연 등의 수입 금지령이 발효되었다.[25] 북한 상인과 기업의 투자에 관한 제재도 뒤따랐다. 2017년 8월 25일, 중국 상무부는 유엔 결의안 2371호에 따라 북한 상인 개인과 기업의 중국 내 신규 투자와 기존 투자사업의 확대를 금하는 고시를 반포했다. 중국인이 북한 측과 투자 분야에서 협력하는 것 역시 금지되었다.[26]

중국 정부가 유엔의 대북 제재와 관련하여 당국에 적극적인 참여와 협력을 독려하는 내용의 통지문을 하달하기 시작한 것은 2013년 3월 7일의 일이다. 당시 중국 정부는 교통운수부를 통해 4월 17일 자로 통지문을 발송하였는데, 유관 부처들은 25일에 이를 바로 홈페이지에 공개하는 초유의 행태를 보였다.[27] 독자적인 대북 제재를 취할 때부터 중국이 이미 유엔 대북 제재 결의안의 이행 책임과 의무를 심각하게 받아들이고 있었다는 방증이었다.

중국이 독자적으로 대북 제재를 취한 데에는 사실 부인할 수 없는

---

23) "商務部 工業和信息化部 國家原子能機構海關總署公告2016年第22號關於增列禁止向朝鮮出口的兩用物項和技術請按公告", 2016年 6月 14日 중국 상무부 홈페이지 참조, http://www.mofcom.gov.cn/article/b/e/201606/20160601338628.shtml (검색일: 2017년 2월 7일).

24) "商務部 海關總署公告2016年第75號關於2016年12月31日前暫停自朝鮮進口煤炭的公告", 2016年 12月 10日 중국 상무부 홈피 참조, http://www.mofcom.gov.cn/article/b/e/201612/20161202162180.shtml (검색일: 2017년 2월 7일).
이 공지는 12월 31일까지 유효했으나 이듬해 2월 18일을 기해 2017년 연말까지로 연장됐다. "商務部 海關總署公告2017年第12號", 2017年 2月 18日 중국 상무부 홈페이지 참조, http://www.mofcom.gov.cn/article/b/c/201702/20170202518342.shtml (검색일: 2017년 2월 20일).

25) "商務部 海關總署公告2016年第81號", 2016年 12月 23日 중국 상무부 홈페이지 참조, www.mofcom.gov.cn/sys/print.shtml?/b/e/201612/20161202335441 (검색일: 2017년 2월 7일).

26) "商務部公告2017年第47號 商務部關於執行聯合國安理會第2371號決議禁止同朝鮮新設合資合作企業和追加合資企業投資的公告", 2017년 8 月 25 日, 중국 상무부 홈페이지 참조, http://www.mofcom.gov.cn/article/b/f/201708/20170802633705.shtml (검색일: 2017년 8월 31일).

27) UN 결의안 2094호의 철저한 이행과 관련, 중국 교통운수부의 공지문 "關於執行聯合國安理會第2094號決議的通知", 2013年 4月 25日, http://www.moc.gov.cn/sj/guojihzs/duobianhz_gjs/201408/t20140819_1673688.html, (검색일: 2013년 4월 28일).

현실적인 이유가 있었다. 이를 단지 미국의 세컨더리 보이콧 압박에 대한 대응용으로만 인식하는 것은 중국의 전략적 셈법에 맞지 않는다. 중국의 대북 동맹 관계나 공산당 간의 관계를 고려하면 북한에 설득력이 없기 때문이다. 그래서 결국 현실적인 안보 이익을 유력한 이유로 지목할 수밖에 없는데, 실제로 그 무렵은 북한 핵이 중국의 국가 이익에 큰 위협이 된다는 위기 인식이 형성되기 시작하던 시기였다. 즉 북한 핵에 대한 보다 효과적인 대응이 필요하다는 의식이 발아한 것이다. 당시 「환구시보環球時報」의 사평社評, 즉 사설은 북한 핵 문제에 있어 중국이 가장 큰 위협으로 느끼는 것은 북한의 핵미사일 개발이라고 지적했다. 단순 핵탄두의 보유 여부보다 핵탄두의 탑재가 가능한 미사일의 개발 노력에 더 많은 위협을 느끼기 시작한 것이다. 중국은 북한 핵무기가 중국의 '이익 공간'에 위협 요소로 부상하는 것을 좌시할 생각이 없었다.

뿐만 아니라 북한 핵 실험에 대한 '보복' 조치는 중국의 국익에도 부합한다. 중국은 북한의 경제난과 난제를 누구보다도 잘 이해하고 있다. 따라서 유엔이 북한 핵 실험과 관련된 제재 결의안을 논의할 때마다 중재 역할을 마다하지 않았다. 하지만 세 차례에 걸친 노력에도 불구하고 4차 핵 실험의 가능성이 스멀스멀 기어 나오자, 중국도 더는 인내할 수 없었다. 북한의 핵 야욕을 '응징'해야 하는 당위성과 정당성에 대한 담론이 한때 활발히 개진된 사실이 그 한 예다.[28] 「환구시보」의 사평에서는 한미일과 동일한 수준의 제재를 개진하는 건 힘들겠지만, 대신 중국은 과거에 비해 더 높은 수위의 응징을 취할 필요가 있다고 역설했다. 그리고 그러한 응징은 대북 원조의 삭감과 병행되어야 한다고 지적했다. 여기서 북중 양국 간의 고위급 교류와 회담이 중단된 이유를 유추할 수 있다. 지금까지 북중 고위급 교류와 회담이 경협과 원조로 이어졌던 선례에 비춰보면,

---

28) Deng Yuwen. "China Should Abandon China," Financial Times, February 27, 2013. http://www.ft.com/cms/s/0/9e2f68b2-7c5c-11e2-99f0-00144feabdc0.html#axzz47zhvWY1C, (검색일: 2013년 2월 28일); 徐進, "朝鮮核問題: 中國應強力介入還是中立斡旋? ", 『國際經濟評論』, 2011年, 第6期.

중국이 북중 고위급 교류를 중단한 것은 원조를 포함한 경협에 북한과 논의할 사항이 없다는 걸 드러내 준다. 또한 사평은 중국의 응징이 "좋은 친구 간의 경고성 메시지가 되어야 하며, 북한도 이것이 중국의 마지노선이라는 사실을 알아야 한다"는 견해로 그 선택을 합리화했다.[29]

또한 중국의 독자적 대북 제재에는 북한 핵 문제의 해결 과정을 주도할 순 없더라도 끌려다니지는 않겠다는 전략적 인식의 변화도 깔려 있었다. 다시 말해 중국이 한미일을 주도하지는 못하지만 그렇다고 한미일과 같은 진영에서 북한을 압박하진 않는다는 의미였다. 그러므로 중국은 유엔 제재 결의안 가운데 해상에서의 대북 봉쇄나 북한 정권에 치명타를 안길 수 있는 조치에 기본적으로 반대해왔다. 그러나 한편으로는 이를 역이용해 중국이 독자적인 대북 제재 행보를 강구할 수 있는 정당성을 찾기도 한다.

중국의 기본 입장은 북한 핵을 반대하나 하루아침에 북한에 대한 태도를 180도 바꿀 순 없다는 것이다. 또한 중국은 독자적 행보의 전제 조건으로, "북한은 핵을 확보하는 과정에서 중국의 동북 지역을 오염시키지 않고 환경 안보를 위협하지도 않아야 하며, 한미일은 북한을 직접 공격하지 않을뿐더러 일본과 한국은 핵무기를 추구하지 않아야 하고, 마지막으로 북한과 한미일의 적대 관계는 중국에 의해 조성되지 않는다"는 점을 내세운다. 즉 중국은 한미일을 도와 북한을 고립시킬 의무와 책임이 없으며, 능력이 허용되는 범위 내에서 대북 제재를 진행하는 것이 정당하다고 주장하는 것이다. 반면 그들은 기본적으로 한미일이 변하지 않는 상황에서 이들이 중국의 변화를 요구하는 것은 비합리적이고 정당하지 못하다고 주장한다.

그렇다면 대북 제재의 필요성과 당위성에 대해 중국 스스로의 인식 변화가 있었음에도 불구하고 더 강력하게 이를 추진하지 못하는 이유는 무엇일까? 중국이 독자적인 대북 제재를 집행했음에도 북한의 핵 개발

29) "環球時報: 朝鮮半島風急, 中國更需戰略定力", 『環球時報』, 2013年 2月 16日.

의지를 꺾지 못하고 있는 현실은 결국 중국의 대북 제재가 실제로는 제대로 이뤄지지 않고 있다는 걸 증명해 주는 게 아닐까? 만일 그렇다면 그 이유는 과연 무엇일까?

우선 대북 제재의 적극적이고 완전한 이행이 이뤄질 경우 그것이 가져올 결과, 곧 북한의 붕괴가 불 보듯 뻔해지기 때문이다. 경제 제재의 효과는 제재 대상국이 일정 수준의 경제 규모와 대외 의존도, 교류를 유지하고 있다는 사실을 전제한다. 제재 대상국이 평소 경제적으로 외부와 완전히 고립되어 있지 않아야 제재가 대상국 경제에 실질적인 타격을 줄 수 있는 공간이 마련되고, 나아가 그들의 정치적, 무력적 도발 행위를 효과적으로 억제하는 등의 기대 효과를 거둘 수 있기 때문이다. 하지만 북한의 경우 이런 전제가 성립되지 않는다.[30] 오늘날 북한의 경제는 제재가 효과를 나타낼 만한 '규모의 경제'가 아니면서도 중국에 대한 의존도가 매우 높은 모순적 구조로 되어 있다. 그러므로 흔히 중국이 적극적으로 완성도 높은 대북 제재를 실천하면 상당한 효과를 가져올 것이라 단정한다. 그러나 그럴 경우, 머지않아 북한은 붕괴를 맞이하게 될 것이다. 설령 그렇지 않더라도, 경제 제재가 정권 유지에 지대한 악영향을 미치게 된다면, 그들의 핵 개발 야욕이나 도발 행위는 빠르게 사그라들 것이다. 중국도 이를 피하는 수준에서의 대북 제재는 무의미하다는 사실을 잘 인지하고 있지만, 북한의 붕괴를 유발할 수준의 제재는 사실상 피하고 싶은 것이다.

사실 이는 비단 중국만의 문제가 아니다. 중국을 포함한 주변의 어떤 나라도 북한 붕괴에 대한 대비 태세가 안 되어 있다. 북한의 붕괴는 곧 한국 주도의 한반도 통일을 의미한다. 그러나 중국이 걱정하는 것은 누가

---

30) 북한과는 다른 상황이지만, 90년대 유엔이 제재한 대상국들 대부분이 내전이나 기타의 이유로 국정이 혼란한 쿠데타 국가이거나 테러주의로 고립된 국가들이었다. 따라서 역시 같은 이유로 제재의 효과는 미미했으며, 그 효과는 최후의 수단으로 무력을 동원하거나 동원하기 일보 직전에야 겨우 발생했다. 이들 대상국을 제재할 당시에 제시된 제재 명목과 국가들은 다음과 같다. 항공기 폭탄 테러 연루(리비아), 국정 상황에 대한 특정 세력의 제재나 군부 쿠데타(아이티), 내전(소말리아, 앙골라, 르완다, 라이베리아 시에라리온) 등이다.

주도하느냐가 아니라[31] 한반도 통일 이후의 불확실성과 불투명성이다. 중국은 북한의 붕괴로 한반도 통일이 실현될 때 그것이 한미 동맹의 지속 가능성, 주한 미군의 주둔 문제와 그 성격 변화, 일본과 중국 간의 관계, 대만 해협 및 중국의 통일 문제 등에 미칠 영향에 무척이나 민감하다. 결국 지금 중국으로서는 북한 붕괴를 억제하면서 한반도 통일을 지연하는 것이 최선의 전략인 셈이고, 그런 이유에서 대북 제재를 적극적으로 이행하지 못하는 것이다.

다음으로 중국은 북한과의 동맹 관계를 포기하고 싶어 하지 않는다. 북한의 핵이 설령 중국에게 있어 전략적 부담이나 위해 요소라 하더라도 중국은 북한을 포기하지 않겠다는 의지가 확고하다. 냉전 이후 전문가들은 완충 지역으로서 북한의 전략적 가치와 현존하는 동북아 세력 균형 속에서 북중 동맹이 지닌 전략적 가치 등과 같은 진부한 이유를 들어 북중 동맹의 파기 불가설을 당연시해왔다. 그러나 사실 그보다 더 현실적인 이유는 중국이 아직 북한과의 동맹을 포기할 의사 자체가 없다는 것이다. 21세기 들어서도 중국 외교부 대변인은 북한과의 동맹 조약에서 군사적 성격을 수정할 여지나 동맹을 파기할 정치적 의사가 전혀 없다는 바를 확고히 천명했다. 바로 이런 이유들이 중국 스스로가 대북 제재의 필요성을 인정하면서도 그것을 강력하게 추진하지 못하는 배경이다.

---

31) 박근혜 정부 출범 이후 중국은 한국 주도의 한반도 통일 정책 구상이나 방안을 적극 지지해왔다. 이러한 전례 없는 중국의 지지 입장과 발언은 공산당, 정부와 군 차원에서 이뤄졌다. 2013년 4월 네덜란드에서 박근혜 대통령과 가진 회담에서 시진핑 주석은 박근혜 정부의 '한반도 신뢰 프로세스'를 공개적으로 지지했다. "Xi Jinping Meets with President Park Geun-hye of the Republic of Korea," Embassy of the P.R.C. in Ireland, http://ie.china-embassy.org/eng/zgxw/t1141383.htm, (검색일: 2015년 9월 7일). 또한 중국 입법부의 최고 지도자인 장더장(張德江) 전국인민대표자대회의 상임위원장 역시 2014년 2월 방한 때 한반도 신뢰 프로세스를 공개 지지했다. "張德江： 反對朝鮮半島擁核 支持韓半島信任進程," 『韓聯社』, 2014年 2月 20日. 중국 군부 측에서는 중국 국방부장 창완취안이 2015년 2월 한국을 방문하면서 박근혜 대통령과의 회담 석상에서 중국이 "한반도의 평화적 통일을 구현하는 세력에 한국과 동참할 것을 약속"했다. "President Park emphasizes Chinese support for Korean reunification," Koreanet, February 5, 2015, http://www.korea.net/NewsFocus/Policies/view?articleId=125471, (검색일: 2015년 3월 5일). 탈냉전 시기 이후 장쩌민 시기부터 후진타오 시기까지 중국의 역대 정부가 한반도 평화 통일을 지지한 발언과 입장 표명을 잘 정리한 사료는 陳向陽, "中國對朝鮮半島統一政策淺析," 『亞非縱橫』, 2012年, 第5期, pp. 21-24 참조.

9장

트럼프는
김정은의 귀인이었을까?

- 트럼프의 압박과 대화 병행 전략
- 트럼프, 정상 회담을 전격 수용하다
- 북한은 왜 정상 회담을 받아들였을까

9장 | 트럼프는 김정은의 귀인이었을까?

2018년 6월 12일, 북한과 미국의 정상이 역사적인 회담을 벌였다. 그야말로 지난 70여 년 동안 북한의 숙원이었던 순간이 눈앞에 펼쳐진 것이다. 당시의 상황만 놓고 보면 트럼프 대통령은 김정은 국무위원장에게 '귀인'이 아닐 수 없었다. 간단히 말해 북미 정상 회담은 트럼프가 미국의 대통령이었기에 가능했던 일이었다. 한국의 정의용 당시 국가안보실장도 훗날 트럼프가 북미 정상 회담 제안을 그렇게 쉽게 수락할 줄은 상상하지 못했다며 놀라움을 숨기지 않았다.[1] 트럼프는 대통령이 되기 전인 20여 년 전부터 북한 지도자와 기꺼이 만날 용의가 있다고 호언장담해왔다. 그런 그에게 북한 측의 제안은 절호의 기회였다. 당장 4월에 만나자는 트럼프 대통령의 대답에 정의용이 남북 회담 이후인 5월로 미루자고 제안할 정도로 그는 매우 적극적이었다.[2]

트럼프가 김정은의 귀인으로 나타나기 전까지 북미 양국은 오르막과

1) "유엔사무차장, 트럼프 북미정상회담 의사 2017년말 北에 전달", 『연합뉴스』, 2021년 2월 21일.

2) "트럼프 '북미정상회담 4월' 제안에 정의용 '5월' 역제안…왜?", 『한국일보』, 2018년 3월 9일.

내리막을 반복했다. 때로는 일촉즉발의 상황으로 치달을 때도 있어서 트럼프의 소신과 호언장담은 단순히 허풍으로 여겨질 정도였다. 그도 그럴 것이 트럼프처럼 말도 많고 탈도 많은 미국 대통령은 여태 없었다. 그의 돌출 발언과 행동은 전무후무했다. 국정과 국가 대사에 관한 자기의 의견과 입장을 트위터 등의 SNS에 여과 없이 흘려보내는 그에게 국가 기밀 따위는 아무런 의미가 없어 보였다. 트럼프는 마치 노출증 환자인 양 국정을 거의 실시간으로 대중에 뿌려댔다. 시시각각 올라오는 그의 트위터 발언이 갈수록 갈지之자 행보를 보였음에도 대통령의 노출은 멈출 줄 몰랐다.

그중에서도 우리의 이목을 가장 집중시킨 것은 당연히 북미 정상회담이었다. 특히 사상 첫 회담을 앞두고 트위터로 회담의 취소를 일방적으로 알리는 트럼프의 처사에 세계는 경악을 금치 못했다. 그러면서 며칠 뒤 그는 예정대로 회담이 개최될 것이라고 밝혀 한 번 더 전 세계의 뒤통수를 쳤다. 그 뒤로도 그의 지독한 트위터 사랑은 멈출 줄을 몰랐다. 회담의 성과도 트위터가 대변했고, 미국 국민들에게 앞으로 "북한과의 전쟁은 없을 테니 편히 자라"는 인사를 전한 것도 트위터였다.

트럼프 대통령의 기이한 소통 방식이 전 세계를 혼란에 빠트린 적은 한두 번이 아니었다. 그의 의중은 가늠하기 어려웠고, 그의 발언은 신빙성을 점차 잃어갔으며, 수시로 변하는 입장은 그의 결정과 행동을 예측 불가능으로 몰고 갔다. 많은 이들은 그러한 그의 돌출 행동을 트럼프 특유의 비즈니스 스타일로 이해하려 했다. 힘과 권력을 기반으로 상대방을 위축시켜 선점을 취하는 방식, 이는 그가 대통령이 된 후 외교에서 추구한 '힘을 통한 평화peace through power' 전략의 사상적 배경이었다.

힘과 권력에 대한 그의 신념은 외교 행태에 그대로 투영되었다. 그는 상대방에게 절대로 '약해weak' 보여서는 안 된다는 강박 관념을 지니고 있었으며, 약한 모습을 숨기기 위해 더 강하고 위협적으로 나서길 선호했다. 강도 높은 압박으로 여세를 몰아 상대방을 궁지로 모는 것,

이것이 그가 치킨 게임chicken game을 두려워하지 않는 이유였다. 외교 협상에서 수시로 자국의 힘과 권력을 남발하고 남용하는 행태 또한 세계 누구도 감히 미국에 대적하지 못한다는 확신의 방증이었다.

이런 그의 비즈니스 외교 행태는 자신이 보스boss임을 각인시켜야 한다는 신념에서 출발한다. 그에게 보스는 모든 것을 해결할 수 있는 전지전능한 존재다. 따라서 트럼프에게 있어 주된 외교 대상은 상대국의 정상이었고, 주요 외교 사안은 정상과의 관계였으며, 최고의 외교 방책은 상대방 정상과 친하게 지내며 그를 설득하는 것이었다. 나약함을 숨기고 강인함을 과시하기 위해 때로는 난폭할 정도의 언행이나 심지어 잦은 결정 번복으로 혼란을 야기해 협상을 제 뜻대로 주도하려 하는 행태도 그런 심리의 표출이었다.

북한 문제와 대북 관계에 있어서도 그는 제 신념을 고수했다. 김정은 위원장과는 상호 존중과 호감 아래 모든 것을 이야기할 수 있는 관계이며, 그에 비해 국방부나 국무부는 자기보다 북한을 모른다고 폄훼했다. 김정은을 친구라 부르며 그와의 관계를 비즈니스 하듯이 발전시키고 홍정을 벌였다. 정상회담 개최 결정 후, 트럼프 대통령은 김정은 위원장의 공로를 선전했고, 자신의 외교 능력을 성공적인 비즈니스라 찬양하는 데 주저하지도 않았다. 자신과 김정은의 만남이 북한의 핵 실험과 ICBM 미사일 시험 발사를 막았으며, 전임 대통령 누구도 올리지 못한 성과를 자신은 거둘 수 있다고 자찬한 것은 이의 연장이었다.

보스 인식이 확고한 그는 언론의 주목publicity과 노출exposure을 즐겼다. 사상 첫 북미 정상 회담을 앞두고 진행된 밥 우드워드와의 인터뷰가 이를 고스란히 반영했다.[3] 트럼프는 전 세계 언론의 '라임라이트lime light, 스포트라이트'를 받으며 자신의 외교 성과를 그 어떤 방식보다 더 '경제적'으로 알릴 수 있다고 장담했다. 저비용, 고효율이라는 최고의 가성비로 광고할

---

3) Bob Woodward, Rage 참조.

수 있는 최적의 기회임을 강조한 것이다.

트럼프의 보스 기질은 동맹 문제에서도 그대로 드러났다. 트럼프식 비즈니스의 연장선상에서 동맹의 최고 가치는 의리와 신뢰다. 그렇다고 해서 동맹의 가치를 무조건 과소평가하고 폄훼한 것은 아니다. 그에게 동맹의 가치 판단 기준은 "누가 우리(미국)를 위해 목숨을 내어 줄 수 있느냐Who's going to stick their knack out for us?"에 있었다. 미국을 위해 동맹이 희생할 수 있겠냐는 반문은 동맹 문제가 나올 때 그가 내뱉는 단골 발언이었다. 트럼프가 이렇게 반문하는 이유는 간단하다. 그는 동맹의 방위와 국방을 위해 미국은 희생할 각오가 되어 있으나, 동맹국은 그렇지 않다고 확신했다. 기실 미국이 치른 전쟁에 동맹의 참여는 극히 드물었다. 가령 북대서양 조약 기구NATO, 나토군은 나토가 집단 안보 체제로 창설된 지 45년 만인 1999년에야 처음으로 미국의 코소보 군사 작전에 참여했다. 베트남 전쟁 이후로 미국의 전쟁에 일관되게 참전한 동맹국은 영국이 유일했다.

그가 동맹국과의 연합 군사 훈련을 반대하는 이유도 같은 맥락이었다. 미국이 치른 전쟁에 미국의 동맹이 파병과 참전을 결정한 사례는 드물었고, 군사적 혹은 경제적으로 동참해도 규모가 작아 미국의 승리에 기여도가 낮았으며, 결정적이지도 않았다. 전쟁의 승리는 철저히 미국의 압도적인 무기 체계에 의한 것이었다. 더욱이 미국과의 동맹이란 사실만으로도 동맹국 내에서의 전쟁 발발 가능성이 현저히 낮아지는 상황에서 그는 연합 군사 훈련의 당위성과 필요성을 납득하지 못했다.

물론 한반도는 미국의 동맹 국가들 중에서 전쟁 발발의 가능성이 제일 높은 곳이다. 하지만 앞 장에서 살펴봤듯이 미국이 실제로 북한을 선제타격하거나 여타의 군사 작전을 감행하기에는 너무나 많은 현실 장벽이 존재하기 때문에 전쟁 발발 가능성은 도리어 낮다는 논리가 항상 역으로 작용한다. 미국이 상당한 희생을 감당할 용의가 없는 한 최선의 차선책은 억지력 발휘뿐이다. 주한 미군과 한미 동맹의 존재만으로 대북 억지력은 충분하다는 것이다. 트럼프가 우리 측의 분담금을 대폭 인상하려

했고, 한미 연합 군사 훈련을 평가 절하한 이유가 여기 있다.

흥미롭게도 그러한 그의 독특한 외교적 신념과 사고가 사상 최초의 북미 정상 회담 개최라는 역설을 이끈 동력이었다. 하지만 자신만의 확고한 외교적 신념과 가치관으로 비즈니스 하듯이 외교 협상에 나선 트럼프마저 대북 협상에서는 결실을 보지 못했다. 신출귀몰한 협상의 달인인 트럼프라도 미국 대통령의 한계, 즉 미국 대통령은 미 의회의 견제를 받아야 하기 때문에 자기 마음대로 거래를 마무리할 수 없다는 구조적 제약에서 벗어날 수 없었기 때문이었다. 그 역시도 지킬 수 없는 약속으로 정치적 위험을 안고 가는 도박은 할 용의가 없었다.

트럼프의 압박과 대화 병행 전략

트럼프는 오래전부터 북미 정상 회담에 자신감을 갖고 있었다. 심지어 대통령이 되기 훨씬 전인 1999년 10월에도 미 NBC 방송의 「Meet the Press」와의 인터뷰에서 북한의 지도자와 만나면 "미친 듯이 협상할 것negotiate like crazy"이란 소신을 전했다.[4] 대선 유세 기간에도 "김정은과 대화하는 데 아무런 문제가 없을 것"이며,[5] 심지어 그와 햄버거를 먹으며 대화할 용의도 있다는 발언으로 자신의 오랜 염원과 자신감을 그대로 드러냈다.[6]

그러나 그는 취임 직후인 2월부터 대북 선제공격을 위한 군사 작전을 마련하기 시작됐다. 과거의 발언과는 분명 모순되는 대목이었다. 하지만

---

4) "Trump Interview," Meet the Press, October 24, 1999.

5) "Exclusive: Trump would talk to North Korea's Kim, wants to renegotiate climate accord," The Reuters, May 18, 2016, https://www.reuters.com/article/us-usa-election-trump-exclusive-idUSKCN0Y82JO (검색일: January 30, 2021).

6) "Trump: I'll meet with Kim Jong Un in the U.S." The Politico, June 15, 2016.

그렇게 판단하는 것은 다수의 관찰자가 무언가를 간과함으로써 벌어진 오류다. 그들은 북한 지도자와 만날 용의가 있다는 트럼프의 발언에만 매몰된 나머지 그가 강조한 만남의 전제를 대수롭지 않게 넘겨버렸다. 일례로 1999년의 인터뷰 당시 그는 북한 지도자와의 만남만을 주장하진 않았다. 만남을 추진하는 동시에 북핵 해결 방법으로 군사 공격과 제재 등을 포함한 최대 압박의 병행 역시도 강조했다. 다시 말해 북한에 최대한 압박을 가하여 회담에 유리한 상황을 우선 조성한 후에 회담을 추진하겠다는 것이다.

그런 의미에서 취임 첫해에 트럼프 대통령이 북한에 취한 이중적인 입장은 충분히 이해될만하다. 그는 대화의 실마리와 주도권을 잡기 위해 김정은 위원장을 압박했고, 그 수단으로 군사적 위협을 선택했다. 갈수록 압박 수위는 급격히 상승했으며, 그 덕분에 2017년 내내 한반도 위기설이 끊이지 않았다. 그가 북한을 선제타격하려 시도한 사례는 보도된 것만 무려 네 차례였다.

북한도 한 치의 물러섬이 없었다. ICBM급 미사일 시험 발사를 부단히 진행했고, 급기야 9월에는 6차 핵 실험도 단행했다. 그러자 트럼프의 발언도 극단을 오갔다. 2017년 5월에는 어떠한 상황에서라도 김정은을 만나게 된다면 영광이라고 하더니, 8월에는 북한이 계속 미국을 협박한다면 생전에 경험해 보지 못한 '화염과 분노'를 맛볼 것이라고 위협했다.

과거의 인터뷰 기사들을 살펴보면 트럼프는 중국을 이용해 북핵 문제를 해결하고자 하는 계산이 있었다. 북한의 비핵화는 물론 김정은과의 대화와 협상, 나아가 그를 제거하는 데 있어 선의에서든 악의에서든 중국은 이용 가치가 있다는 게 그의 논리였다. 그리고 그 수단으로 미국이 중국을 경제적으로 압박하는 레버리지를 꼽았다.[7] 당시 북한이라는 요인은 그의

7) Bob Woodward, Fear: Trump in the White House, p. 279.

대중국 무역 압박 정책을 이끈 근간이었다. 그러나 이 역시 훗날에는 번복되었다. 2019년 트럼프 대통령은 중국과의 무역 협상이 순조롭게 흘러가자, 대북 제재를 포함한 북핵 문제 해결에 있어 중국의 소극적인 자세를 무기 삼아 북경을 비난하지 않기로 마음을 바꿨다. 더 이상 북한 문제가 중국과의 협상에 걸림돌이 되어서는 안 된다고 판단했기 때문이었다. 실제로 당시 그는 중국 관련 연설문이나 무역 협상 의제에서 북한에 대한 언급을 배제하라고 요구했다.[8)]

하지만 2017년 봄에만 하더라도 맥매스터 국가 안보 보좌관이 대통령의 지시로 제출한 대북 압박 캠페인에 관한 전략 보고서에는 북한과 중국을 압박하여 북핵 협상을 벌임으로써 ICBM 개발을 중단시키는 내용이 핵심으로 자리하고 있었다. 그리고 보고서는 북한을 압박하기 위해 재무부와 국무부에 더 강화된 제재와 압박 외교를 요구하고, 국방부에는 군사적 침투 작전을 마련하고 수행하는 책무를 맡기는 것을 제안했다. 해당 보고서상의 침투 작전명은 '블루 라이트닝[Blue Lightning]'으로, 북한 영공을 침입하는 이 작전은 오바마 시기에 검토되었던 제한적인 사이버 공격까지 포함했다. 국가 안전 보장 회의에 참석한 맥매스터 보좌관은 작전 계획 수립의 전제로 북한을 절대 핵보유국으로 용납할 수 없다는 대통령의 의지를 강조했다.

2017년 내내 북한의 미사일 발사 시험과 핵 실험이 끊이지 않자, 미국의 대북 제재 또한 강경해져만 갔다. 미국은 세 개의 신규 결의안(2356호, 2375호, 2397호)을 채택한 유엔과 별도로 독자적인 제재를 계속 추가해, 미국인의 북한 방문 제재[9)]를 필두로 8월에는 적대국 대응 제재 조치를 채택했다.[10)] 9월에는 트럼프가 세컨더리 제재 성격의 『대통령 행정 명령

8) Bob Woodward, Rage 참조.

9) "U.S. State Department to clamp ban on travel to North Korea," Reuters, July 21, 2017.

10) "A look at the issues at stake ahead of Trump and Putin's summit," CNBC, August 14, 2018.

13810호』에 서명했는데,[11] 여기에는 제재 위반 활동에 연루된 것으로 의심되는 북한의 12개 기관과 고위급 인사 7명, 선박 6척 등이 포함됐다.[12] 북한인의 미국 방문을 불허하는 제재 역시 곧이어 통과됐다.[13]

이러한 트럼프의 대북 강압 정책은 채택한 신규 제재 건수에서도 고스란히 드러난다. 트럼프 행정부가 첫 2년 동안 채택한 신규 제재는 총 236건이었다. 이는 역대 미국 행정부가 취한 총 누적 건수 466건 중 무려 절반 이상을 차지했다. 그는 북미 정상 회담 이후에도 경제적 압박을 지속했는데, 특히 2018년 8월 3일 이후에 취한 여섯 차례의 제재는 대상 범위를 북한이라는 '국가' 이상에 둠으로써 세컨더리 보이콧 성격으로 전환되었다는 점에 주목할 필요가 있다. 이와 관련해 2018년 9월 25일 트럼프는 유엔 총회 연설을 통해 대북 제재에 대한 강경한 의사와 입장을 아낌없이 표출했다.[14]

트럼프 행정부의 대북 군사 압박은 한미 군사 연합 훈련과 선제타격을 암시하는 군사적 언행, 이 두 가지 경로를 통해 이뤄졌다. 2017년 6월 한미 정상 회담 이후 한국이 사드 발사대를 추가 배치하고, 곧이어 미국 무기의 대량 구매를 결정한 것 역시도 그 일환이었다.[15]

---

11) "Executive Order 13810 of September 20, 2017: Imposing Additional Sanctions with Respect to North Korea," Presidential Documents, Federal Register, Vol. 82, No. 184, September 25, 2017, pp. 44705-44709. https://www.treasury.gov/resource-center/sanctions/Programs/Documents/13810.pdf (검색일: 2017년 9월 28일).

12) "트럼프 행정부 대북 독자 제재, 취임 이후 총 236건", Voice of Korea, 2018년 10월 6일, https://www.voakorea.com/a/4601822.html (검색일: 2018년 11월 29일.)

13) "US expands travel ban to include N Korea," BBC News, September 25, 2017.

14) "트럼프 유엔연설 '대북 제재 계속 유지'", 『매일경제』, 2018년 9월 26일.

15) "美, '韓에 미국산 무기 판매' 연이어 공개 언급…사드 비용 압박 나서나," 『헤럴드경제』, 2017년 9월 5일; "한미 정상 '미군 최첨단 무기, 한국 구매 합의'", 『아시아투데이』, 2017년 9월 22일. 2017년 트럼프 방한 당시 한국이 약속한 구매 규모는 최저 7억 달러에서 최고 9억 달러로 추정된다. "트럼프 방한과 함께 공개된 문재인 정부 '무기 구매 리스트'", 『비즈한국』, 2017년 11월 7일. 트럼프는 방한 중 한국이 수십억 달러어치의 무기를 구매한 것에 감사의 말도 잊지 않았다. "한국 미사일 족쇄 풀려, 美 정찰 자산 도입", 『이데일리』, 2017년 11월 7일.

앞서 언급했듯이 트럼프는 동맹국과의 연합 군사 훈련에 부정적이었다. 하지만 북한의 계속된 핵 위협 속에서 군사 훈련은 불가피했다. 따라서 한미 군사 당국은 북핵 공격에 대비한 군사 훈련을 강화해 기존의 '키리졸브' '독수리 훈련Foal Eagle', '을지 프리덤 가디언Ulji Freedom Guardian' 합동 군사 훈련 이외에 '맥스 썬더Max Thunder' 군사 훈련을 추가했다.[16] 그에 덧붙여 매년 12월에 진행되는 '비질런트 에이스Vigilant ACE' 훈련엔 전투기 260대와 F-22, F-35A 스텔스기까지 동원되어 공중전을 대비했다. 일본을 포함한 한미일 3국의 미사일 경보 훈련은 2016년 6월과 11월의 2차례에 이어 2017년엔 무려 4차례(1, 3, 10, 12월)나 진행됐다.

트럼프, 정상 회담을 전격 수용하다

오늘날까지 트럼프 대통령은 1차 북미 정상 회담에 합의한 이유를 철저히 비밀에 부쳐왔다. 2018년 12월 13일에는 『분노Rage』라는 책을 집필 중이었던 밥 우드워드 기자가 트럼프에게 이 비밀을 캐물었다. 그러나 영악한 트럼프는 동문서답으로 즉답을 피하면서 "매우 복잡한 문제"라고 일축했다. 그리고 미국이 왜 지구 반대편에 있는 한국의 방위를 위해 희생해야 하는지 불만을 토로했다. 우드워드는 이에 굴하지 않고 집요하게 같은 질문을 파고들었다. 그러자 트럼프는 북미 회담이 최고의 가성비를 지닌 광고였다고 딴청을 부렸다. 수백 대의 카메라가 두 정상의 모습을 전 세계로 송출한다면, 그야말로 돈 한 푼 안 드는 홍보 기회가 될 거라는 것이었다.

---

16) "U.S. may preemptively strike North Korea: report," The Marketwatch, April 13, 2017, https://www.marketwatch.com/story/us-may-preemptively-strike-north-korea-report-2017-04-13 (검색일: 2017년 4월 18일); and "North Korea warns U.S. of 'super-mighty pre-emptive strike' as tensions mount," Rueter, April 20, 2017.

따라서 트럼프가 정상 회담에 합의했던 정확한 속내는 정황 근거만으로 추론해 내야 하는 것이 사실이다. 그러나 당시 평창 올림픽이라는 세계적인 행사를 앞두고, 북미 양국이 치킨 게임을 끝내야 할 사정이 있었다는 건 분명하다. 더구나 북한은 부단히 강화된 제재로 인해 상당한 경제적 고충을 겪고 있었다. 결과적으로 트럼프와 김정은의 용단이 판세를 뒤집은 셈이었다.

구체적으로 돌아보면, 2018년 새해 벽두부터 북미 양국의 위협 기류에 변화가 일기 시작했다. 북한은 1월 1일 신년사를 통해 평창 동계 올림픽의 성공적인 개최를 기원하면서, 이에 일조할 의사뿐만 아니라 참가 의향까지 밝혔다.

> "남조선에서 머지않아 열리는 겨울철 올림픽 경기 대회에 대해 말한다면, 그것은 민족의 위상을 과시하는 좋은 계기가 될 것이며, 우리는 대회가 성과적으로 개최되기를 진심으로 바랍니다. 이러한 견지에서 우리는 대표단 파견을 포함하여 필요한 조치를 취할 용의가 있으며, 이를 위해 북남 당국이 시급히 만날 수도 있습니다... 한 핏줄을 나눈 겨레로서 동족의 경사를 같이 기뻐하고 서로 도와주는 것은 응당한 일입니다."[17]
>
> - 2018.01.01. 국무위원회 위원장 김정은 -

그러자 남북 관계 개선과 한반도 정세 전환의 모멘텀을 살리기 위한 남북의 노력이 급물살을 타기 시작했다. 올림픽 폐막 이후 남북한 고위급 인사 간 교류가 진행된 데 이어, 3월 5일에는 정의용 당시 국가안보실장이 북한을 방문했다. 남북 정상 회담의 추진과 더불어 북미 정상 회담의 개최까지 모색하기 위해서였다. 그리고 머지않아 그는 4월 남북 정상 회담 개최 합의와 김정은 위원장의 북미 정상 회담 개최 의사라는 성과물을

17) "[전문] 北 김정은 2018년 신년사", 『중앙일보』, 2018년 1월 1일.

들고 미 백악관을 찾았다.

그가 트럼프와 국가 안전 보장 회의의 핵심 인사들에게 전한 김정은의 메시지는 크게 네 가지였다. 첫째는 비핵화 의지. 둘째는 모든 핵과 미사일의 시험 발사 자제. 셋째는 한미 연합 훈련의 지속 가능. 마지막은 김정은이 트럼프와의 만남을 '갈구eager to meet'한다는 소식이었다. 이에 참석자들 가운데 맥매스터 국가 안보 보좌관은 고모부를 죽인 인물의 말은 조심해야 한다고 지적했다.

그러나 맥매스터의 경고에도 불구하고 트럼프는 그 자리에서 즉각 회담을 수락한다. 정 실장의 보고가 끝나기 무섭게 "김정은을 만날 용의가 있다"고 선포한 것이다. 곧이어 "못 할 게 뭐 있어Why not?"라고 반문한 그는 정 실장에게 손짓하며 "(당신이) 가서 직접 발표하시오"라고 전했다. 그래서 트럼프의 보좌관과 함께 백악관 정원으로 나온 정의용 실장은 저무는 해를 등진 채 트럼프 대통령이 김정은 위원장의 회담 제안을 수락했음을 발표했다.

트럼프의 결정에 대해 백악관 내부에서 우려의 목소리가 없었던 것은 아니다. 일각에서는 회담 제안을 덥석 물어버린 대통령의 언행이 자칫 김정은에게 레버리지로 작용할 수 있다고 경고했다. 이후 트럼프는 당시를 회고하며 "내가 뭘 한 줄 아시오?" "별거 아니오. 딱 한 가지, 만나는 것이었소. (만남은) 이틀 밖에 안 걸렸소. (아무튼) 난 만났으며, 아무것도 양보하지 않았고, 제재도 포기하지 않았소. 난 준 게 아무것도 없소, 오케이? 아무것도 주지 않았단 말이오"라고 자신의 결정을 설명했다.

과연 이런 마음 자세 덕분에 북미 회담이 성사된 걸까. 무엇보다 김정은 위원장의 처음 약속이 트럼프 대통령의 마음을 강하게 잡아끈 것은 사실로 보인다. 정의용 실장의 보고를 들으며 그는 북한과의 직접 거래를 계산했을 것이다. 이는 2017년 8월과 10월에 중국과의 '빅딜'을 통해 북핵 문제를 해결하자고 제안했던 헨리 키신저 전 국무 장관의 구상에

종지부를 찍는 것이었다.[18] 1970년대 초반 키신저는 그러한 전략을 활용해 베트남과 대만에 주둔 중인 미군을 철수하겠다는 용단을 내림으로써 미중 관계를 개선으로 이끌었다. 그 산증인이었던 키신저가 이번엔 북한 유사시 중국의 개입을 용인하고, 주한 미군을 철수함으로써 비핵화를 달성하자고 제언했던 것이다.

그러나 그것은 50년 전 미중 관계에서나 통할 법한 해법이었다. 당시 미국은 대중국 관계 개선의 명제로 베트남 전쟁에서의 '명예로운 철수'와 소련 견제를 위해 '중국 카드'를 이용하는 방안을 내세웠다. 전쟁이라는 늪으로부터 신속히 벗어나야 한다는 압박이 미국의 대중 정책을 자극한 결과였다. 문제는 미국이 제시한 해법이 중국의 전략 이익 요구를 충족시킬뿐더러 협상의 주도권마저 중국에 넘겨버린 데 있었다. 결과적으로 중국 정부는 베트남과 대만에서의 미군 철수를 관철시킨 동시에 대소련 억제에 필요한 '미국 카드'를 확보했다. 반면 더 다급하고 아쉬운 입장이었던 미국은 중국에 일방적으로 끌려 다니며 협상에 임하는 나쁜 선례를 남겼다.

20세기의 방식으로 21세기 북핵 문제를 해결하려는 키신저의 빅딜 구상은 명제부터 지적해야 한다. 21세기 북미 관계의 명제는 북한의 체제 보장과 비핵화이다. 그리고 이 과정에서 미국의 강도 높은 제재와 압박으로 아쉬운 쪽은 북한이 되었다. 북한이 핵 실험에 성공하고 ICBM으로 미국을 위협할 수 있게 되었음에도 상황은 매우 역설적으로 변모했다. 1, 2차 북핵 위기 사태 때와는 정반대의 양상인 것이다.

실제로 북미 정상 회담의 개최가 결정되면서 트럼프 백악관의 분위기는 키신저의 생각과 정반대로 돌아가기 시작했다. 최대의 압박과 다양한 (군사적) 관여 전략이 효력을 보이면서 '시간은 우리 편'이라는

---

18) Henry Kissinger, "How to Resolve the North Korea Crisis," The Wall Street Journal, August 11, 2017.

인식이 팽배해졌다. 대북 압박의 강도는 역대 어느 행정부도 시도해 보지 못한 수준이었고, 그 효과는 상당했다. 그만큼 백악관의 자신감은 하늘을 찔렀다. 키신저가 제시한 빅딜로 미국의 동아시아 전략 이익을 훼손하면서까지 중국과 타협해야 할 필요가 없어진 것이다. 무엇보다 북한이 먼저 정상 회담을 제안했다는 사실이 백악관의 자신감을 더욱 상승시켰다. 미국은 이를 북한이 압박에 굴복하여 백악관에 '구조 요청'을 보낸 것으로 받아들였다. 이 대목에서 우리는 북미 정상 회담에 대해 우리 정부가 주장한 '중재자' 역할을 재평가할 필요가 있다.

사실 북미 정상 회담의 개최는 트럼프가 북한에 압박을 가하는 한편, 대화를 암시하는 메시지를 다양한 경로를 통해 부단히 전달한 과정의 결과였다. 그리고 그 결과는 이미 연말부터 드러나기 시작했다. 가령 2017년 12월 유엔 정무 담당 사무차장인 제프리 펠트먼Jeffrey Feltman이 북한을 전격 방문했을 때, 생각보다 긴 그의 체류 기간(12월 5~9일)은 모두의 의구심을 불러일으켰다. 평창 올림픽 참가를 촉구하는 것 이상으로 더 중대한 협상 의제를 가지고 방문한 것이 아니냐는 추론이 떠돌았던 것이다.[19] 그의 방문에 맞춰 나온 렉스 틸러슨 국무 장관의 발언도 그런 추측을 더욱 부추겼다. 그는 미국이 북한과 무조건적인 회담을 준비하고 있음을 공식 발표했다.[20] 그 무렵은 북미 간의 긴장 관계가 최고조에 달해 있던 시기였다. 하지만 펠트먼의 방문과 틸러슨의 발언은 그럼에도 북미 양국 간에 우리가 모르는 비밀 소통 채널이 가동되고 있음을 시사했다. 김정은에게 평창 올림픽에 참가할 수 있는 정치적 명분을 제공한 것은 이러한 미국 측의 접촉과 메시지였다.

---

19) 이후 펠트먼이 영국 「BBC」와 가진 인터뷰에 따르면, 트럼프는 유엔의 안토니우 구테흐스 사무총장과 만난 자리에서 "펠트먼이 평양에 반드시 가야 합니다. 그리고 제가 김정은과 기꺼이 마주 앉겠다는 뜻을 북한 측에 말해야 합니다"라며 북한에 메시지를 전해달라고 요청했다. "유엔사무차장, 트럼프 북미정상회담 의사 2017년말 北에 전달", 『연합뉴스』, 2021년 2월 21일.

20) "Tillerson offered unconditional talks with North Korea. Now what?" PBS News Hour, December 13, 2017.

북미 정상이 주고받은 서신 역시 양국의 비밀스러운 소통 채널이 존재함을 암시했다. 2018년 6월의 1차 북미 정상 회담 이후 2019년 여름까지 두 정상이 서신을 교환한 건 무려 27차례에 달한다. 사람들은 이런 서한이 양국 간 특사나 고위 인사의 방문을 통해 전해지는 줄로만 알았으나, 그것은 오판이었다. 그들의 공식 방문 횟수는 그 정도로 잦지 않았다. 또 다른 경로가 있었던 것이다.

트럼프는 김정은과의 단독 회담을 특히 원했다. 김정은 역시 마찬가지였다. 이런 그들에게 회담 제안은 기쁜 소식이었다. 그러나 미 행정부는 북한이 (비핵화를 향해) 행동을 개선할 때까지 지켜보자고 요구했다. 틸러슨 국무 장관은 북한에게 더 이상 핵이나 미사일 실험을 해서는 안 된다는 조건을 걸자고 주장했다. 하지만 그의 주장은 도리어 그의 사임을 불러오는 근간이 되었다.

2018년 3월 31일, 틸러슨 사임 이후 신임 국무 장관으로 내정된 마이크 폼페이오 당시 CIA 국장이 평양에 도착했다. 방문 목적은 두 가지였다. 북한 노동당 부위원장 김영철과 정상 회담에 관련된 사전 준비 회의를 진행하고, 김정은을 만나 그의 약속을 직접 확인하는 것이었다. 일단 폼페이오 국장은 김영철을 만나 김정은의 4가지 약속을 재확인했다. 뒤이어 김정은과 만난 자리에서 폼페이오가 던진 첫 질문은 그의 비핵화 의지였다. 한국 정부를 통해 전한 비핵화 약속이 진심인지 미국은 확답이 필요했다. 이에 김정은은 "난 아버지요. 나는 내 아이들이 핵무기를 평생 안고 가는 것을 원하지 않습니다. 그래서 예스Yes입니다"라고 답했다. 이어서 두 사람은 양국 모두 긴장 국면이 상승하길 원치 않음을 확인했다. 누구에게도 도움이 되지 않는다는 데 인식이 일치한 것이다. 이는 북한과 미국 두 나라가 해결책을 찾아야 한다는 데 이견이 없다는 의미였다.

이미 비핵화에 대한 북한 정상의 의지를 확인한 상태에서 폼페이오 국장은 회담 준비를 위한 실무 회담을 시작하자고 제안했다. 정상 회담의 의제를 조율하기 위해서였다. 그는 김정은도 이에 동의하는 모습을 보였다고 전했다. 뒤이어 미국의 의제를 암시하듯 폼페이오 국장은 북한 내 주요 핵 시설의 위치가 담긴 리스트를 북한과 교환했다. 당시까지만 해도 CIA 국장이었던 그는 미국이 자체 파악한 북한 핵 시설 자료를 제시했고, 북한 역시 내부 자료를 공개했다. 이는 북미 간 비핵화 협상이 표면 위로 드러난 것보다 훨씬 더 속도감 있게 진행해 왔음을 방증한다.

양국 정상의 기대를 고무시킬 서신도 빠르게 전해졌다. 폼페이오가 건넨 트럼프의 친서에 김정은은 만남에 대한 기대가 담긴 회신 서한을 건넸다. 그는 트럼프와의 만남에 마음이 열려있다고 답했고, 트럼프는 4월 3일에 즉각 보낸 회신을 통해 그 역시 김정은의 모든 말에 동의하며 두 나라는 세계에 역사적인 순간을 보여주게 될 것이라고 기대감을 한껏 드러냈다. 이후 1차 북미 정상 회담을 위한 실무 회담이 곧 시작됐다.

북한은 왜 정상 회담을 받아들였을까

당시만 하더라도 미국과 국제 사회의 강한 대북 제재로 북한 경제는 고전을 면치 못하고 있었다. 2018년 신년사에서 김정은 위원장은 '핵(22차례)'에 이어 '경제(21차례)'라는 단어를 가장 많이 언급함으로써 경제 건설에 총력을 다하겠다는 결의를 드러냈다.[21)]

> "국가 경제발전 5개년 전략 수행의 세 번째 해인 올해 경제전선 전반에서 활성화의 돌파구를 열어 제껴야 하겠습니다. 올해 사회의주의 경제 건설에서 나서는 중심 과업은 당 중앙위원회 제 7기 2차 전원회의가 제시한 혁명적 대응전략의 요구대로 인민경제의 자립성과 주체성을 강화하고 인민생활을 개선 향상시키는 것입니다. …(중략)… 경공업 공장들이 설비와

21) "[김정은 신년사]'핵' 단어 22차례 '경제' 21차례 언급", 『경향신문』, 2018년 1월 1일.

생산공정을 노력절약형 전기절약형으로 개조하고 국내 원료와 자재로 다양하고 질 좋은 소비품들을 더 많이 생산 공급하며 도심 군들에서 자체의 원료원천에 의하여 지방 경제를 특색있게 발전시켜야 합니다. …(중략)… 과학연구 부문에서는 우리식의 주체적인 생산공정들을 확립하고 원료와 자재, 설비를 국산화하며 자립적 경제구조를 완비하는데서 제기되는 과학기술적 문제들을 우선적으로 풀어나가야 합니다. …(중략)… 내각을 비롯한 경제지도 기관들은 올해 인민경제 계획을 수행하기 위한 작전안을 현실성있게 세우며 그 집행을 위한 사업을 책임적으로 완강하게 내밀어야 합니다."[22)]

- 2018.01.01. 국무위원회 위원장 김정은 -

4월 첫 남북 정상 회담 이후로 김정은의 경제 행보는 더욱 바빠졌다. 7, 8월 두 달 사이에 그는 경제 시설 및 공장 30여 곳을 시찰했다.[23)] 지속적인 경제 제재로 대내외적인 경제 상황이 악화일로를 벗어나지 못하고 있음을 보여주는 대목이었다. 특히 대중국 무역이 고전을 면치 못하면서 경제 상황은 더욱 힘들어졌다. 2015년 북한의 대외 무역 규모가 단가 하락을 이유로 6년 만에 감소세를 보인 가운데, 대중 교역 규모(57.1억 달러)는 전년 대비 16.8% 감소했다.[24)] 2017년엔 대북 제재로 그 규모가 전년도의 58.3억 달러로부터 8.5억 달러, 즉 14.5%가 감소한 49.8억 달러를 기록했다. 그 가운데 대중 수입은 전년 대비 4.3% 소폭 증가한 반면, 수출은 37.5% 큰 폭으로 감소했다.[25)] 북한의 GDP 역시 1998년 고난의 행군 종결 이후 20년 만에 처음으로 최저 성장률(-3.5%)을 경신했다.

---

22) "[전문] 北 김정은 2018년 신년사", 『중앙일보』, 2018년 1월 1일.

23) "김정은, 비 맞으며 공장 30곳 시찰…北 경제에 무슨 일?", 『조선일보』, 2018년 8월 28일.

24) "작년 북한 무역 63억 달러…6년 만에 감소", 『연합뉴스』, 2016년 6월 15일.

25) 최정호, "2017년 북·중 무역 평가와 향후 전망", 『오늘의 세계 경제』, 2018년 2월 23일 Vol. 18 No. 6, 4쪽. 특이 사항으로 중국 세관은 2014년부터 대북 수출에서 원유 통계를 제외하고 있다. 이를 고려하면 2017년 북한의 대중 수입은 평년대비 다소 감소한 것으로 해석할 수 있다.

트럼프라는 인물이 미국의 대통령으로 당선된 사실도 결과적으로 북한이 미국과의 정상 회담을 받아들인 또 하나의 원인이었다. 김정은에게 있어 트럼프는 자신의 군사적 요구를 수용해준 그야말로 귀인이었다. 북한은 미국 정부를 향해 시종일관 한미 연합 군사 훈련의 중단을 요구해왔다. 그러나 1차 북핵 위기 사태 당시에 한시적으로 중단된 것을 제외하고 미국 측이 이를 받아들인 적은 없었다. 반면 트럼프는 달랐다. 물론 자신의 신념과 관념에 따른 결정이었지만, 그는 북한의 "요구대로" 한미 연합 군사 훈련을 중단했다. 앞서 언급했듯 동맹과의 연합 군사 훈련에 대한 그의 가치관이 기존의 미국 대통령들과는 달랐기 때문이다.

김정은과의 치킨 게임이 마무리될 조짐이 보이자, 트럼프는 한미 연합 군사 훈련에 대한 자신의 회의론을 현실 정치에 반영하기 시작했다. 더욱이 대북 군사 행동은 현실적으로 불가능하다고 인식하게 되면서 기존의 대북 강경 정책에 조정이 불가피해졌다.[26] 때마침 나온 한국 정부 측의 제안도 그에게 힘을 보태주었다. 2017년 11월에 한국 정부 내에서 올림픽 기간 동안 북한의 도발을 방지하는 차원에서 한미 연합 군사 훈련을 조정하자는 방안이 논의된 데 이어[27] 12월 19일에는 훈련의 축소를 요청했던 것이다.[28] 그러자 이듬해 1월 4일 미국은 한미 연합 군사 훈련의 일시적 중단을 우리 측에 통보했고, 키 리졸브, 독수리 훈련, 을지 프리덤 가디언 훈련 등도 모두 연기됐다. 그리고 이에 부응하듯 북한은 평창

---

26) "Trump Team Mulls Giving North Korea a 'Bloody Nose,' Betting Kim Won't Retaliate," New Yorker Magazine, January 9, 2018, http://nymag.com/intelligencer/2018/01/trump-officials-mull-north-korea-strike-bloody-nose.html (검색일: 2018년 1월 13일); "Donald Trump may be bluffing over a pre-emptive strike on North Korea," Economist, January 27, 2018, https://www.economist.com/briefing/2018/01/27/donald-trump-may-be-bluffing-over-a-pre-emptive-strike-on-north-korea (검색일: 2018년 1월 28일); and "Democratic senators: Trump lacks 'legal authority' for preemptive, 'bloody nose' strike on North Korea," Washington Post, February 5, 2018.

27) "평창올림픽 기간에 한미군사훈련 중단할 듯", 『서울경제』, 2017년 11월 23일; "[뉴스해설] 평창올림픽 기간 미·한 연합훈련 중단, 북한 도발 자제가 관건", 『VOA Korea』, 2017년 11월 24일.

28) "'한·미 연합훈련, 평창올림픽 뒤로' 문 대통령 미국에 제안", 『한겨레』, 2017년 12월 19일.

올림픽 기간 중 예고 없는 도발을 감행하지 않았다.

그 결과 2018년 6월 트럼프와 김정은 두 정상은 각자의 자신감을 안고 싱가포르에서 조우했다. 2017년 한 해를 인신공격과 설전을 주고받으며 서로의 힘을 과시하는 대결의 시간으로 보냈기에 세계는 북미 양국이 화해의 손을 맞잡고 획기적인 합의를 도출해 내기를 희망했다. 그러나 현실은 약간의 사과와 앞으로 잘해보자는 식의 대화만 오갔을 뿐 그러한 기대와는 너무나 거리가 멀었다.

10장

북미 정상 회담이 탁상공론에 그친 까닭

- 이미 충분한 합의문이 되레 북미 정상을 저지하다
- CVID를 향한 두 나라의 온도차
- 하나로는 안 되고 다섯 개 모두여야 하오

10장 | 북미 정상 회담이 탁상공론에 그친 까닭

미국의 트럼프 대통령과 북한 김정은 위원장 간의 회담은 지난 75여 년 동안 양국의 어느 지도자도 하지 못한 것이었다. 일 년 사이에 두 차례나 이뤄진 두 사람의 만남은 북한의 오랜 숙원을 풀어주고, 트럼프의 20년 호언장담을 실현시켜준 획기적인 사건이었다. 그러나 요란한 잔칫집에 먹을 게 없다는 말처럼 막상 두 지도자들은 만남에서 어떠한 합의도 일궈내지 못했다. 첫 회담 때 『싱가포르 선언』을 발표했지만, 이들의 합의 정신이 담겼다고 하기는 무색하다. 싱가포르 회담 이전인 2018년 4월 27일에 남북한 정상이 한반도 비핵화와 관련해 합의한 『한반도의 평화와 번영, 통일을 위한 판문점 선언('판문점 선언' 혹은 '4.27 선언')』의 내용을 그대로 인용하는 수준에 그쳤기 때문이다.[1] 결국 북미 간의 어떠한 순수한 합의나 새로운 내용이 없었다는 점에서 세계는 회담에 실망할 수밖에 없었다.

---

1) 『판문점 선언』 역시 북한 비핵화에 대한 구체적인 절차나 과정에 대한 의사가 명확히 제시되지 않았기 때문에 일부 전문가들은 북미 공동 성명이 충분치 않다고 지적했다. 그러나 다른 일부에서는 "완전한 비핵화"라는 문구가 들어갔다는 점과 남북 간의 "4.27 선언을 감안한다"는 문구가 들어갔다는 점을 긍정적으로 평가했다. 북미 정상은 이 밖에 양국의 새로운 관계 수립과 신원이 확인된 전쟁 포로와 실종자 유해의 즉각 송환 및 수습을 약속했다. "싱가포르선언 전문", 『연합뉴스』, 2018년 6월 12일 참조.

이미 충분한 합의문이 되레 북미 정상을 저지하다

물론 북미 정상 회담은 역사적인 만남 자체만으로도 커다란 의미가 있다. 하지만 애초에 양국 정상들에게 내실 있는 결과를 단번에 기대하기는 어려운 것 또한 사실이었다. 모두가 알다시피 두 나라 사이엔 해묵은 적대 감정이 산적해있기 때문이다. 중동과 이스라엘의 기나긴 평화 협정 과정이 정확히 그랬다. 중동과 이스라엘은 협상과 평화 협정 체결 노력에 50여 년을 소비했다. 하지만 실질적으로 해결된 것은 없다고 해도 무방하다. 마찬가지로 북미 정상이 두 번이나 만났다고 해서 실질적인 결과나 비핵화의 단초를 기대하는 건 애당초 어불성설이었다. 더욱이 북한과는 달리 미국 대통령의 임기는 4년, 연임에 성공하더라도 8년을 결코 넘지 못한다. 오랜 협상과 협정의 관리에 집중할 수 있는 시간이 그들에겐 부족한 것이다. 무엇보다 트럼프의 재선 가능성이 불투명한 가운데 김정은은 정치적 리스크를 안으면서까지 내실 있는 양보를 할 필요가 없다.

그럼에도 세계가 두 차례의 북미 정상 회담에 현혹된 이유는 회담 이전 북한이 보여준 비핵화 행보 때문이었다. 1차 회담을 앞둔 2018년 5월 북한은 풍계리 핵 실험장의 폐쇄를 단행했다.[2] 두 달 뒤인 7월에는 동창리 미사일 발사 시험장의 해체를 시작했다.[3] 앞서 열린 남북 정상 회담이 한반도의 평화 분위기를 결정짓기 위한 정치·외교적인 단초로서 한국 전쟁의 종전 선언을 이끌어 내자고 합의한 덕분이었다. 더구나 싱가포르 정상 회담 이후 북한이 보여준 행동도 2차 북미 정상 회담에 대한 환상을 부채질했다. 싱가포르에서의 만남이 끝난 뒤 북한 땅에서 핵과 ICBM 미사일은 침묵 모드에 돌입했다. 북한이 미국과의 약속을 지킨 것이다. 트럼프 대통령은 이를 전적으로 자신의 공로라고 자화자찬했다.

---

2) "풍계리 핵실험장 폭파…김정은, 비핵화 성의 보였다", 『중앙일보』, 2018년 5월 24일.

3) "[종합]38노스 '북한, 서해위성발사장 해체 시작…북미합의 첫 실행', 『NEWSIS』, 2018년 7월 24일.

그의 공치사는 2020년 말의 대통령 재선 캠페인까지 이어졌다. 북한은 미국의 위협이 아님을, 따라서 미국 국민들은 평화롭고 안전하게 지낼 수 있음을 북미 정상 회담이 증명했고, 이는 모두 자신의 성공적인 대북 외교의 성과임을 열심히 홍보했다. 물론 독재자를 대상으로 벌이는 협상에서 최고위 지도자 간의 담판으로 문제를 해결하는 '톱-다운' 방식이 때로 더 효과적일 수는 있다. 하지만 트럼프가 재선에 낙방한 이상 더 이상의 북미 간 정상 회담은 없을 것이다.[4] 두 차례 회담에서 최소한 북한 비핵화를 위한 로드맵이나 일정표에만 합의했어도 그들의 행보는 유의미하게 다가왔을 것이다. 그러나 북미 양국에겐 이를 향한 아이디어가 고갈된 지 이미 오래다.

트럼프 대통령은 자신의 오랜 주장과는 달리 김정은 위원장을 만났음에도 북핵 문제를 해결하지 못했다. 이유는 간단했다. 1차 북핵 위기 발발부터 6자 회담 성사까지, 그간 도출된 합의문보다 더 창조적이고, 더 창의적이고, 더 혁신적인 방안은 더 이상 나올 수 없다.

그동안 북미 양국은 북한 비핵화와 미국의 상응 조치 방안을 1994년 『제네바 합의서』와 2005년 『9.19 공동 성명』, 2007년 『2.13 합의』 등 일련의 문서들로 세계에 공언해왔다. 또한 과거의 시행착오를 교훈 삼아 부단한 보완 과정을 거쳐 예측 불가능한 변수들을 거의 모두 제거했다. 그 결과 이들 합의문은 다음의 네 가지 사항을 공유하게 되었다. (1) 북한 핵 시설의 검증과 폐기, (2) 핵을 이용한 미국의 위협 금지와 북한의 안보 보장, (3) 미국의 대북 교역 및 투자 제재 완화와 북미 관계 정상화, (4) 한반도의 평화와 안정을 위한 조치가 그것이었다. 그러나 다른 한편으로 국면의 변화에 따라 북한의 핵 시설 가운데 검증 대상은 확대되었고, '핵 개발 의지와 계획의 포기'라는 초기의 요구는 점차 '시설의 폐기'로

---

4) 조 바이든(Joe Biden)이 새로운 미국 대통령에 당선되면서 이제 북핵 문제의 '톱-다운' 해결 방식은 더 이상 유효해 보이지 않는다. 바이든은 실무 협상에 중점을 둘 것이고, 성과가 있을 경우 북한 지도자를 만나겠다고 천명했기 때문이다.

격상되었다.

차례로 되짚어 보자면, 『제네바 합의서』는 북한 핵 시설의 사찰 및 검증과 포기abandonment에 초점이 맞춰졌다. 하지만 IAEA의 활동 범위와 영역을 둘러싸고 미국의 핵 전문가들과 북한 사이에 예상치 못한 갈등이 발생했다. 북한은 이들의 요구가 합의된 범위를 벗어난 부당한 처사라며 사찰 거부와 사찰단 추방 등의 극단적인 방식으로 대응했다.

이후 이 같은 불상사의 재발 방지를 담은 『9.19 공동 성명』이 등장했다. 문서에서는 북한이 "모든 핵무기와 현존하는 핵 계획을 포기할 것, 그리고 조속한 시일 내에 NPT와 IAEA의 세이프가드에 복귀할 것"을 약속했다. 그리고 그에 대한 대가는 미국이 관계 정상화 조치를 이행하는 것이었다.

그러나 북미 양국 모두 『9.19 공동 성명』의 이행에 불성실했다. 결국 2006년 10월 북한의 첫 핵 실험으로 합의는 다시 깨졌고, 세계는 새롭게 『2.13 합의』를 구상했다. 당시 회담 테이블에서 북한은 영변 핵 시설의 폐쇄와 국제 사찰단의 복귀에 동의했다. 미국은 테러 지원국 지정의 해제와 『적성국교역법』 적용의 종료를 약속했고, 국제 사회는 중유의 제공을 기약했다. 그와 더불어 모든 핵 시설의 불능화를 전제로 북미, 북일 수교와 평화 협정의 정전 협정 대체를 공동 추진하자는 합의도 도출되었다.

이렇듯 지금껏 쌓아 온 북미 간 합의의 역사를 회고해 보면, 앞으로 새로운 합의의 등장은 불가능해 보인다. 2018년 6월 북미 정상의 1차 회담은 애당초 그 결과가 실망스러울 수밖에 없었던 셈이다. 그럼에도 트럼프 대통령은 북한이 핵을 포기하면 '경제 강국'이 될 기회를 제공하겠다고 호언장담하며 세계인들의 기대치를 한껏 부풀렸다. 하지만 현실은 냉정했다. 적성국, 적국, 전쟁 국가, 공산주의 국가 등과 같은 철저히 정치적 입장에서 배양된 미국의 대북 제재는 그 완화에 있어서도 철저히 정치적 해결을 전제한다. 다시 말해 북미 수교 없이는 유의미한 변화도 없다.

CVID를 향한 두 나라의 온도차

되돌아보면 북한의 핵 개발 상황의 변화에 따라 북미 양국이 추구하는 전략 목표와 그 우선순위 역시도 근본적인 변화를 거듭해왔다. 핵 시설의 동결이나 해체는 문제가 아니다. 핵물질도 아니다. 실질적으로 핵무기를 가진 북한이 요구하는 안전보장을 어떻게 다룰 것인가가 북미 양자의 시급하고도 최우선 과제다. 비핵화는 차후 논의할 의제로 전락했다.

하지만 대북 제재는 더는 북한과 미국 둘만의 의제가 아니다. 2006년 1차 핵 실험 이후 유엔의 제재가 시작되면서 대북 제재는 다자 문제로 변질되었다. 북한이 핵에서 완전히 벗어났음을 국제 사회가 인정하고 동의해야만 유엔의 대북 제재는 완화되거나 해지될 수 있다. 그와 더불어 상기한 바와 같이 트럼프 행정부 시기에 미국의 독자적 대북 제재 건수는 급증했다. 그리고 이 과정에서 미 의회의 역할은 비례하듯 확대되었고, 북한의 약속은 반대로 설득력을 거의 상실했다.

구두로든 문서로든 약속의 가치는 철저히 하락했고, 이제 남은 핵심은 검증이었다. 국제 사회가 직접 눈으로 확인과 검증을 끝내기 전까지 어떠한 약속도 무용지물이다. 다만 검증은 미국이 원하는 수준만큼 실현되어야 하고, 북한은 이에 완벽하게 협조해야 한다. 북한이 핵무기와 관련 물질, 핵탄두를 탑재할 수 있는 ICBM과 WMD의 리스트를 제공하면, 미국은 이에 관한 검증 과정을 장악하는 것이다.

2019년 2월 13일에 낸시 펠로시 미 하원 의장이 한국의 국회 방문단에게 밝혔듯이 합의문은 더 이상 중요하지 않다. 북한은 이제 행동으로 모든 걸 증명해야 한다. 행동하지 않는 합의문은 가치가 없다. 북한의 기만과 회피는 봄날의 황사와 미세 먼지처럼 우리를 불쾌하게 만들 뿐이다.

2019년 1월에 가진 인터뷰에서 트럼프 대통령은 북한과의 핵전쟁은 없을 것이며, 절대 원하지 않는다고 강조했다. 하지만 우리가 주목해야 하는 건 핵전쟁의 발발 가능성만이 아니다. 북한이 핵 개발을 진행한

30여 년의 시간은 북미가 해결해야 할 문제의 몸집을 크고 복잡하게 만들었다. 이제는 북한 핵 개발의 동결에서 핵무기의 폐기를 고민하고, 단거리와 중거리 미사일이 아닌 ICBM을 우려해야 한다. 핵 시설과 핵무기도 다양화되어 폐기와 제거의 문제 또한 별개의 사안이 되어버렸다. 1차 북핵 위기 당시 가장 시급하고 중요한 문제였던 핵물질과 핵 시설은 맨 마지막에 다뤄도 무방한 문제로 변해버렸다. 머지않아 핵탄두와 그 운반체가 비핵화 협상 의제에서 가장 높은 순위에 자리매김할 것이다.

그럼에도 하노이에서 열린 2차 북미 정상 회담에서 핵 시설 폐기 문제가 우선적으로 다뤄진 이유는 간단하다. 미국은 북한을 핵보유국으로 인정할 수 없었으나, 핵탄두를 소형화, 경량화, 규격화하여 전술 무기로 완성하는 데 가장 직접적으로 관련이 있는 시설은 폐기하기를 원했다. 따라서 김정은 위원장이 제시한 영변 핵 시설의 폐기가 성에 차지 않았던 트럼프 대통령은 최소한 5개의 핵 시설의 폐기를 추가로 요구했다.

지난 30년간의 핵 개발 역사로 북한의 협상 전략 목표는 분명 바뀌었다. 2006년 핵 실험 이전의 목표는 핵 시설의 동결과 사찰을 허용하는 대가로 핵 개발 프로그램을 지속적으로 운영할 수 있는 경제 지원을 받아내는 것이었다. 그런 다음 미국의 안전 보장으로 핵 시설을 폐기하고, 궁극적으로 미국과의 관계 정상화는 물론이고 평화 협정을 기반으로 하는 평화 체제를 한반도에 구축하는 것이었다.

하지만 핵 실험의 성공을 계기로 북한은 전략 목표의 순위를 변동했다. '성공적인' 핵 실험으로 자칭 핵보유국이 된 북한은 미국과의 정치적 문제 해결을 비핵화의 전제로 삼았다. 그래서 미국의 안전 보장과 경제 제재의 완화 및 해지가 목표의 1순위에 올랐고, 활용 가치가 없는 핵 시설과 부수적인 시설 몇 곳의 폐기가 그 대가로 제안됐다. 그다음 목표는 미국과의 수교를 비핵화와 맞교환하는 것이었다. 한미 동맹과 주한 미군 문제를 포함하여 미국과의 관계 정상화 과정이 진척을 보일 때, 그에 상응하는 비핵화 조치를 단계적으로 진행하겠다는 의미였다. 북미 수교가 완성될 때 평화 협정을 맺고, 이에 기반한 평화 체제의 구축이 완료되면

비핵화의 CVID도 최종적으로 이뤄진다는 논리였다.[5)]

이렇듯 1차 북핵 위기 이후 지난 30년 동안 상황은 많이 변질됐다. 핵탄두와 무기의 완성도가 높아지고 미사일의 성능과 기능이 고도화되면서, 북한의 핵 관련 프로그램의 규모와 범위는 상당히 넓어졌다. 모든 걸 비밀리에 진행하고 관련 시설을 숨겨야만 했던 과거의 상황은 역설적으로 북한 내에 있는 핵과 미사일 관련 시설을 확대시켰다. 이를 보관하고 유지하는 임무는 군부대로 이관되었기에 그곳들 역시도 검증 대상에 포함됐다.

이런 상황에서 북한은 검증을 전제로 하는 비핵화 약속에 섣불리 응할 수 없다. 두 차례의 북미 정상 회담을 전후해 진행된 여러 차례의 실무 회담에도 이 문제는 끝내 타협점을 찾는 데 실패했다. 2차 정상 회담 당시엔 실무자들이 공식 일정을 마친 뒤, 옆방에 양 정상을 두고 다시금 몇 시간에 걸친 긴 회의를 갖기도 했다. 하지만 남은 건 양 정상 간의 어색한 분위기뿐이었다.

사실 미국 역시도 북한의 비핵화 약속에 적극적으로 화답할 수 없었다. 지난 30여 년 동안 자신들만 손해를 봤다는 인식과 경험이 강렬했기 때문이다. 1994년에 『제네바 합의서』를 도출한 이후 미국과 북한은 양자와 다자 차원[6자 회담]에서 숱한 합의에 도달했다. 문제는 이후의 결과였다. 북한이 핵 시설의 동결과 사찰 등에 응하면, 미국은 즉각 경제 지원과 제재 완화를 개시했다. '미국의 선 이행, 북한의 후 조치' 구도에서 미국은 늘 밑지는 장사를 하고 있었던 것이다.[6)]

---

5) 이런 배경에서 북한은 미국에게 협상의 방향을 핵 군축으로 전환하자고 주장했다. 자신들이 핵보유국으로 인정받고 수교를 통해 세이프가드가 완전히 성사되면, 최종 단계로 비핵화를 완성하겠다는 의미였다.

6) 미국의 모든 행정부와 의회는 이런 과거의 경험에서 우러나오는 강박 관념에 사로잡혀 있다. 물론 미 의회가 미 행정부와 북한 간의 약속을 모두 비준했던 것은 아니었다. 1994년『제네바 합의서』를 비롯해서 북한과의 합의가 미 의회의 비준을 받은 적이 없었기 때문에 미 행정부는 북한과의 약속을 우회적인 방법으로만 이행할 수 있었다. 가령 클린턴 행정부가 약속했던 연간 50만 톤의 중유 제공도 다른 부처의 예산으로 조달할 수밖에 없었다. 물론 그 해 10월에『제네바 합의서』가 체결되었기 때문에 회계연도 말미라 새로운 예산을 미 의회에 청구하기 어려운 상황인 것도 사실이었다.

하나로는 안 되고 다섯 개 모두여야 하오

2019년 1월 8일, 중국 공산당 기관지 「인민일보」의 해외판에서는 김정은 위원장의 방중 배경을 소개했다. 기사에 따르면 그의 방문 계기는 전년도 12월에 아르헨티나에서 개최된 G-20 정상 회의로 거슬러 올라간다. 회의 기간 중 트럼프 대통령은 시진핑 주석에게 만찬을 베풀었는데, 화기애애한 분위기 속에서 그는 지금까지 중국이 보여준 적극적인 역할을 높이 평가하며 앞으로도 소통과 협력을 유지해 달라는 메시지를 보냈다. 덧붙여 교착 상태에 빠진 2차 북미 정상 회담 준비에 협조해 줄 것을 당부했다. 그래서 그 자리에서 이를 수락한 시진핑이 귀국 후 김정은을 초청한 것이다. 당시 중국은 김정은의 방문을 북한과 미국, 중국 세 나라가 협력한 결과이자, 한반도의 비핵화를 위해 중국이 실질적으로 공헌한 결실이라고 평가했다.[7] 한반도 문제에서 북미중 3국 간 협상의 필요성과 중요성을 강조한 것이다.

그리고 2019년 2월 27일과 28일 이틀간 베트남 하노이에서 2차 북미 정상 회담이 개최되었다. 두 지도자는 회담 마지막 날 조인식을 거행하기로 했다. 그러나 2시간에 걸친 정상 간의 협의에도 회담은 무위로 돌아갔다. 언론에 따르면 김정은은 북한 최대의 핵무기 시설인 영변 <핵과학 연구 센터>의 폐기를 제안했다. 하지만 이미 작동 중인 기타 시설의 폐기는 안 된다고 못 박았다. 트럼프는 제재 중 일부를 해제하려고 했으나, 북한 경제에 치명타를 입힌 2018년 8~9월 사이 5차례의 제재를 완전히 풀어줄 생각은 없었다.

훗날 우드워드 편집장과의 인터뷰 자리에서 트럼프는 "김정은을 만나자마자 내가 원하는 방향으로 흘러가진 않을 거라는 느낌을 받았다"라고 회고했다. 회담장에서 그가 "하나로는 안 되오, 두 개도,

---

7) "金正恩10個月內四度訪華 專家解讀: 原因有三",『人民日報海外版』, 2019年 1月 8日.

세 개도, 네 개도 도움이 안 되오. (폐기 대상 시설이) 다섯 개 모두여야 하오"라고 밀어붙이자, 김정은은 영변의 시설이 제일 크다고 맞받았다. 하지만 중요한 건 시설의 규모가 아니었던 트럼프는 "그게 제일 오래된 시설이란 건 이미 알고 있소. 사실 난 모든 시설을 다 알고 있소. 당신이 아는 미국 측 인사들보다 훨씬 더 많이 안단 말이오"라고 상대를 압박했다. 그리고 잠시 대화는 서로의 취미나 영화, 골프 이야기로 흘러가는가 싶더니 이내 트럼프의 공세가 다시 시작됐다. "당신은 어떠한 합의도 보지 않으려 하는군요." 트럼프의 발언이 이어지자, 김정은이 충격에 휩싸인 표정을 지어 보였다. 결국 트럼프는 "그만 가야겠소. 당신은 나의 친구이고, 멋진 사람이오. 하지만 당신이 합의를 할 생각이 없는 이상 우리의 만남은 여기까지지요"라는 말로 회담을 마무리 지었다. 그 광경을 가까이서 목도한 폼페이오 국무 장관은 대통령의 발언이 '(핵이나 미사일 같은 일련의 무기들을) 발사하지 마라. 우리는 친구이고 서로를 신뢰하고 있으니, 다음엔 (이번에 결론짓지 못한 문제들을) 해결할 수 있을 것'이라는 속내를 암시하는 듯했다고 훗날 털어놨다.[8]

애초 트럼프와 김정은은 정상 회담을 통해 두 나라가 지금껏 씨름해온 문제들을 모두 해결할 수 있으리라 오해했다. 아니, 오판했다. 특히 김정은은 기괴한 성격의 트럼프가 독단적으로 일을 처리할 수 있으리라 오산했다. 그러나 트럼프가 아무리 전대미문의 막무가내 대통령이라 하더라도 북한의 요구를 의회에 설득시킬 배짱은 없었다. 그는 재선 성공에 방해가 될법한 어떠한 정치적 위험 부담도 지려고 하지 않았다. 하지만 만일 김정은이 자신의 요구 사항을 전격 수용한다면, 그와의 협상 타결은 자신의 재선에 큰 도움이 될 수 있었다. 트럼프가 이른바 '영변(핵 시설)+α'를 요청한 배경이 여기에 있다.

그러나 그 'α'에 트럼프가 무엇을 담고 싶어 했는지는 지금까지 전혀

---

8) Bob Woodward, Rage, Chapter 25.

알려진 바가 없다. 분명한 사실은, 그가 최대한 북한의 양보를 얻어내려 했으며, 그 여부가 불확실한 상황에서는 김정은과 어떠한 합의도 하려 하지 않았다는 것이다. 어떠한 합의를 일궈 내도 야당과 미 의회, 그리고 여론의 정치적 공세를 피할 수 없기 때문이었다. 단 그가 재선에 성공했더라면 훗날 김정은과 어떠한 방식으로 어떠한 결론을 이끌어 냈을지는 정말 궁금하고도 아쉬운 부분이다.

하노이 2차 회담에서 미국은 북한 비핵화에 대한 개념과 기본 입장, 전략을 상세히 소개했다. 트럼프가 김정은에게 직접 건넨 문서에 나타난 그 세부 사항은 다음과 같다: 첫째, 플루토늄, 재처리 플루토늄과 농축 우라늄 등 모든 핵물질을 제거한다. 둘째, 핵탄두와 미사일 발사장은 물론 ICBM을 포함한 탄도 미사일 일체를 제거 혹은 파기한다. 결국 미사일의 사정거리가 문제가 아니라 핵탄두를 탑재해 발사할 수 있는지가 더 중요하다. 이 밖에 주한미군과 한반도에 거주하는 미국인들의 안전 문제를 고려해 북한이 보유한 모든 생화학무기도 완전히 폐기해야 한다. 셋째, 북한에 존재하는 모든 핵 시설을 폐기한다. 이는 지금껏 거론된 영변 핵 시설, 미사일 개발 시설, 풍계리 핵 실험장을 망라한 핵 시설 전체를 의미한다.

당시 하노이에서 미국은 세상에 알려진 것보다 더 많은 북한의 핵 시설들을 거론했다. 그래서 미국의 뛰어난 정보력에 김정은의 모골이 송연해졌다는 이야기도 전해진다. 미국의 비핵화 개념 역시도 김정은을 경악하게 만들었다. 트럼프가 가져온 문건은 그에게 백기 투항을 요구하고 있었다. 미국의 입장은 분명했다. 자신들의 비핵화 개념을 수용하지 않는다면 북한과의 그 어떤 합의도 "옳은 거래right deal"가 될 수 없다고 못 박았다.

트럼프가 이후 열린 기자 회견에서 회담이 결렬된 이유를 설명하는 건 어렵지 않았다. 북한은 제재의 해제를 원하면서도 미국의 제안을 수용하지 않았고, 미국이 원치 않는 것을 오히려 제안했다는 것이다. 하노이에 온 미국 대통령의 기본 입장은 '미국 우선주의'의 고수였다. 미국의 국익을 수호하고 진전시키는 것, 이를 위해 협상의 주도권을 장악하는 것이었다.

이런 관점에서 2019년 3월 존 볼턴John Robert Bolton 국가안보회의 보좌관은 미 CBS 방송과의 인터뷰에서 하노이 회담을 성공적으로 평가했다. 미국은 핵과 관련된 모든 물질, 무기, 시설 등의 총체적이고 완전한 폐기, 이른바 '빅딜'을 강력히 요구했다. 더불어 '미국이 수용할 수 없는 것이 하나라도 있으면, 합의는 없다'는 확고한 입장을 북한 측에 명확히 전달하는 데 성공했다.

물론 그 과정에서 북핵 해결을 위한 '톱-다운' 접근 방식의 한계도 드러났다. '스몰딜'이든 '빅딜'이든, 어떠한 것도 받아들여지기 어렵다는 사실을 두 정상은 현장에서 체득했다. 이들에게 딜을 받아들일 의사나 의지가 없었던 것은 아니지만, 정치적인 위험 부담을 기꺼이 껴안더라도 합의에 도달할 수 있는 묘수는 없는 게 현실이고 사실이었다.

알려진 바에 따르면, 하노이 2차 회담이 마무리될 즈음 김정은은 만약 딜이 성사 안 되면 공동 성명이라도 발표하길 원했다. 자신이 처한 국내 상황, 곧 강경파들의 존재를 트럼프에게 직접 고백하기도 했다는데, 어떻게든 이번 회담의 성과를 국내에 설득시켜야 하는 애절함이 묻어 나오는 대목이었다. 그러나 트럼프는 동의하지 않았다. 싱가포르 정상 회담에서도 마지못해 공동 성명을 발표했는데, 이번엔 새로이 담을 내용도 없을뿐더러 심지어 무의미하게 느껴진다는 게 이유였다. 세계는 북미 정상이 '스몰딜'이라도 이루길 기대했지만, 트럼프는 '노딜no deal'이라는 옵션에 진작부터 만족해하고 있었다.

하노이로 떠나기 직전 백악관의 분위기 역시 그러했다. '빅딜'이든 '스몰딜'이든, 정치적 위험 부담이 크다고 느낀 데다 어떤 합의를 달성해도 북한에겐 그를 이행할 의지나 의사가 없다고 명백히 확신했기 때문이다. 과거에도 늘 그러했듯 이번에도 미국이 먼저 북한에 약속한 대가를 지급하는 장면이 펼쳐질 것이 자명했다. 이는 재선을 앞둔 트럼프에 치명타가 될 가능성이 농후했고, 자칫 그가 '도마 위의 생선'처럼 무방비 상태에서 야당의 공격을 맞이하게 될 수도 있었다.

이런 정치적 계산 끝에 백악관은 최선의 전례를 찾아냈다. 1986년 10월 아이슬란드 레이캬비크 회담에서 레이건 미 대통령이 소련의 미하일 고르바초프Mikhail Gorbachev 서기장과의 협상 자리를 박차고 나간 사례였다. 당시 레이건이 외교적 결례를 범했다는 일시적 비판은 피할 수 없었지만, 결과는 미국과 레이건에게 매우 유리하게 작용했던 것이다.

페레스트로이카perestroika와 글라스노스트glasnost, 즉 소련식 개혁 개방 정책을 추진하려던 고르바초프에게 레이건의 협상장 이탈은 엄청난 압박이었다. 정책의 핵심이 미국과의 관계 개선에 기반한 국방 예산의 감축에 있었기 때문이다. 레이건은 이런 소련의 약점을 철저히 이용했다. 당시 미국은 일명 '스타워즈Star Wars' 또는 '미사일 방어 시스템'으로 불리던 '전략 방위 구상Strategic Defense Initiative, SDI'을 장기적으로 추진하고 있었다. 그러나 소련은 이것이 제2의 군비 경쟁을 불러올 것이라며 협상을 바랐다. 결국 레이건의 협상장 이탈로 다급해진 소련은 끝내 미국과 핵무기 감축을 협의하는 대신에 SDI를 협상 대상에서 제외하는 대대적인 양보를 감내해야 했다. 이러한 레이건의 협상 전략은 일 년 뒤 효과를 나타냈다. 1987년 12월 미국과 소련은 모든 핵무기의 폐기라는 최종 목표에 도달하기 위한 중간 단계로서 『중거리 핵미사일 협정Intermediate-Range Nuclear Forces Treaty, INF』에 서명했다. 그리고 4년 뒤인 1991년엔 핵무기의 운송 수단을 제한하는 내용을 담은 이른바 START-I을 도출해냈다.

레이건의 선례는 트럼프가 '노딜'이라는 전략적 선택을 감행하더라도 이에 정당성을 부여해 줄 수 있는 역사적 근거가 되었다. 결국 하노이 회담에서 트럼프는 실제로 '노딜'을 선택했고, 그런 파격적인 행보에도 불구하고 재선에 실패했다. 하노이에서 트럼프가 보인 언행에 크게 실망한 김정은의 소심한 복수를 맛본 직후의 일이었다. 2019년 한 해 동안 북한은

26발의 미사일을 발사했다. 장거리 미사일이나 핵 실험은 없었지만, 일 년 사이의 발사 횟수 면에서는 유엔 제재 이후 최다를 기록했다.

트럼프 대통령은 하노이 회담의 결과를 세 가지로 정리했다. 첫째, 결국 미국이 납득할 만한 것은 얻지 못했다. 둘째, 미국이 더 많은 요구를 했다. 셋째, 그러나 북한은 이를 수용할 준비가 되어 있지 않았다. 추가로 회담을 통해 북한의 비핵화 의지가 1992년 한반도 비핵화 선언 당시와 별반 다를 바 없음이 확인되었다. 그럼에도 트럼프는 김정은을 신뢰하고 있으며, 회담은 매우 우호적인 분위기 속에서 종결되었다고 설명했다. 3차 회담을 약속하진 않았지만 언제든 할 의사가 있다는 말도 빼놓지 않았다.

하노이 회담에서 미국은 북한이 원하는 보상을 제공하기 위한 전제 조건으로 완벽한 핵 폐기가 필요하다는 점을 분명히 했다. 하지만 트럼프 대통령이 통 큰 '빅딜'을 고수하면서 과거의 점진적 해결 방식은 말 그대로 물 건너간 셈이 되었다. 앞으로도 평양의 결정을 기다리는 동안 미국은 강력한 대북 제재를 유지할 것이다. 북미 회담의 성사 자체를 강도 높은 대북 제재의 결실로 인지하고 있기 때문이다. 그들은 적어도 3차 회담이 있기 전까지 그런 기조를 유지하는 한편 관련국들에게 긴밀한 협력을 계속 요구할 것이다.

11장

북중 관계와 한반도 비핵화

- ‘특수’ 관계의 징표, 당대당 관계
- 중국의 확고한 대북 동맹 수호 의지
- 북한 유사시 중국 개입설
- 중국이 현상 유지를 선호하는 전략적 이유

11장 | 북중 관계와 한반도 비핵화

북한 비핵화에서 우리가 중국에 기대할 수 있는 역할은 무엇일까? 과연 중국은 거기에 어떠한 기여를 할 수 있을까? 아니, 할 수 있기는 한 걸까? 북한 비핵화를 지지하는 성명을 발표하고 6자 회담에서 의장국 역할을 맡았던 나라, 그럼에도 대북 제재를 적극적으로 실행에 옮기는 건 거부하며 북한의 생존에 있어 생명선 같은 역할을 하는 나라. 중국은 이렇듯 마치 어디에도 속하지 않으려 하는 회색 지대와 같다.

그럼에도 우리를 비롯해 미국 역시도 중국이 북한에 대해 적극적으로 영향력을 발휘해 주기를 여전히 기대하는 이유는 무엇일까? 이에 관한 답을 내리기 전에 우선 세 나라가 말하는 '영향력'의 정체를 좀 더 자세히 살펴볼 필요가 있다. 각자가 바라는 중국의 역할이 서로 다르기 때문이다. 가령 우리는 중국이 미국을 대신해 북한의 평화적 비핵화에 이끌어냄으로써 남북 관계에 순풍을 불어넣어 주기를 바란다. 반면 미국이 희망하는 중국의 역할과 가치는 상황에 따라 크게 두 가지로 나뉜다. 우선 북한과의 대화와 협상이 경색 국면에 빠지면, 이를 타파해 줄 돌파구 역할이다. 북한은 기본적으로 미국과 직접 소통하는 양자 대화를 선호한다. 따라서 북미 대화가 정상적으로 가동되는 상황에서 중국이 설 자리는 거의 없다고 봐도 과언이 아니다. 그러나 대화가 경색 국면에 빠져 북미 간 소통 채널이 단절된다면 이야기는 달라진다. 돌파구를 마련해 줄 카드로 중국의 가치가 비로소 빛을 발하는 것이다. 다른 하나는, 미국이 북핵 문제에 신경 쓸 여력이 없는 경우 중국이 대신 비핵화 협상을 견인해 주는 역할이다. 대표적인 예로, 2002년 10월 북한이 2차 핵 위기의 경종을 울렸을 때 미국은 이미 시작된 아프가니스탄 전쟁과 이듬해 3월의 이라크 전쟁 준비로 경황이 없었다. 그런 와중에 북핵 문제가 시급한 현안으로 부상하자, 미국은 결국 협상 주도의 책임과 의무를 중국에 부득불 전가했다.[1)]

중국이 북한 비핵화 논의 과정에서 소극적이고 수동적이란 사실은 이미 두 차례 핵 위기 사태를 통해 만천하에 공개되었다. 1차 북핵 위기 당시 중국은 이른바 '당사자 원칙'을 내세우면서 북한과 미국이 직접 대화하여 해결할 것을 주장했다. 그러고는 북미 협상 과정에서 미국이 해결책을 제시하거나 강압적 수단을 고려하면, 번번이 훈수를 두거나 공개적으로 딴지를 걸었다. 2차 북핵 위기 때나 첫 번째 북핵 실험 당시에도 중국은 같은 이유를 들어 대북 제재를 기본적으로 거부했다. 하지만 북핵 실험이 거듭될수록 제재에 동참할 수밖에 없는 상황이 연출되었고, 중국은 제재의 수위를 '조정'하는 소극적인 역할로 나름의 절충을 노렸다. 독자적인 대북 제재를 '자발적'으로 채택한 것 역시도 책임 있는 국가의 이미지를 전 세계에 투사하려는 노력의 일환이었다. 그리고 북한에게는 자신들의 부득이한 입장을 양해해달라는 설명을 꼭 덧붙이며 스스로의 행동을

---

1) 미국은 중국이 이를 거절한다면 북한에 경제 제재든 선제타격이든 모종의 수단을 취해 북한의 비핵화를 끌어내겠다고 압박했다. 당시 전 세계가 미국의 대북 압박이 북한의 군사 반격으로 이어질 것이라는 인식에 사로잡혀 있었기 때문에 이러한 대중 압박은 효과적이었다. 그러나 훗날 중국 전문가들은 당시 중국이 '울며 겨자 먹기' 식으로 6자 회담 의장국 역할을 수용한 것이 미국의 외교적 압박에 굴복한 결과가 아니라 강한 자부심 때문이었다고 분석했다. 이들은 중국의 이른바 '셔틀 외교'가 6자 회담을 성공으로 이끌어냄에 따라 북한의 핵 개발 중단과 생존 보장, 한반도 비핵화 및 평화체제를 논의하는 장을 마련했다고 평가한다. 石源華, "論中國對朝鮮半島和平機制問題的基本立場", 『同濟大學報(社會科學版)』, 2006年, 第17卷, 第3期, p. 77.

정당화했다.

그렇다면 전 세계를 향해 한반도의 비핵화를 외치는 중국이 정작 실질적인 대북 핵 협상에서는 더 적극적인 역할을 하지 못하는 이유는 무엇일까? 북한의 지정학적 가치 때문일까, 아니면 북한이 주변 강국들과 평화적으로 공존하기만 한다면 그들의 핵을 용인할 수 있다는 의미일까? 그 답은 중국이 2017년 3월 북핵의 평화적 해법으로 제시한 '쌍궤병행雙軌竝行(한반도 비핵화와 평화 체제 구축의 동시 진행)'에 실마리가 있을지 모른다. 결국 북한을 이용해 자신들의 오랜 염원인 한반도에서의 미군 철수와 한미 동맹 와해를 동시에 이루겠다는 의도로밖에 해석되지 않기 때문이다.

그런 의미에서 우리는 북중 관계의 속성과 본질을 직시함으로써 막연한 기대를 현실적으로 타파할 필요가 있다. 나아가 이들 관계에 미국이 개입하면 어떠한 파문이 일게 되는지도 명확히 파악해야 한다. 물론 쉽지 않은 과정이다. 북한에게 있어 중국은 미국과의 관계 개선이라는 긴 여정에서 일종의 보험에 불과하다. 북미 대화가 경색되면 경제적으로 북한을 도울 수 있는 국가는 중국뿐이다. 그러므로 둘 사이에 핵은 문제가 될 수 없다. 반면 안보 이익 차원에서 북한의 지정학적 전략 가치를 수호하기 위한 중국의 외교적 노력은 매우 예민하게 움직인다. 북미 관계의 정상화는 물론 이상적이지만, 이는 중국의 전략 안보 이익 차원에서는 우려할만하다. 베이징은 북미 관계의 발전 양상을 예의주시하며, 북한의 이탈이나 그들을 상실할 가능성을 세세히 점쳐 가며 적재적소의 반응을 따진다.

‘특수’ 관계의 징표, 당대당 관계

1949년 중화인민공화국 건국 이래 중국이 생각하는 한반도와 북한의 전략 가치에는 변함이 없었다. 중국의 국가 안보, 나아가 동북아 지역의 안정 문제에 있어 한반도는 지정학적으로 매우 중요한 위치를 점하기 때문이다. 냉전 시기 한반도는 중국이 미소 양대 진영 및 한미 동맹과 대치하는 속에서 완충 지역으로서의 지정학적 가치를 뽐냈다. 그중에서도 북한은 중국과 소련 두 나라가 벌인 동아시아 주도권 싸움에서 그 전략적 가치를 극명히 드러냈다. 동유럽에서 소련은 『바르샤바 조약』과 공산국가들의 경제 블록인 코메콘Council for Mutual Economic Assistance, COMECON을 통해 군사적·경제적 영향력과 리더십을 공고히 하는 데 성공했다. 하지만 동북아 지역은 이야기가 달랐다. 소련의 영향력 확대를 견제하려는 중국과 북한이 뜻을 함께하는 정치적 동지 관계를 유지했기 때문이다.

탈냉전 시기에 접어들어 중국에게 한반도와 북한의 안보 가치는 더욱더 소중해졌다. ‘평화가 발전의 전제이고, 발전이 평화의 보증’이라는 모토하에 진행된 중국의 개혁 개방 정책의 성공은 한반도의 평화와 안전을 전제했다. 그리고 북한은 이를 성취해 줄 핵심 행위자였다. 그러나 중국의 기대와 달리 1990년대 북한은 한반도의 불안과 난국을 조장하는 주체로 성장해갔다. 소련의 붕괴로 경제 지원이 일순간 사라진 이후, 그 대안이 되어줄 중국이 미적거리는 와중에 시작된 경제난은 북한의 생존을 위협했다. 그래서 평양이 선택한 핵 개발은 한반도의 평화와 안정을 종종 위기에 빠뜨렸다. 긴장 국면에서도 북한은 핵과 미사일 시험으로 자국의 핵 개발 진척을 확인하는 데 주저함이 없었다. 하지만 이는 당연히 중국의 역내 이익에 반하는 처사였고, 끝내 중국이 마지못해 대북 제재에 동참하게 이끈 동인이었다. 이미 미국과 대치하는 상황에서 중국의 제재 동참까지 맞게 된 북한은 난국을 타개하기 위해 내부 결속력을 다질 필요가 있었고, 이는 자연스레 대남 도발로 이어졌다. 마치 긴장이 긴장을 낳는 악순환의 고리와도 같았다.

그럼에도 중국이 자국의 안보 이익에 반하는 도발 행위를 묵인하면서까지 북한을 끌어안는 이유는, 자칫 진부하고 비현실적으로 들리겠지만 공산주의 국가로서 공통된 목표인 '국제주의의 혁명 과제 완수'가 유일무이한 대답이다. 이를 기반으로 양국은 공산 혁명의 성공을 위해 외세(제국주의)를 척결하고, 이로부터 발생하는 모든 위협에 상호 지원하여 대응한다는 공통된 전략 의식을 공유한다. 이는 단순히 주한 미군의 압록강 진출을 막기 위해 북한을 완충 지대로 보존하는 데만 국한되지 않는다. 북중 양국의 공통된 안보 전략 인식은 미국을 향한 적대성에 기초한다. 중국이 북한의 핵 개발을 추동하는 원인에 같은 입장을 견지하면서 북한의 비핵화 해법을 전적으로 지지하는 이유다.

북중 관계를 이해하는 데 있어 피해야 할 것 중 하나는 양국 관계의 성격을 형언하는 외교 수사에 함몰되는 것이다. 이제 이런 수사의 문헌적 해석에 의미를 부여하는 접근 방식은 배제되어야 한다. 당사자인 북중 정상들이 양국 관계를 '혈맹'이나 '선혈로 이뤄진 관계' 등이 아니라 '전통 우의' '전통 우호 관계'로 바꿔 표현하더라도 관계의 특수한 의미와 본질은 불변하기 때문이다. 양국 관계의 특수성은 공산 국가로서 양자가 공유하는 외교적 사명 혹은 정책 목표에 그 본질이 존재한다. 즉 공산주의의 교리dogma와 원칙, 룰과 규범이 태생적으로 양국 관계를 철저히 지배한다. 북핵 문제를 포함한 한반도 평화와 안보에 대한 저들의 접근 전략이 우리의 그것과 상이할 수밖에 없는 이유가 바로 그것이다. 따라서 북핵 문제를 해결하고 나아가 한반도에 영구적인 평화를 정착하고 싶다면, 북중 간의 '특수 관계'가 담고 있는 정치적 의미를 분석하고, 그 작동 체계를 국제 정치의 역학 구조에서 조망해야 한다. 그리고 북중 관계의 본질과 속성을 정확하고 올바르게 규명해야 한다.

북중 두 나라의 공통된 안보 목표는 세 가지다. 첫째, 안보의 최대 위협 요소인 미국을 주변 지역에서 척결하는 것이다. 사실상 양국 안보 정책의 최대 과제인 이 목표는 반제국주의에서 태동하여 미국의 영향과 개입,

간섭의 배제를 전제한다. 이는 1950년 저우언라이 총리의 "아시아 문제는 아시아인이 해결해야 한다"는 발언으로 일찍이 천명되었으며, 2014년 시진핑 주석에 의해 '신아시아 안보 개념'으로 승화되었다. 둘째, 북중 두 나라는 비핵화의 해법으로 공통된 목표를 추구한다. 이들은 주한 미군 철수와 한미 동맹의 폐기를 전제로 평화 체제를 구축하여 이를 비핵화와 맞교환하는 데 의견을 함께한다. 1차 핵 위기 때부터 북한이 견지한 이 입장을 중국이 2017년 3월 '쌍중단(한미 연합 훈련과 북한 핵 실험의 중단)'과 '쌍궤병행'으로 포장한 사실이 그를 증명한다. 마지막으로 두 나라는 한국 전쟁의 정전 협정을 평화 협정으로 전환하려 한다. 그래야만 미국의 공식적인 군사적 존재를 동아시아에서 완전히 지울 수 있는 기반을 마련할 수 있기 때문이다. 이는 북중이 주일 미군 문제와 대만 방위에 대한 미국의 의지를 차후 해결 과제로 잠시 보류해 둔 것과도 부합한다.

북중 관계를 이해하는 첫 발걸음은 양자를 일반적인 국가로 보지 않는 데서 출발한다. 두 나라는 당이 국가를 포함해 모든 사회 구성원을 영도하는 '당-국가party-state'의 지배 구조를 가지고 있다. 우리와 같은 '국가 사회nation-state'가 아닌 것이다. 당이 국가와 정부의 모든 대외 관계를 주도하기 때문에 공산 국가 간의 외교는 당연히 당과 당 간의 관계에 종속된다. 중국 공산당과 북한 노동당의 관계, 즉 '당대당' 관계가 두 나라의 관계를 지배하는 셈이다. 따라서 두 나라 간 '당대당' 관계는 '국가 관계'와 '정부 관계'보다 상위 개념이다. 당의 대외 관계 및 정책, 전략이 정부가 아닌 당의 대외연락부 소관인 것도 그래서이다. 특히 북한과 관련된 외교 사안은 중국 공산당 대외연락부의 전유물로서, 예를 들어 중국 외교부가 북한 노동당 최고 지도자의 방문을 사전에 알 길은 전혀 없다.

공산국 최고 지도자의 방문은 대부분 비공식 방문으로 규정된다. 당 지도자의 자격으로 오는 것이기에 외교적 의미의 국빈 방문이나 공식 방문 등의 수사를 달 수 없기 때문이다. 북중 간 공식 문헌에 나타난 당-정부-

군부 순서의 방문단 공식 직함이 이를 잘 반영한다. 당의 직함이 가장 중요하기 때문에 당의 최고 지도자로서 초청하고 초청받았다는 의미이다. 또한 '당대당' 외교는 의전과 형식의 구애를 받지 않는다. 즉 공식적인 국빈 방문에서 볼 수 있는 사열대 행렬이나 의장 보고, 21번의 예포 발사 등과 같은 의전이 없다. 당 최고 지도자 간의 만남이기 때문에 굳이 수도에서 만날 필요도 없다. 쌍방 간에 합의만 이뤄지면 장소와 시간을 불문하고 필요에 따라 회담하는 것이 기본 원칙이다. 그렇다고 의전이 전혀 없는 것은 아니다. 일례로, 당 상무위원 중 상위 서열 2/3 정도인 인사들이 도착지에서 마중하는 전통은 여전하다. 함께 공연을 관람하는 전통 역시 현재진행형이다. 대부분의 회담 결과가 공동 성명문으로 발표되지 않는 것도 특색이다.

중국 공산당의 후계자로 지정되면, 제일 먼저 방문하는 나라가 북한이다. 북한도 마찬가지이다. 후계자가 북중 동맹의 가치와 중요성을 직접 답습하게끔 하는 이 왕래는, 마치 오히려 북중 동맹에 대해 전후 세대 지도자들 간 인식의 격차가 존재한다는 사실과 지도부의 우려를 반영하는 것 같다. 이런 관행은 화궈펑 주석 이후부터 시작되었다. 1976년 사망한 마오쩌둥을 계승한 화궈펑은 2년 뒤인 1978년 북한을 첫 해외 방문국으로 지정했다. 1983년 그의 후계자 후야오방 주석의 북한 방문 역시 마찬가지였다. 1989년 천안문 사태로 인해 급히 등용된 장쩌민 당서기의 경우 사전 북한 방문이 없었지만, 취임 후 가장 먼저 북한을 찾았다. 후진타오는 2002년 장쩌민을 공식 승계했지만, 이미 1993년에 후계자로 지명된 후 북한을 우선 방문한 전례가 있었다. 선대의 전통은 시진핑 시절에도 유효했다. 그는 중앙 정치에 등용된 다음인 2003년 첫 해외 방문지로 북한 땅을 밟은 후, 2008년엔 후계자로서 다시 한번 평양을 찾았다. 북한의 후계자 역시 중국을 잊지 않았다. 북한 김정일이 후계자로 공식 지명된 후 1983년 6월 첫 해외 방문국으로 중국을 택한 이래, 김정은 역시도 후계자로 지명된 후인 2010년 김정일을 따라 북경 땅을 밟았다고 한다.

공산 국가의 세계에서 국가와 정부 관계의 중단은 선행될 수 있지만, 외교상의 단교까지 의미하진 않는다. 그들에게 '단교'란 '당대당' 관계가 종식될 때 성립된다. 가장 대표적인 예로, 1960년대 악화일로로 치닫던 중국과 소련의 관계는 국가와 정부 차원에서 모든 외교가 중단됐으나, 이후 중소 공산당 관계가 종결될 때까지 단교는 되지 않았다. 그럼에도 북중 관계가 이른바 '정상적인 국가 관계'로 전환되고 있다는 관측이 국내외를 불문하고 심심치 않게 흘러나오고 있다. 이들이 말하는 '정상 관계'는 국익에 따라 국가 관계가 움직이는 것을 의미한다. 하지만 북중 양국은 특수한 정치 체제와 구조 때문에 소위 정상적인 국가 관계를 형성할 수 없다. 즉 '당-정' 국가 체제와 공산당의 지배 구조가 유효한 이상 특수한 관계는 유지될 수밖에 없다. 그리고 이 특수한 관계는 단순히 '선혈로 맺어진 혈맹 관계'란 미사여구에 국한되지 않는다. 철저한 공산 국가 간의 관계. 다시 말해 공산당 간의 관계의 룰과 규범, 그리고 원칙만이 그들 관계의 본체이자 핵심이다. 북중 관계가 정상적인 국가 간의 관계로 넘어오려면, 중국과 북한의 '당-정' 체제가 붕괴되거나 혹은 중국의 '당-정' 분리가 실현되어야 한다.

따라서 북중이 정상적인 국가 관계로 변질되어 간다는 착각은 금물이다. 2005년 우이吳儀 중국 부주석의 발언을 곧이곧대로 받아들이면 안 된다는 것이다. 당시 그는 북중 양국의 경협 관계가 '시장 경제의 원리에 따라 민간 기업이 주도하는 시장 경제가 작동할 수 있도록' 협조를 북측에 강조했다. 이후 2010년 8월 후진타오 주석이 이를 '정부 주도, 기업 위주, 시장 운영, 호리공영互利共贏(상호 이익과 공동 번영)'하는 북중의 경협 방침으로 격상하면서 우리의 착각을 부채질했다. 하지만 이런 방침이 제기된 배경에는 북중 경협을 더 이상 당이 관장하지 못하는 실정에 직면해 이제는 정부의 주무 부처가 그를 견인해야 한다는 인식의 작동이 있었음을 간파해야 한다.

2013년부터 중국이 독자적인 대북 제재를 결정하기 시작한 사실 역시 또 하나의 기폭제였다. 당시 중국 공산당은 자기 합리화라도 하듯 「환구시보」의 사설을 통해 북한의 핵 개발과 핵 실험을 비판하고, 중국이 나아가야 할 방향을 제시했다. 비록 북한과 한·미·일 사이에 놓인 적대 관계가 중국에 의해 초래된 것은 아니지만, 더욱이 중국에게 북한을 국제적 고립으로부터 탈출시킬 의무도 없지만, 동북아시아가 더 큰 혼란에 빠지는 상황을 막기 위해 중국은 능력이 닿는 데까지 균형平衡을 유지하는 데 진력할 것을 강조했다. 다만 북한의 핵 활동은 중국 동북 지역의 안전에 위협을 초래하지 않아야 하며, 한·미·일이 북한에 직접적인 군사 행동을 개시하거나 한일 양국이 핵무기를 개발하는 일은 없어야 한다고 지적했다.[2] 결국 대북 제재를 중국이 주도할 수 없을 때, 자국의 '공간 이익'을 수호하기 위해 능력이 허용하는 범위 내에서만 제재를 이행하겠다는 의미였다.

중국이 「환구시보」의 입을 빌려 제기한 전략적 포석은 두 가지다. 하나는 유엔 안보리의 대북 제재에는 찬성하나 그 수준은 조정하려는 자신들의 외교적 노력을 대외적으로 합리화하는 데 있다. 다른 하나는, 따라서 객관적 환경과 상황이 허용하는 범위 내에서만 북한을 제재하는 것이 타당하고 정당하다는 자신들의 주장을 소개하기 위함이다. 이는 특히 북한을 설득하기보다는 그들을 의식한 전략적 의도였다.

북중 관계가 정상적인 국가 관계로 넘어올 수 없는 또 하나의 이유는, 정상 국가로의 관계 전환은 북한의 개혁 개방을 전제한다는 점이다. 북한의 개혁 개방이 정치 개혁으로 이어지면, '당-정' 체제에 변화를 기대할 수 있는 여지가 생기기 때문이다. 북한이 일당 체제에서 다당 체제로 전환되거나 사회주의 노선을 포기할 경우 그제야 정상 국가로의 변모는 기대해볼 만하다. 그러나 이 경우 중국과의 외교 관계 수정이 반드시 수반되어야 한다. 북중 관계가 정상적인 국가 관계로 넘어올 수 없는 마지막 이유로는, 중국에 대한 북한의 지정학적 안보 전략

---

2) "社評: 朝核, 中國必不怯懦不幻想不急躁", 『環球時報』, 2013年 2月 17日.

가치에 근본적인 변화가 전제되어야 한다는 점을 들 수 있다. 이는 보다 거시적인 측면에서의 가치 변화를 의미하는 것으로, '정전 협정'의 '평화 협정'으로의 전환과 그 속에서 한반도의 '평화 체제' 구축 역시도 동시에 수반되어야 한다. 이 경우 다자 안보 협력 체제의 성립이 가능해지는 가운데 한미 동맹과 북중 동맹에 본질적 변화가 도래하고, 나아가 중국에 대한 북한의 지정학적 안보 전략 가치가 평가 절하될 수 있다. 그러면 북중의 외교 관계가 정상 국가 간의 관계로 재정립되는 걸 기다려볼 만하다. 그러나 현재로서 이런 전제가 충족될 가능성은 0%에 가깝다.

중국의 확고한 대북 동맹 수호 의지

북한과 중국은 자신들이 동맹 관계임을, 특히 군사적 의미에서 동맹 관계라는 사실을 인정한 적이 사실상 단 한 번도 없다. 중국은 지금까지 견지해 온 외교 원칙 중 하나인 '비동맹 원칙'을 근거로 전 세계 어떠한 나라와도 동맹을 맺지 않는다고 주장한다. 북한 역시 마찬가지이다. 그런 이유로 북한은 한미 동맹을 '자신 있고 정정당당하게' 공격한다. 그렇다면 북중 양국이 오늘날까지 유지해온 이른바 『1961년 북중 우호 협력 조약』은 어떻게 이해해야 할까? 특히 동 조약의 2조가 엄연히 양국의 군사적 방어 의무와 책임을 요구하는 군사적 성격을 띠고 있는데, 당사자들이 이를 부정하는 것은 어떤 함의를 내포하고 있을까? 한때 한국의 많은 북한 중국 전문가들이 주장했듯이 동맹의 군사적 성격은 이미 거의 퇴색됐고, 조약 역시 '사문화死文化'된 것으로 볼 수 있을까?

북중 동맹의 무용無用론은 세 가지 사실에 근거한다. 첫째, 북한과 중국 가운데 어느 나라의 군대도 상대국에 주둔하고 있지 않다. 한국 전쟁 이후 잔류했던 중국의 인민 지원군은 1958년부터 철수를 시작해 1960년 완전히 한반도를 떠났다. 둘째, 양국 군대는 연합 군사 훈련을 한 번도 한적이 없다. 따라서 북한이 침공 받을 경우 중국군의 자동 개입을 보장하는 북중 동맹 조약 2조가 즉각적으로 그 효과를 발휘할지 의문을 제기할 수 있다. 셋째, 1990년대 초 이후로 두 나라 간의 무기 거래가 사라졌다. 북한이 마지막으로 중국의 군사 무기 지원을 받은 것은 1994년의 일이다. 이후로는 무기의 부품 거래만 간헐적으로 이뤄질 뿐이었다. 2007년 북한이 해군 참모 총장을 사상 처음으로 중국에 단독 파견하여 무기 지원의 물꼬를 트려 했으나, 중국이 이를 단칼에 거절하면서 실현되지 못했다. 2008년에 유사한 임무를 띠고 중국으로 파견된 공군 참모 총장의 방중 결과 역시 마찬가지였다.

그럼에도 중국은 북한과의 '사실상의' 동맹 관계가 불변하다는 입장을 거듭 밝혀왔다. 21세기 들어서는 외교부 대변인을 통해 이를 부단히 공식화하기도 했다. 그 과정과 내용을 시간 순으로 배열하면 아래와 같다.

- 2003년 7월 15일

질문: "북중 동맹 조약의 군사 원조 조항을 두고 중국 측이 수정을 제안했다는 바가 사실인가?"

중국 외교부: "그런 바 없다."[3]

- 2006년 9월 5일

질문: "중국은 조약 가운데 방위 의무를 실천할 의사와 의지가 있는가?"

중국 외교부: "45주년을 맞은 조약은 중북 우호 협력 분야에서 중대한 역할을 하고 있다. 중국은 북한과 같은 편에서 조약의 정신을 계속 유지해 나감으로써 중북 선린 우호 협력 관계의 발전을 촉진할 것이고, 나아가 한반도의 평

3) 중국 외교부, "2003年 7月 15日 外交部發言人在記者招待會上答記者問". http://fmprc.gov.cn (검색일: 2010년 6월 29일).

화와 안정의 수호를 위해 노력할 것이다. 한반도의 평화와 안정 수호는 (중국의) 한반도 문제를 처리하는 출발점이며, 중국은 이를 위해 다른 나라와 함께 공동으로 노력해 나갈 수 있길 희망한다."[4]

- 2006년 9월 14일

질문: "중북 우호 조약을 수정하고, 중북 관계를 재평가할 필요성을 고려본 적이 있는가?"

중국 외교부: "북한과의 선린 우호 협력 관계를 부단히 발전시키는 것은 중국의 일관된 원칙이고, 이 정책에는 변화가 없다. 중북 우호 협력 조약은 중북 우호 협력 관계의 발전 방면에서 중대한 작용을 하고 있으며, 우리는 이 조약의 수정을 고려해 본 적이 없다. 중북 관계의 발전은, 양국의 상호 이익과 협력을 증대하는 것이 한반도 지역의 평화와 안정을 보호한다는 인식에 기반한다."[5]

- 2010년 6월 24일

질문: "중북 우호 협정 가운데 자동 개입 조항을 수정할 의사가 있는가?"

중국 외교부: "동 조약은 당시의 역사적 조건 속에서 체결되었으며, 지난 수십 년 동안 중북 관계의 발전, 한반도 평화와 안정을 촉진하고 보호하는 데 적극적이고도 중요한 작용을 해 왔다. … 최근 이 조약의 수정 필요성에 대해선 아는 바가 없다."[6]

---

4) 중국 외교부, "2006年 9月 5日 外交部發言人秦剛在例行記者會上答記者問". http://fmprc.gov.cn (검색일: 2010년 6월 29일).

5) 중국 외교부, "2006年 9月 14日 外交部發言人秦剛在例行記者會上答記者問". http://fmprc.gov.cn (검색일: 2010년 9월 21일).

6) 중국 외교부, "2010年 6月 24日 外交部發言人秦剛在例行記者會上答記者問", http://fmprc.gov.cn (검색일: 2010년 6월 30일).

상기한 바와 같이 실제 북중 동맹의 본질에는 변화가 없다. 퇴색된 면도 없다. 한반도 유사시 북중의 군사 공동 작전에 의구심을 제기하는 목소리가 존재하지만, 한국 전쟁 때와 같이 군사적 개입을 포함한 "지원" 형태로 이뤄질 것이다(『북중 우호 협력 조약』 2조). 특히 북한이 외부의 침략을 받았을 때 중국의 군사 지원의 당위성과 정당성이 유효하기 때문에 이를 판단할 수 있는 근거가 『북중 우호 협력 조약』 4조에서 제공된다. 이는 모든 중요한 국제 문제에 대한 지속적인 협의 조항이다. 한국 전쟁 때와 마찬가지로 1975년에도 남침을 기획할 때 중국의 '재가'를 얻으려고 김일성 주석이 방중한 것도 이런 이유에서다. 동 조약의 7조에서는 수정·폐기에 대해 쌍방 간의 합의가 없는 이상 조약의 효력이 지속된다고 규정한다. 따라서 어느 일방의 요구가 없는 한 동 조약의 효력은 지속될 것이다.

한국의 입장에서는 특히 1992년 한중 수교로 중국이 남북한 모두와 외교 관계를 갖게 된 상황에서 중국의 대북 방위 의지에 대한 호기심이 자연스레 생겨날 수밖에 없었다. 이에 중국의 고위 인사들은 늘 『북중 우호 협력 조약』의 2조를 상기시키는 자세로 일관해왔다.

> "체약 쌍방은 체약 쌍방 중 어느 일방에 대한 어떠한 국가로부터의 침략이라도 이를 방지하기 위하여 모든 조치를 공동으로 취할 의무를 지닌다. 체약 일방이 어떠한 한 개의 국가 또는 몇 개 국가들의 연합으로부터 무력 침공을 당함으로써 전쟁상태에 처하게 되는 경우 체약 상대방은 모든 힘을 다하여 지체 없이 군사 및 기타 원조를 제공한다."
>
> 『북중 우호 협력 조약』 2조

다시 말해, 중국은 북한과 관련된 두 가지 경우의 전쟁에 대해 "지체 없이" 개입할 의무와 책임이 있다. 외부로부터의 "침략"을 "방지"해야 할 때와 "한 개의 국가 또는 몇 개 국가들의 연합으로부터 무력 침공을 당할 때"가 바로 그것이다. 흥미로운 것은, 중국의 개입 조건이 이렇듯 명확했음에도 불구하고 세계는 한반도 전쟁 시 중국의 개입을 확정이 아니라 가정한다는 것이다. 물론 위의 두 가지 경우는 역으로 예외적인 경우가 존재한다는 의미도 동시에 내포한다. 즉 한반도 전쟁이 북한의 도발로 발발할 경우 중국은 북한에 군사적 지원이나 외교적 지지를 제공할 수 없다.[7] 한중 수교 이후 중국 고위급 인사들이 우리 측에 이런 의미를 전달해 줬을 때, 우리는 그것을 북중 동맹의 성격이 변질된 신호로 받아들였다.

그러나 이는 우리에게만 새로운 소식이었다.[8] 대만 국립정치대학 총장과 국가안보회의 의장, 국방 차관을 역임한 첸비자오 교수는 한중 수교 이전인 1990년 홍콩 중문대학에서 개최된 학회에서 북중 동맹에 대한 중국의 방위 입장을 밝힌 바 있다.

중국은 이미 1984년 6월, 중국을 방문한 일본 사회당 방문단에게 그에 관해 언급한 전례가 있었다. 당시 중국 공산당 대외연락부의 고문이자 대외연락부 부부장을 역임했던 장샹산张香山은 회견 자리에서 "북한의 선제공격으로 전쟁이 시작되면, 중국은 북한을 도와줄 수 없다"라고 강조했다. 중국이 처음으로 『북중 우호 협력 조약』 중 자동 개입 조항에 대한 자국의 입장을 공식적이고 대외적으로 밝힌 순간이었다.[9]

따라서 북중의 군사적 동맹 관계에 관해서는 다른 해석이 필요하다. 군사적 동맹 관계라고 해서 반드시 앞서 언급한 세 가지 조건을 충족시킬 필요는 없다. 다시 말해 군사적으로 동맹국의 방위를 수호하겠다는 의지가

---

7) Kim, Sino-North Korean Relations in the Post-Cold War World, and Wu, "What China Whispers to North Korea".

8) 대만 국립정치대학 총장과 국가안보회의 의장, 국방 차관을 역임한 첸비자오 교수는 한중 수교 이전인 1990년 홍콩 중문대학에서 개최된 학회에서 북중 동맹에 대한 중국의 방위 입장을 밝힌 바 있다. 陳必照, "韓中經濟互動關係的演變: 1979年至1989年", "臺灣經濟與區域互動" 국제학술회의 발표논문, 1990년 1월 16-17일. p. 5 참조.

9) Zhang's remarks are quoted in a report on the meeting with the JSP delegation, as recounted in Yomiuri Shimbun, 25 June 1984, p. 2.

더 관건이며, 이것만 충족되어도 양국의 동맹은 유효하다. 미국과 대만, 미국과 이스라엘의 사례가 이를 증명한다. 미국과 두 나라 간의 정식 동맹 조약은 존재하지 않지만, 이들에 대한 미국의 확고한 방위 의지는 세계도 암묵적으로 인정하는 사실이다. 북중 동맹 관계 역시 마찬가지다. 비록 주둔군이 없고 공동으로 군사 훈련을 벌인 적도 없지만, 두 나라 사이에 동맹 관계가 존재한다는 사실만으로도 억지력은 상당 부분 발휘된다. 일례로, 북한을 상대로 한 선제타격 준비가 한창이던 1994년 미국은 중국의 고위급 인사에게 북한의 반격 가능성을 질문했다. 그러나 해당 인사는 "문제는 북한이 아니라 중국"이라는 대답으로 엄중한 경고를 날림으로써 미국의 선제타격 계획에 상당한 억지력을 행사했다.[10)]

여기서 우리는 북중 관계에서 동맹이 북한보다 중국에 가지는 의미를 상기할 필요가 있다. 외교에서는 동맹 조약을 준수할 의사만으로도 외부의 위협을 외교적으로 억제하는 효과를 기대할 수 있다. 이러한 현실 속에서 중국이 북한과의 동맹 관계를 부인하는 건 사실에 부합하지 않는다. 양국의 관계는 실제로 동맹 관계이며, 따라서 군사적 방어에 대한 의지 또한 확고하다. 한미 동맹과 주한 미군의 한반도 주둔이 이어지는 한 『북중 우호 협력 조약』 내 군사적 자동 개입 조항을 수정할 의사는 존재하지 않는다.

북한 유사시 중국 개입설

한반도 급변 사태 및 북한의 유사 사태는 다음과 같은 상황으로 정리할 수 있다. 하나는 북한 정권의 붕괴로 인한 이른바 '북한 붕괴'이다. 이 경우 한반도의 통일은 남한이 북한을 흡수하는 방식으로 실현될 가능성을

10) Interviews with Chines and Japanese sources.

배제하지 못한다. 다른 하나는 북핵의 해결책으로 미국이 북한에 선제공격을 감행하는 경우이다. 이 상황에서 관건은 북한의 반격에 미국과 한미 연합군이 어떻게 대응하느냐이다. 핵 시설 타격과 파괴에 만족할지, 아니면 반격을 명분으로 전진하여 종국적으로 북한을 점령할지 하는 양자택일이 한반도 미래를 좌우할 가능성이 크다.

북한과 동맹 관계를 맺고 있는 중국이란 변수는 한반도 유사시에 대한 한국과 미국의 공동 대응 전략 계산을 복잡하게 만든다. 중국이 이 문제에 있어 입장을 명확히 밝히지 않고 있기 때문이다. 한국과 미국 두 나라는 중국의 입장을 추론하기 위해 백방으로 노력을 기울여 왔다. 정부 차원에서든 비정부 차원에서든 '북한 붕괴론'의 가능성이 고조될 때나 미국의 대북 선제타격 구상이 수면 위로 올라왔을 때, 미국의 관료와 학자들의 물음은 꼬리에 꼬리를 물었다. 심지어 미국은 중국을 부단히 설득하여 2017년 미국의 아시아태평양 사령관 존 던포드가 외국군 인사로서는 처음으로 중국 동북 지역의 군 시설을 탐방하는 쾌거를 거두기도 했다.

이 문제가 복잡한 이유는 중국이 북한 유사시에 대한 개념, 그리고 앞서 설명한 두 가지 북한 유사 상황에 있어 한국과 미국의 대응을 어떻게 인식할지를 아직 규정하지 못했기 때문이다. 우선 북한 유사시와 관련하여 중국은 기본적으로 다음 세 가지 논리를 들어 '북한 붕괴론'을 비현실적이고 불가능한 것으로 치부한다. 첫째, 인류 역사에서 국가가 분열되고 국내 일부 지역이 새로운 나라로 독립한 사례는 많지만, 국가가 지도에서 사라진 적은 없다. 따라서 북한은 통일 이전에 국가로서 존속할 것이라는 게 중국의 기본 입장이다. 둘째, 북한의 유사 사태는 정권의 붕괴로 볼 수 있으며, 정권의 붕괴는 정권의 교체를 의미한다. 즉 북한의 김정은 정권이 몰락하더라도 새로운 정권이 창출되어 그 자리를 대신할 거라는 것이다. 셋째, 중국은 북한 유사시 한국과 미국의 '군사 개입'에 대해 전략적 모호성을 유지할 것이다. 이는 다시 말해 북한에 대한 한미의 대응을 '침략'이나 '침공'으로까지 정의하진 못하더라도 '침범'으로는 규정할 수는 있다는 것이다. 그리고 이 경우 한국군과 미국군의 물리적 행위는 국가 주권과 영토 주권의 의미에서 국제법 위반이자 군사적 침략 행위로 정의되며, 결국 중국의 개입을 결정지을 관건으로 부상하게 된다는 것이다.[11)]

물론 한반도 급변 사태에 대한 중국의 개입 결정은 몇 가지 관련 변수를 고려해야 한다. 우선 동맹국으로서 북한이 중국에 개입을 요청할 것인지가 하나의 관건이다. 만약 그럴 경우 중국의 단독 개입은 가능하다. 동맹 조약의 4조 "국제 문제와 관심 사항에 대한 긴밀한 소통" 유지가 이를 정당화할 수 있기 때문이다. 하지만 중국이 북한의 요청에 대응하기 전 미국과 사전 협의를 거칠 여지도 동시에 존재한다.[12)]

다음으로 한반도 유사시로 형성될 최종 국면end state, 즉 한반도 급변 사태나 북한 유사 사태로 말미암아 한반도의 양상이 통일로 이어질 가능성이 보일 때 중국이 드러낼 반응이다. 기본적으로 중국은 한반도 통일을 지지한다. 그러나 그들의 지지는 한민족이 외세의 개입 없이 자주적으로 독립적이며 평화적인 과정을 통해 이뤄내는 통일일 때 비로소 유효하다. 이런 중국의 입장은 뒤집어 말하면 그렇지 않은 경우는 통일에 반대한다는 의미로 해석할 수 있다. 따라서 유사 사태로 인해 남한이 북한을 흡수 통일하는 긴박한 상황이 펼쳐질 경우 중국의 개입 가능성은 커진다. 중국은 안보 전략적인 이유로 한반도의 완충적 전략 가치를 대체할 수 있는 대안이 없는 돌발적인 흡수 통일을 반대하기 때문이다. 이러한 중국의 입장은 1982년 유엔 총회 연설에서 북한의 고려연방제

---

11) "朱鋒: 中國不會單獨介入朝鮮突發事件", 『星島環球网』, 2009年 2月 9日, http://www.stnn.cc/pol._op/200902/t2009090209_975284.html (검색일: 2010년 3월 9일).

12) "How Do You Solve A Problem Like Korea? New Archive Document Collection Sheds Light on Nixon's Frustrating Search for Military Options," National Security Archive Electronic Briefing Book No. 322, Posted June 23, 2010, http://www.gwu.edu/~nsarchiv/NSAEBB/NSAEBB322/index.htm (검색일: 2010년 8월 10일).

통일 방식을 공개적으로 지지하고 나선 데서도 유추할 수 있다. 당시 중국은 통일 여건을 마련하기 위한 이른바 '북한 문제' 해결의 전제 조건, 즉 유엔 사령부 해체, 주한 미군 철수, 그리고 정전 협정의 평화 협정 전환의 해결을 촉구했다. 이후 2005년 김일성의 고려연방제 통일 방식에 대한 지지에서 '북한의 주장과 입장'에 대한 지지로 그 표현 방식이 달라지긴 했으나, 본질은 그대로였다.

한편 다자 차원에서 북한 사태 개입 여지의 유무가 또 하나의 관건으로 작용할 것이다. 중국은 유엔 안전보장이사회의 5개 상임이사국 중 하나다. 상기한 두 가지 경우 중국은 미국의 군사적 개입을 최소화하기 위해 사전에 미국과의 협의를 도모할 수 있다. 그러나 이것이 실패할 경우 안보리 상임이사국 자격으로 유엔의 도움을 요청할 수도 있다. 이 경우 중국의 도움은 두 가지 경로를 통해 실현될 수 있다. 유엔 평화유지군의 임무에 호소하여 북한 사태의 원만한 해결을 촉구하는 것[13]과 유엔을 통한 인도적 개입humanitarian intervention을 촉구하는 것이다.[14] 물론 여의치 않으면 중국이 단독으로 인도적 개입을 취할 수도 있다. 특히 권력 투쟁의 장기화로 인한 집단 학살이나 국가 붕괴로 인한 인도적 재앙이 초래될 경우 유엔이 2006년에 채택한 결의안 1674호는 중국의 당위성과 정당성의 근거가 될 것이다.

이 대목에서 흥미로운 점은 인도적 개입이 '다양한 이유'로 실현 가능하다는 사실이다. 한반도와 북한의 급변 사태가 '재난' 상황으로 명명되면, 중국은 구호를 명분으로 개입할 수 있다. 이 경우 구호 활동은 인권 보호라는 명분도 자연스레 갖추게 된다. 또 다른 이유는 한반도의 상황이 내전으로 확대되거나 북한의 붕괴가 불가피해지는 형세를

---

13) 주재우, "북한붕괴에 대한 중국의 전략적 옵션", 『시대정신』, 가을 40호 2008, 74-95쪽.

14) 유엔 결의안 1674호 'On the protection of civilians in armed conflict'의 전신은 2005년 세계정상회의(The World Summit)에서 제안된 'The Responsibility to Protect'이다. http://www.iciss.ca/menu-en.asp, http://www.un.org/largerfreedom/contents.htm 참조 (검색일: 2010년 8월 2일).

보이면, 북한의 요청과 동의로 중국이 개입하는 것이다. 북한의 요청은 주권 국가가 행할 수 있는 고유의 권리이며, 특히 전쟁으로 야기되는 북한 인권의 잔학상은 중국에 무엇보다 큰 정당성과 명분을 제공하고, 나아가 북한의 동의 없이 개별 국가 혹은 유엔과 같은 국제기구의 개입을 허용한다.

이미 세계는 미래 북한에서 벌어질지 모를 사태에 적용할 수 있는 전례를 축적해왔다. 특히 정권 붕괴로 혼란과 무질서가 장기화되어 국가적 붕괴 징후가 포착될 경우 국제 사회의 인도적 개입이 실현된 선례는 적지 않다. 국가의 총체적 붕괴로 사실상 국가 기능을 상실했던 소말리아에 대한 개입이 대표적인 사례다. 집단 학살이나 대규모 난민의 발생, 혹은 공포 정치가 실행되었던 사담 후세인의 이라크, 이디 아민의 우간다, 슬로보단 밀로셰비치의 신유고 연방 같은 사례들 역시 마찬가지였다. 급변 사태로 북한에서 대규모 탈북자가 발생해 난민 지위를 인정받을 때도 인도적 개입은 가능해진다. 앙골라와 보스니아 내전이 이미 이를 증명했기 때문이다. 다만 이 경우는 북한의 권력 투쟁이 장기전으로 치닫는 것을 의미하는데, 이 과정에서 수단과 같이 대량 학살이 자행된다면 국제 사회의 인도적 개입 가능성은 더욱 탄력을 얻게 된다.

따라서 한반도 급변 사태나 북한의 유사 사태 시 중국의 개입은 완전히 배제하기 어렵다. 중국은 결국 스스로의 상황 판단을 근거로 움직일 것이다. 여기에 대규모 난민 발생에서부터 북한 정권의 반응에 이르기까지 수많은 요인이 중국의 판단에 변수로 작용할 수 있다는 사실을 우리는 기억해야 한다.

중국이 현상 유지를 선호하는 전략적 이유

앞서 8장에서 설명한 중국의 대북 단독 제재 결정은 북중 관계, 특히 흔히들 집착하는 '중국의 대북 영향력'에 있어 중대한 함의가 있다. 국제 관계에서 '영향력'이란, 한 국가가 다른 국가의 행동을 자신의 이익에 부합하는 결과로 도출해 낼 때 증명된다. 하지만 지금까지 북한의 도발 행위는 중국에 대북 영향력이 없음을 방증했다. 사실 북한 핵 실험 이후부터 중국의 대북 영향력은 이미 상실되었다고 해도 과언이 아니다. 가령 1차 핵 실험 당시 북한은 불과 실험 1시간 전에 이를 중국 측에 통보했다. 『북중 우호 협력 조약』의 4조, 즉 긴밀한 소통을 요구하는 조항을 위배한 것이다. 급작스레 발발한 핵 실험에 놀란 중국은 당시 탕지아쉔 한반도 특별 사무관을 평양에 급파했다. 그리고 김정일 위원장과의 만남에서 2차 핵 실험은 없을 것이며 6자 회담에도 복귀할 것을 약속받았다. 후문에 따르면 탕지아쉔 사무관은 당시 북한에 미사일 시험 발사를 자제할 것을 거의 애걸했다고 한다. 결과적으로 중국은 공수표와도 같은 북한의 발언과 그들의 경제적 사정을 근거 삼아 유엔 결의안에서 극단적 조치를 제거하고자 백방으로 노력했다. 하지만 북한은 2차 핵 실험에 이어 미사일 시험 발사까지 거행하며 중국의 기대를 완전히 무너뜨렸다.

반면 과거와 다르게 오늘날의 김정은 위원장은 중국과의 관계에서 다음과 같은 외교술을 발휘하고 있다. 첫째, 공산주의 국가 외교의 특수성을 잘 활용한다. 그는 북한 노동당과 중국 공산당이 건재하는 한 당대당 외교는 유효하다는 사실을 잘 숙지하고 있으며, 따라서 이를 외교 밑천으로 삼고자 한다. 둘째, 줄타기 외교 대상을 과거 소련과 중국에서 현재는 중국과 미국으로 전환하며 북한의 의중을 더욱더 파악하기 어렵게 만들었다. 북한은 지금까지 미국과 중국 사이에서 세 가지 유형의 극단적인 행동을 취해왔다. 미중 양국 모두에게 강한 제재를 받거나, 미중 양국 간을 왕래하며 일방에 치우치거나, 간보기 외교를 전개하여 미국과 중국의 입장 파악에 적극적으로 나서는 것이었다. 미국과 중국 사이의 갈등과 협력 구조를 적절히 이용함으로써 그는 북한 외교의 진의 파악을 어렵게 만들었다. 그리고 이 과정에서 우리의 혼란 역시 자연스레 가중되었다. 셋째, 중국과의 거리두기 전술을 견지하고 있다. 중국의 불안한 심리를 이용하는 것이다. 중국은 북한의 자의적인 이탈이나 예기치 못한 북한 유실, 혹은 타의에 의한 북한 상실 등을 우려한다. 자의적인 이탈은 말 그대로 북한이 중국을 떠나 미국의 품에 안기는 것이다. 예기치 못한 북한 유실 역시 북한이 미국과의 협상을 진전시켜 중국도 모르는 사이 미국과의 관계 개선을 달성함으로써 결과적으로 중국에 대한 의존을 떨쳐버리는 것이다. 타의에 의한 북한 상실은 미국의 적극적인 관계 개선 의지에 따라 북한이 미국과 한 편에 서는 것이다. 이 경우 북한의 핵 보유 지위는 암묵적으로 인정되고, 북미 간 안보 문제는 중국의 의사와는 상관없이 당사자들 사이에서 절충을 보게 된다. 북한의 주체사상이 확립되는 것이다.

마지막으로 김정은 위원장은 이러한 중국의 불안한 심리를 활용해 자신의 취약점을 보완하고자 한다. 미국의 압박과 위협에 이른바 '중국 카드'를 활용하는 것이다. 일례로, 트럼프 대통령이 북한에 백기투항을 요구하자 김정은은 시진핑 주석에게 두 번째 회담을 요청했다. 북핵 해결에 있어 중국의 기본 입장과 전략을 잘 숙지하고 있으므로 이를 이용하자는 것이었다. 결국 김정은은 2018년 5월 시진핑과의 회담에서 북한에 대한 중국의 소위 '3개 불변三個不變 사항'이라는 정치적 지지를 선물받았다. 북중 관계의 공고함과 발전에 대한 확고한 입장, 북한을 향한 우호와 우정, 그리고 사회주의 북한에 대한 지지는 불변할 것임을 중국이 약속한 것이다.[15] 이는 곧 북한의 생존을 보장하는 중국의 약속이기도 했다.

---

15) "關於中朝關係，習近平說了三個'不會變'"，『中國日报』, 2018年 6月 22日.

나아가 북미 회담이 임박한 상황에서 시진핑 주석은 김정은 위원장에게 '한반도 문제의 정치적 해결'을 제안했다.[16] 북미 수교를 비롯해 정전 협정의 종전 협정으로의 전환, 한반도 평화 체제 등이 모두 정치적 해결을 요구하기 때문이다. 중국은 결국 북한의 핵 문제를 포함한 한반도의 영구적 평화 안착을 위해 북한이 용단을 내려야 한다며 다독였다. 한반도의 영구적 평화 정착은 북한의 비핵화와 개방이라는 두 가지 선결 조건이 충족되어야 가능한 것이었다.

시진핑의 북한 껴안기는 이후에도 계속되었다. 2019년 6월에 북한을 방문한 시진핑은 이번에는 김정은에게 '3개의 지지 입장,' 다시 말해 첫째, 국제 상황이 어떻게 변해도 중국은 북한의 사회주의 사업을 확고하게 지지할 것, 둘째, 북한이 추구하는 새로운 전략 노선을 변함없이 지지할 것, 셋째, 한반도 문제의 정치적 해결과 한반도 내 영구적인 안정을 위한 북한의 노력을 지지할 것이라는 입장을 밝혔다.[17] 그리고 지지를 실천하기 위한 세 가지 전략 방침도 부연했다. 우선 전략적 소통과 교류를 거울삼아 북중 양국 관계에 새로운 의미를 불어 넣자고 설명했다. 곧이어 우호적인 교류와 실무 협력은 양자 관계에 새로운 동력을 선물할 것이며, 대화와 조율을 위한 협력 강화는 지역의 평화와 안정에 새로운 국면을 창출할 것이라고 김정은을 설득했다. 동맹 차원에서 북중 관계의 부단한 발전을 기대해 온 중국이 북한과의 공조 강화에 강한 의지와 결의가 있음을 적극적으로 드러낸 대목이었다.

중국은 '쌍중단'과 '쌍궤병행'을 실현시킬 유일한 기제가 6자 회담임을 오래전부터 강조해왔다. 이 해법은 기본적으로 북한이 요구하는 방식과 일치한다. 북한으로서는 6자 회담과 같은 낮은 단계의 협상에 참석하기만 해도 최소한 중국, 러시아, 그리고 한국의 지지를 얻을 수 있다는 판단에

16) "習近平同金正恩舉行會談", 『人民網』, 2018年 5月 8日.

17) "中朝歷史性互訪, 習近平表達三個堅定支持", 『中視新聞』, 2019年 6月 22日.

이르렀을 것이다. 또한 6자 회담에 복귀하는 것만으로도 이들이 국제 사회에 대북 제재 완화를 호소하는 데 필요한 명분을 제공할 수 있게 된다. 이러한 북한의 전략에 대한 중국의 대응 옵션은 맨 먼저 북한을 전략 자산으로 유지하기 위한 노력을 배가하는 것이다. 그를 위해서 중국은 북한이 핵을 포기할 때까지 유엔과 국제 사회가 채택하는 더 강한 제재에 더 적극적으로 참여할 필요가 있다. 다만 북한을 대화의 장으로 이끌어낸다는 목표 아래 대북 제재가 결정되는 과정에서 그 수위를 조절하고자 노력할 것이며, 압박과 설득을 부단히 반복하는 전략에 의존할 것이다. 이 과정에서 몇 가지 변수가 출현할 수 있고, 그로 인해 북한이 대화에 나설 용의나 태도를 보일 수 있다. 혹은 일부 지역을 제한적으로 개방해 개혁 개방의 의사를 드러내거나, 크게는 핵 동결을 선언할 수도 있다.

북한이 대화에 응하여 제재가 완화된 선례는 2005년 마카오 소재 은행인 <방코 델타 아시아Banko Delta Asia, BDA> 사례[18]에서 찾아볼 수 있다. 그리고 핵 동결 선언의 결과는 이미 북한 스스로가 경험한 바 있다. 1990년대 평양은 일시적으로 핵 동결을 선언함으로써 1994년 『제네바 합의서』의 체결과 그 결과로 미국과 주변국들의 경제 지원을 획득했다. 물론 오늘날 북한의 핵 수준이나 안보 상황은 과거와 비교가 되지 않는다. 하지만 북한의 입장이나 태도에 변화를 유발할 수 있다면, 중국이 북한을 전략 자산으로 유지하기가 훨씬 수월해진다는 교훈은 변함이 없다.

중국의 두 번째 대응 옵션은 설사 북한이 중국의 국익에 있어 전략 자산으로서의 가치를 상실하더라도 북한이 중국의 영향권에서 독립 혹은 이탈하는 것을 차단하는 것이다. 이 경우 중국이 가용할 수 있는

18) 2005년 9월 미국 재무부는 북한 당국이 위조 지폐 유통과 돈 세탁을 위해 BDA를 이용한 혐의가 있으며, 이 자금이 북한의 핵무기 개발과 통치 자금으로 사용되고 있다는 이유를 들어 해당 은행을 우려 대상으로 지정했다. 그러자 마카오 당국은 은행의 파산을 막기 위해 예금 동결 조치를 내렸고, 그에 따라 북한의 계좌에 있던 2,500만 달러의 예금도 발이 묶였다. 미국은 2년이 지나서야 그 돈의 송금을 허용했다.

전략적 옵션은 더 강한 제재와 압박, 혹은 유화책뿐이다. 중국의 유화책은 북한의 핵 개발 성공 여부와 긴밀한 관계가 있다. 만약 미래에 있을지 모를 7차 핵 실험이 북한 핵 개발의 완성을 알리는 마지막 관문이 된다면, 북한은 군사적으로 중국에 독립하는 셈이 된다. 따라서 중국은 그 이후의 결과로서 북한의 이탈을 저지해야만 한다. 이때 중국은 북한에 더 많은 경제 지원과 원조 제공 등의 유화책을 동원하거나, 국제 사회와의 공조 체제를 통해 더 강력한 대북 제재를 강구할 수 있다. 유화책이 성립되려면 중국은 유엔과 국제 사회가 더 강력한 제재를 채택하지 못하도록 북한을 '변호'해야만 한다. 특히 북한의 마지막 핵 실험 성공에도 불구하고 그 전략적 자산 가치가 중국에 귀중하다면, 중국은 북한 수호를 위해 적극적으로 나설 것이다. 그러나 유화책의 성립은 곧 중국이 유엔과 국제 사회와의 갈등을 감수하고 더 강한 제재의 채택을 막겠다는 의지를 전제로 한다. 이 경우 전략 자산 가치로서 북한을 수호함으로써 중국이 얻는 이익은 국제 사회와의 마찰로 인해 입을 손실보다 커야 한다. 반면 손실이 더 크다면, 중국은 북한의 핵보유국 인정을 거부하려는 국제 사회의 노력에 동참해야 할 것이다.

마지막으로, 국제 사회가 북한의 핵보유국 지위를 인정하는 경우 중국의 대응 옵션은 북한의 완전한 이탈을 막기 위해 모든 수단과 방법을 동원하는 것이다. 핵보유국 지위를 인정받게 되면 북한은 그토록 염원하던 미국과의 관계 개선 창구에 진입하게 될 것이다. 또한 북한의 핵보유국 지위 인정은 비핵화 협상이 핵 군축 담판으로 전환되었음을 의미한다. 그리고 이 과정에서 미국과 북한은 담판 이전에 관계 정상화, 즉 수교 논의를 선행하는 것이 불가피해진다. 하지만 이것이 현실이 될 경우 북한은 당연히 미국에 기울고, 중국은 미국과의 권력 경쟁에서 자연히 불리해질 것이다. 따라서 중국은 다음의 두 가지 전략 옵션을 고려해 하나를 선택함으로써 그러한 사태를 사전에 방지하려 들 것이다. 하나는 북한을 파키스탄화化하는 것이다.[19] 이는 북한의 국가 경제 개발과 생존 능력을 강화하는 데 아낌없는 지원과 원조를 제공하는 것을 의미한다. 경제적 지원과 핵 능력 향상에 도움이 될 만한 기술을 적극적으로 지원하는 한편[20] 소원해졌던 정치 외교 관계를 다시 강화해감으로써 중국에 대한 의존도를 인위적으로 상승시키는 전략이다.[21]

다른 하나는 첫 번째 전략이 실패로 끝나서 여의치 않은 경우 남한과의 유대나 연대를 강화하려고 최선을 다하는 것이다. 북한이 미국과의 관계 개선을 도모하며 점차 친미에 가까워질수록 한반도에서 중국이 고립될 가능성은 커질 수밖에 없다. 이를 방지하고 한반도에서 새로운 세력 균형점을 마련하기 위해 중국이 새로운 전략을 도모해야 할 필요성 역시 그만큼 비례하여 증가할 것이다. 실현 가능성의 유무는 차치하고, 이 경우 중국이 유일하게 가용할 수 있는 전략은 한국에 대한 '매혹 공세charm offensive'뿐이다. 그러나 한미 동맹 문제가 해결되지 않은 상황에서 이는 유명무실해질 수밖에 없다. 결국 중국에 있어 가장 만족스러운 한반도의 행보와 형태는 현상 유지를 결코 벗어나지 못한다.

---

19) John W. Garver, "Sino-Indian Rapproachement and the Sino-Pakistan Entente," Political Science Quarterly, Vol. 111, No. 2, 1996, pp. 323-347.

20) Jafar Riaz Kataria and Anum Naveed, "Pakistan-China Social and Economic Relations," South Asian Studies, Vol. 29, No. 2, 2014, pp. 395-410.

21) Michael Beckely, "China and Pakistan: Fair-Weather Friends," Yale Journal of International Affairs, No. 7, 2012, pp. 9-22.

맺음말

고르디우스의 매듭은 존재하지 않는다

이 책의 본문 2장에서 잠깐 소개한 바와 같이, 1991년 12월 북한을 방문한 스티븐 솔라즈 미 하원 의원에게 북한의 김일성 주석은 "우리가 만약 핵무기를 생산해서 한두 개 가지게 됐다고 칩시다. 그게 무슨 의미가 있소? 우리가 그걸 발사하면 당신들은 조선인 모두를 말살시킬 것 아니오"라고 말한 바 있다. 당시 국무 장관을 꿈꾸며 외교적 해결 방안을 선호하던 솔라즈 의원은 귀국 길에 한국을 방문한 자리에서 북한은 핵 문제에 있어 만족스러운 해결 방안을 추구하기보다는 핵이 초래할 충돌을 피하는 것에 더 흥미를 보이는 것 같다고 언급했다.[1)]

그러나 1993년 11월 말에 미 DNI는 북한이 이미 한두 개의 핵무기를 보유하고 있으며, 이를 절대 포기하지 않을 것이라는 결론을 내렸다. 그러자 김일성 주석은 이듬해 4월에 열린 외신 기자 회견에서 한 달 전 남북 회담장에서 나온 서울 불바다 발언이 과실이었음을 인정하고, 핵

1) 시걸은 1992년 1월 16일 솔라즈 의원과의 인터뷰를 통해 이 같은 발언을 확인했다. 인터뷰 자리에는 스탠리 로스와 랄프 클로프가 배석했다. Leon V. Sigal, Disarming Strangers: Nuclear Diplomacy with North Korea, p. 34 참조.

프로그램 역시 동결하겠다는 의사를 밝혔다. 그뿐만 아니라 "미래에 북한은 어떠한 핵무기도 가지지 않을 것이다. 내가 보장한다"라는 말을 덧붙여 모든 핵 야욕을 포기하겠다는 의지까지 밝혔다.[2)]

약 두 달 뒤인 6월 15일, 미국의 지미 카터 전 대통령이 평양을 찾았다. 앤소니 레이크Anthony Lake 국가 안보 보좌관, 로버트 갈루치 차관보, 개리 럭 주한 미군 사령관 등으로부터 이미 상황을 브리핑 받은 뒤였다. 김일성은 카터와 만난 자리에서 북한은 핵무기가 필요치 않으며, 미국이 북한을 향해 핵 공격을 감행하지 않고 경수로를 제공하면 핵 프로그램의 동결은 물론 IAEA의 영변 사찰도 수용하겠다고 제안했다. 그리고 김영삼 대통령의 남북 정상회담 제안도 수락할 용의가 있다고 덧붙였다.

곧이어 10월 21일에 『제네바 합의서』가 채택되었다. 미국은 북한의 핵 동결에 상응하는 조치로서 경수로 제공, 북한의 안전 보장, 중유 공급, 미국의 경제 재제 해제와 점진적인 북미 수교 등을 약속했다. 지난 50여 년 동안 북한이 미국에 줄곧 바라왔던 것들이 모두 포함된 그야말로 종합 선물 세트였다.

하지만 2002년 10월에 평양을 방문한 제임스 켈리 국무 차관보가 북한의 고농축 우라늄 생산 활동을 처음으로 정면 비판하면서 합의서는 표류하기 시작했다. 그리고 몇 주 후, 북한 외무성도 합의서의 사문화를 인정했다. 강석주 북한 외무성 제1부상이 켈리 차관보에게 언급했듯이 미국의 끊이지 않는 위협 속에서 북한은 주권과 생존권을 보호하기 위해 핵무기뿐 아니라 그보다 더 강한 무기를 보유할 권리를 가지고 있다는 것이었다.[3)]

---

2) Lena H. Sun, "North Korea Doesn't Have Nuclear Arms, Leader Says," Washington Post, April 17, 1994. A-29.

3) Jonathan D. Pollack, No Exit: North Korea, Nuclear Weapons, and International Security, (London: International Institute for Strategic Studies; New York: Routledge, 2011), p. 138, 각주 21 참조. 미국은 켈리 차관보와 북한 측과의 대담 기록을 공개하지 않았다. 폴락 박사의 인용은 2002년 10월 25일 북한 외무성 대변인의 발언이며, 대부분은 강석주가 켈리에게 반응한 내용이었다.

이렇듯 북한은 그동안 기나긴 제재라는 수난을 겪어 오면서도 핵을 손에 쥔 채 놓지 않았다. 제재라는 채찍과 보상이라는 당근도 핵에 대한 그들의 야욕을 저지하지는 못했다. 2009년 북한 외무성 대변인이 지적한 바와 같이 그들이 핵무기를 만들게 된 이유가 미국과의 관계 정상화나 경제 지원 등을 바라서가 아니라 미국의 핵 위협으로부터 자신을 지키기 위함에 있기 때문이었다.

더욱이 "미국과의 관계 정상화 없이는 살아갈 수 있어도 핵 억지력이 없이는 살아갈 수 없는 것이 조선반도의 현실"인 것을 염두에 둘 때, "설령 북미 관계가 외교상 정상 궤도에 오른다고 하여도 미국의 핵 위협이 조금이라도 남아있는 한, 북한은 핵보유국의 지위를 추호도 포기할 생각이 없다."[4] '행동 대 행동' 원칙에 따라 『9.19 공동 성명』을 이행하고, 역시 이 원칙에 기반해 한반도 전체에 대한 검증을 동시에 진행하여 비핵화가 최종적으로 실현되는 단계에 이르기 전까지는,[5] 북한 정권의 핵을 향한 집착은 절대로 사라지지 않을 것이다.

북한은 2006년부터 2017년까지 여섯 차례의 핵 실험과 수없이 많은 미사일 발사체 시험 발사를 자행했다. 그리고 2019년 하노이 2차 북미 정상 회담이 결실 없이 끝나자, 2020년부터는 미사일 시험 발사를 재개했다. 이 과정에서 미국과 유엔, 그리고 주변국들은 새로운 대북 제재를 채택했고, 새로운 제재는 규모에서 범위에 이르기까지 전례에 비해 훨씬 더 가중되는 면모를 갖추게 되었다.

북한은 발버둥(핵과 미사일 시험)을 치면 칠수록 결국 제재라는 늪에 더 깊이 빠지고 있다. 북한 스스로가 비핵화를 더 어렵게 만드는 자충수를 두고 있다는 뜻이다. 이제 북한은 단번에 비핵화 합의를

---

4) "미국과의 관계 정상화 문제와 핵 문제는 철두철미 별개의 문제", 조선민주주의인민공화국 외무성 대변인, 2009년 1월 17일.

5) "조선민주주의인민공화국 외무성대변인담화", 2009년 1월 13일.

완성하겠다는 꿈을 버려야 한다. 북한에 대한 제재를 단방에 해결할 수 있는 '고르디우스의 매듭Gordian's Knot'[6]은 사라졌다. 대북 제재의 실타래는 북한의 자충수로 더 엉켜버렸고, 실마리를 찾는 게 거의 불가능해 보인다. 더욱이 비핵화가 '선대의 유훈'이라는 북한의 주장은 이미 양치기 소년의 거짓말이 된 지 오래다.

이처럼 북한의 비핵화는 기약이 없고, 적용할 만한 그 어떤 선례도 눈에 띄지 않는다. 남아프리카 공화국의 모델이든, 리비아의 것이든, 심지어 구소련의 모델도 북한의 경우에 적용하기는 부적합하다. 북한 비핵화의 문제가 그 본질에서부터 실상에까지 그들 사례와 완전히 다르기 때문이다.

1967년부터 핵 개발을 시작해 1980년에 6개 정도의 핵분열탄을 생산하고 1982년에 첫 핵탄두를 생산한 남아프리카공화국이 비핵화를 결심하기까지에는 프레데릭 빌렘 데 클레르크Frederik Willem de Klerk의 용단(?)이 있었다. 1989년에 대통령으로 선출된 그는 백인 정권의 아파르트헤이트apartheid 정책, 즉 인종 차별과 백인 통치의 종결을 압박하는 국제 사회에 속수무책이었다. 대세는 이미 아파르트헤이트 정책의 종결과 흑인 정권으로의 교체로 기울고 있었고, 결국 그는 핵무기의 폐기를 선언했다. 1991년 남아공은 IAEA의 모든 핵 시설 사찰을 수용했고, 백여 차례의 사찰을 거친 후에야 비로소 비핵화를 공식 선언했다. 후일담이지만, 최후의 백인 정권은 흑인 정권에 핵무기를 양도할 수 없다는 결정적인 이유를 들어 비핵화 추진을 합리화했다. 그러나 남아공 사례에서 가장 큰 시사점은 결국 사찰이 관건이라는 사실이다.

다음으로 리비아의 사례를 논의하기 전에는 한 가지 짚고 넘어가야 할 부분이 있다. 미국과 유럽이 애당초 리비아에 요구했던 것은 WMD,

---

6) 소아시아의 고대 국가 프리기아(Phrygia)의 왕 고르디우스 고사에서 유래한 말로, 엉켜진 매듭의 한 가닥을 당겼을 때 의외로 쉽게 풀리는 상황을 일컫는 비유이다. 난해하고 복잡해 보이지만 임기응변이나 발상의 전환 등을 통해 의외로 쉽게 해결할 수 있는 문제를 가리킬 때 흔히 쓰이며, 여기서는 북핵 문제를 해결할 묘수를 뜻한다.

그중에서도 생화학무기의 폐기였고, 거기에 핵무기는 포함되어 있지 않았다. 2003년 리비아가 WMD의 폐기를 선언했을 당시에 핵 개발은 원심분리기 몇 대와 이에 사용할 핵연료만 존재할 뿐 아직 초기 단계에 머물러 있었기 때문이다. 따라서 이른바 리비아 모델도 북한에 적용하기는 어렵다.

그럼에도 2018년 4월에 존 볼턴 국가 안보 보좌관이 리비아 모델을 북핵 문제 해결의 기본 방침으로 삼겠다고 선언한 이유는 간단하다. 북한이 가진 모든 유형의 WMD를 비핵화 프로그램에 포함시키고, 그 과정 또한 리비아의 선례를 철저히 따르겠다는 의미였다. 이는 핵무기 개발과 관련된 정보, 설계, 문건, 시설, 설비, 원료, 물질, 기기 등을 모두 폐기하는 것으로, 미국 정부가 이야기하는 '전면적이고, 검증 가능하며, 불가역적인 폐기CVID'가 무엇을 말하는지도 그런 맥락에서 알 수 있다.

미국이 리비아 모델을 선호한다는 사실은 2019년 2월 하노이 2차 북미 정상 회담에서 명백히 드러났다. 정상 회담 이후에 가진 기자 회견에서 트럼프 대통령과 폼페이오 국무 장관은 미국이 북한에게 바라는 요구 사항을 상세히 소개했다. 핵무기와 생화학무기를 포함한 모든 WMD, 그리고 이와 관련된 모든 시설의 폐기였다.

미국 정부 지도자들의 하노이 발언은 미국의 북핵 전략이 먼저 북한이 핵을 포기하면 수교라는 보상을 보장한다는 '선핵포기, 후보상'이라는 공식을 초월했음을 입증했다. 리비아 모델의 방점은 '모든' WMD라는 데에 있지, 핵을 포기한 대가에 있지 않다. 세계가 리비아 지도자 카다피의 사망을 재조명했을 때, 모두들 독재자의 그런 끔찍한 말로가 김정은 위원장으로 하여금 리비아 모델을 거절하게 만들었다고 추측했다. 하지만 실상 김정은을 더 불쾌하게 만든 건 카다피의 사망이 아니라 모든 WMD를 폐기하라는 미국의 요구였다. 그것은 곧 북한의 백기 투항을 의미하기 때문이다.

한편 구소련의 모델은 연방의 붕괴로 시작됐다. 그 결과 구소련의 핵 기지 거점이었던 중앙아시아 지역의 공화국들이 차례로 독립했고, 결과적으로 소련의 핵무기를 물려받는 행운(?)을 누리게 되었다. 하지만 미국과 러시아가 이를 받아들일 리 만무했다. 그래서 당시 중앙아시아의 핵 시설과 핵무기를 단독으로 폐기할 여력이 없었던 러시아가 미국에 도움을 요청했고, 1991년 미 의회는 『넌-루가 위협감소협력법Nunn-Lugar Cooperative Threat Reduction Act, CTR』을 채택해 미국이 구소련 지역인 러시아, 우크라이나, 벨라루스, 조지아, 아제르바이잔, 카자흐스탄, 우즈베키스탄 등에 배치된 모든 WMD와 관련 시설 폐기에 협력할 수 있는 법적 토대를 마련했다.[7]

따라서 구소련의 모델을 북한에 적용하기 위해서는 우선 북한이 붕괴해야 한다. 리비아 모델의 경우는 북한이 백기를 들고 투항해야 한다. 남아공의 사례는 정권 교체를 전제해야 하고, 그렇게 탄생한 신생 정권이 강한 의지를 갖고 비핵화에 자발적이고도 적극적으로 동참해야 한다. 결국 북한에 그 나라들과 유사한 상황이 발생하기 전까지는 그 어떤 선례도 적용될 수 없다는 의미다.

북한이 핵을 포기할 의사가 없고, 모든 WMD를 포기하려는 백기 투항의 의지는 더더욱 없고, 스스로 붕괴할 가능성 또한 불투명한 상황에서 그와 이웃한 우리의 접근법은 과연 어떠해야 할까? 핵을 포함한 WMD의 평화로운 해결은 어쨌든 장기전이 될 공산이 크다. 따라서 앞으로 우리 외교는 우리만의 접근 전략과 대비 태세를 고민해야 할 것이다. 그리고 그 고민은 반드시 다음의 세 가지 전략 사고에서 출발해야 한다.

---

7) 해당 법안은 미국 정부가 구소련의 비핵화를 추진하는 데 있어 미 의회의 정치적 결의와 외교적 지지, 그리고 기술과 재정 지원을 공식화했다. 30년의 세월이 지난 오늘날까지 해당 사업이 전개될 수 있는 가장 기본적인 법률적 근거인 셈이다.

외교는 생물이다

외교는 살아 움직이는 생물이다. 상황에 따라 변하고, 또 변할 수밖에 없다. 그것이 바로 상황적 외교situational diplomacy를 구사해야 하는 이유다. 문제는 상황이 생물처럼 변하는데도 특정 프레임에서 벗어나지 못하는 우리의 태도다. 북핵 위협의 당사자로서 우리가 중재자니 운전자니 하는 역할을 자처함에도 기본적인 필수 조건조차 갖추지 못한 현실에서 문제는 비롯된다. 유연하고 유동적인 사고로 변화하는 상황에 능동적이고 주도적으로 대처해야 할 이 시점에 우리 외교는 도무지 움직일 생각이 없어 보인다.

핵 개발에 몰두한 북한의 지난 30년은 좁게는 핵무기의 완성도 향상, 넓게는 그들과 주변국들 간의 핵 협상 전략을 수정케 한 시간이었다. 핵 개발 초기 단계였던 1차 위기에서 미국은 북한의 핵 시설과 핵 개발 프로그램의 동결이나 중단, 혹은 폐기를 핵 협상의 맨 우선순위에 두었다. 그리고 남북 경협, 평화 정착과 북미 수교 문제를 그다음 순위에 배치했다.[8] 즉 북핵 시설의 처리가 보상의 전제 조건이었고, 당연하게도 이는 북한의 의사를 완벽히 뒤집는 결정이었다.[9] 북한은 핵을 협상의 지렛대로 활용하겠다는 전략적 의도를 지니고 있었다. 핵과 관련된 일부 문제가 해결되면 자연스레 '북한 문제', 곧 북한 경제의 어려움과 정권의 안전 보장 문제가 해결될 것으로 판단한 것이다.

그러나 북한의 핵 개발이 진척을 보이고 진화를 거듭하면서 그들이

---

8) 1차 북핵 위기에 관한 외교 전략의 특징은 Leon V. Sigal, Disarming Strangers: Nuclear Diplomacy with North Korea 참조. 2차 북핵 위기에 관한 외교 전략의 특징은 Jonathan D. Pollack, No Exit: North Korea, Nuclear Weapons, and International Security 참조.

9) 북한은 핵 문제가 자국의 체제 보장과 북미 관계 정상화라는 맥락에서 해결되어야 한다고 주장한다. 그리고 이는 미국이 북한에 대한 적대 정책을 포기하고 불가침을 확약하며, 외교 관계를 수립하는 한편 주변국들이 북한과의 경제 협력을 진행하는 걸 방해하지 않는 것까지 포함한다고 강조한다. 이런 맥락에서 2005년 4차 6자 회담이 개최되기 전 북한은 핵 문제 해결을 위해 평화 체제의 수립과 북미 평화 공존을 위한 법적, 제도적 장치의 구축이 필요하다고 역설했다. 『조선중앙통신』, 2005년 7월 22일.

요구하는 북핵 해결의 최종 목표도 더불어 변화하기 시작했다. 이전에 북한은 미국에게 경제적 보상과 적대 정책의 폐기를 요구했지만, 이제 그들은 안전 보장, 적대 정책 폐기, 수교, 제재 해제 등 자신들과의 신뢰 구축을 최일선에 내세운다.[10] 미국 역시 마찬가지다. 이제 백악관은 북한이 여섯 차례의 핵 실험과 여러 차례의 탄도 미사일 발사 시험을 통해 핵탄두와 핵미사일 발사체 및 수송체를 구비했다는 새로운 가정에서 출발한다. 그리고 이런 새로운 가정으로 인해 미국은 북한과의 비핵화 의제에서 부득이 비핵화와 북한의 생존 문제를 분리했다. 따라서 협상의 목표와 의제의 우선순위 또한 변할 수밖에 없다.

이와 같이 북한 비핵화의 판세는 본질적으로 변했다. 북한의 핵 완성도는 최소한 주변국들을 위협하는 단계에 이르렀다 해도 과언이 아니다. 심지어 중국마저도 위협할 수 있는 수준이다. 그러나 중국은 더 강한 핵 억지력을 갖췄기 때문에 북한의 핵을 심각한 위협으로 보지 않는다. 러시아 역시 마찬가지다. 반면 자주적인 핵 억지력을 갖추지 못한 한국과 일본에 있어 북한의 핵 위협은 현실이다. 북한과 태평양을 사이에 둔 초강대국 미국이 북한 핵에 대해 러시아와 다른 태도를 보이는 이유는 그러한 상황에 놓인 한국과 일본에 거주하는 자국민들의 안전 때문이다. 우리가 미국, 일본과 협력할 수밖에 없는 이유가 바로 우리 자신의 안전 때문인 것처럼 말이다.

북한의 핵이 완성을 향해 달려가는 동안 우리의 안보 지형은 또 한 번 본질적인 변화를 겪고 있다. 미국과 중국의 전략적 경쟁이 격해지면서 우리에 대한 중국의 위협 역시 현실이 되어가고 있다. 중국은 문화공정[11]을

---

10) The White House, "Joint Statement of President Donald J. Trump of the United States of America and Chairman Kim Jong Un of the Democratic People's Republic of Korea at the Singapore Summit," June 12, 2018.

11) 소수민족과 외국의 다양한 문화와 역사를 중국의 것으로 귀속시키려는 전략적 역사·문화 프로젝트(工程)로, 우리의 고대 역사(고조선, 고구려 등)를 중국의 것에 편입시키고, 우리의 고유한 전통 문화인 태권도, 한복, 김치, 비빔밥 등을 자국의 산물로 주장한 것이 대표적 예시라 할 수 있다.

통해 우리의 정체성을 위협하는 동시에 우리의 방공 식별 구역KADIZ과 영해, 배타적 경제 수역EEZ을 무단 침입함으로써 우리의 바다와 하늘까지 예속하려 한다. 이제 우리의 안보는 북한의 핵 위협뿐 아니라 중국의 실질적인 위협까지 맞서야 하는 실정이다.

이런 상황에서 종전 선언과 평화 협정, 북한 비핵화를 통해 한반도에 영구적인 평화를 정착하겠다는 계획에 있어 중국의 협력을 얻기는 어려울 것이다. 미중 간의 대결 구도가 격화될수록 중국 역시 북핵 문제와 북한 문제에 협력하는 게 점점 어려워질 것이다. 일례로 2008년에 미중 간 대결 양상이 시작되면서 6자 회담은 존속 가능성을 상실했다. 이는 이제 중국에 있어 북한이 유지하기는 부담스럽지만 보호할 가치가 있는 중대한 전략 자산으로 성장했음을 의미한다.

이렇게 북한 비핵화 문제를 둘러싸고 한반도의 안보 지형과 그 본질은 변화를 거듭하고 있으며, 주변국들의 전략 계산도 복잡하게 돌아가고 있다. 한반도의 안보 환경이 이렇게 변화무쌍하다는 것은 외교와 안보가 살아있다는 의미다. 따라서 우리의 외교 역시 살아있어야 하고, 부단히 변화를 추구해야 한다. 전략 사고는 유연해야 하고, 대응 전략은 입체적이고 다각적이며 다층적인 접근을 거쳐 수립되어야 한다. 북한과 미국만 바라봐서는 안 되는 것이다. 미중관계는 물론 러시아와 일본의 역할, 그리고 이들에 대한 미국과 중국 두 나라의 기대도 꿰뚫어 봐야 한다. 북한 비핵화 협의는 6자 회담이나 북미 양자 회담의 장에서만 이뤄지지 않는다. 유엔과 같은 국제무대에서도 북핵은 유효하면서도 중대한 현안이다. 6자 회담에서 러시아와 일본의 역할은 상대적으로 작아 보이는 게 사실이고, 북미 양자 회담에선 아예 배제되어있는 것처럼 보이기도 한다. 하지만 유엔과 같은 국제무대에서 이들은 미국과 더불어 모든 협의를 주도하는 국가들이다. 우리가 시야를 넓혀 주변국들과의 외교도 잘 헤쳐 나가야 하는 이유가 바로 여기에 있다.

북한의 핵 능력 수준이 향상됨에 따라 북한 비핵화를 위한 협상 방식은 점차 북미 양자 간의 협상으로 전환되고 있다. 이런 상황에서 우리의 최우선 협상 대상은 미국이 되어야 한다. 북한이 아닌 미국과의 공조를 수위에 두고, 어떻게 하면 미국에 영향력을 발휘할 수 있을까를 진지하게 고민해야 한다. 그와 더불어 일본과도 협력해야 한다. 우리가 북한을 신뢰하지 못하는 상황에서 한미일 간의 공조는 불가피한 선택이고, 중국과의 협의는 그다음이다. 무엇보다 미국의 압박이 없는 한 요지부동인 중국과의 협의는 한미일 사이에 견고한 공조 관계를 구축한 뒤에야 비로소 탐색 되어야 한다.

협상의 목표와 의제는 협상 대상의 대내외적 여건과 국제 정세의 변화에 민감하게 반응한다. 경제적 궁핍에 허덕이던 핵 개발 초기 단계의 북한이 추구했던 전략 목표는 핵무기의 완성도를 한껏 끌어올린 지금의 목표와 절대 같을 수 없다. 따라서 북한을 머리에 이고 있는 우리는 상황 변화에 기민하게 반응하면서 능동적이고도 유연하게 대처해야만 한다. 때로는 국민들에게 오해를 살 수도 있겠지만, 확고부동한 최종 목표와 강한 목적의식, 원칙만 있다면 대부분의 국민들은 일견 모순적으로 비칠 수도 있는 외교 행위를 납득할 것이다. 죽은 듯 굳어버린 몸과 머리로는 결코 살아서 펄떡이는 외교를 쟁취할 수 없다.

주변국과의 믿음이 문제다

주지하듯이 북한 비핵화는 북한의 안전 보장과 미국이 바라는 비핵화 방식이 충족되어야 한다. 이는 양국 간의 신뢰를 전제한다. 그리고 북미 관계의 정상화만이 이를 현실적으로 보증할 수 있다.[12] 이제 북한 비핵화

12) "北매체 '종전선언, 북미 신뢰 필수요건…평화구축 첫 공정", 『News1』, 2018년 6월 18일.

협상에서 최우선 순위는 북미 사이에 신뢰를 구축하는 것이다. 당사국 간의 신뢰 구축이 북한 비핵화의 전제 조건이자 최상의 목표가 된 셈이다.

하지만 이는 최종적으로 신뢰[trust]가 아닌 믿음[confidence]의 문제로 귀결될 것이다. 일반적으로 신뢰는 믿을 수 있으나 깨질 수도 있다는 가능성을 함축한다. 신뢰가 깨지는 상황은 불신[distrust] 혹은 의구심[mistrust]에서 비롯될 수 있다. 불신은 약속을 이행하지 않는 등의 행위로 더는 신뢰할 수 없을 때 발생한다. 의구심은 상대방의 진정성이나 합의 이행 능력에 대한 의심이 들 때 생겨난다. 지극히 주관적인 문제인 것이다. 따라서 이런 신뢰 관계를 유지하는 데 있어 관건은 법적 구속력을 지닌 조약의 유무이다. 그러나 다른 한편으로 이러한 조약은 신뢰를 깨버린 일방에 다른 일방이 징벌적인 조치를 취할 수 있는 정당성 또한 부여한다.

반면 믿음은 상대를 거의 무조건적으로 신뢰하고 동행하겠다는 의지를 내포한다. 설령 갈등이 발생해도 상대방이 무력을 동원하지 않을 것이라는 믿음이 인식 저변에 깔려 있어 문제 해결을 위한 협상의 공간과 여지는 늘 남아있다. 쌍방이 서로를 일시적으로 외면할 수는 있겠지만, 불신이나 의구심 대신 이해하려는 자세와 태도로 화해할 기회를 기다릴 공산이 크다. 따라서 믿음이 있을 때는 신사협정이나 구두 약속같이 문서화되지 않은 약속만으로도 서로를 신뢰할 수 있다.

오늘날 북한 비핵화 협상이 신뢰 구축 문제에 주목하는 이유는 북한에 대한 믿음을 가질 수 없기 때문이다. 여기서 말하는 신뢰 구축은 confidence-building이라는 영어 표현을 해석한 것이다. 하지만 엄밀히 말해 이는 믿음을 구축한다는 의미이다. 주변국들은 이미 북한의 배반과 거짓 행위를 숱하게 목도하고 경험했다. 북한의 합의 이행 능력과 진정성에 대한 의구심이 만연한 가운데 믿음을 갖기란 불가능에 가깝다. 따라서 현재는 trust라는 의미의 신뢰 구축을 추구해야 한다. 즉 합의한 바를 이행하지 않을 때 대가보다는 징벌로 단죄해야 한다.

우리가 북한 비핵화 문제의 당사자로서 협상에 적극 동참하기 위해서는 우선 주변국들과의 믿음을 서로 강화해야 한다. 이것이 주변국과의 외교를 잘 풀어가야 하는 우리의 외교적 숙명에서 가장 기본적으로 충족해야 할 필요조건이다. 주변국과의 신뢰를 믿음의 수준으로 끌어올리지 않으면, 우리 외교는 살아남을 수 없다.

미국과의 동맹 관계에서부터 한중 전략적 협력 동반자 관계, 한러 전략적 협력 동반자 관계, 일본과의 21세기를 지향한 동반자 관계 등이 모두가 믿음을 추구한다. 그렇지 않을 경우 징벌을 피할 수 없는 국면이 발생할 수 있다. 우리와 주변국들 간의 관계는 보상과 징벌이 아닌 평화적 공존과 공동 발전, 번영을 지향하기 때문에 믿음에 기초한 외교를 펴야 한다. 그러나 안타깝게도 지금까지 우리 정부는 불신과 의구심을 증폭시키는 외교로 이웃들의 믿음을 저버리는 결과만을 양산해왔다.

이 모든 비극의 뿌리는 우리 외교가 양분화된 사고에 매몰된 데 있다. 외교 의사 결정 과정에서 이른바 '친미파'와 '친중파'가 득세한 결과로 초당적인 인식과 합의를 거부하고, 미국과 중국의 입장에서 우리의 국익과 외교 현안을 논의할 때 우리가 받아들 성적표는 불신과 의심뿐이다. 더욱이 이런 행동의 반복은 결국 주변국들의 믿음을 우리 스스로 부수는 꼴이 될 것이다. 우리 사회가 또 다른 냉전에 갇혀있는 한, 우리는 믿음은 고사하고 신뢰마저도 기대할 수 없다. 안보와 외교 현안에서 초당적인 인식 합의가 필요한 지금이다.

한반도의 운명은 외교에 있다. 외교는 믿음의 결정체다. 믿음이 없으면 적대감만이 남는다. 하지만 때로는 신뢰가 믿음의 대안이 될 수 있다. 즉 신뢰를 유지하고 구속하는 조약 등의 수단으로 믿음을 대체할 수 있다. 이웃과의 관계를 적대감으로 채우지 않으려면, 우리의 외교는 믿음을 지향해야 한다. 그리고 믿음이 존재할 때 우리의 협상력은 그에 비례해 점차 강화될 것이다. 이제라도 주변국들과의 신뢰를 재건하고 믿을 수 있는 상대로 거듭나야 한다.

북한 비핵화의 '최종 형상the end state'을 마련하라

미국을 포함한 세계가 북한 비핵화 협상에 들인 노력과 시간은 분명 박수 받아야 마땅하다. 하지만 그럼에도 우리는 그들의 진정성을 의심하지 않을 수 없다. 북한에 들인 지난 30년의 세월이 아직 아무런 결실도 맺지 못하고 있기 때문이다. 그렇다면 뒤집어 말해 우리는 어떠한 자세로 협상을 준비하고 임했는가? 북핵 협상이 진척을 보지 못하는 이유에 대해 우리는 진지하게 고민해 본 적이 있는가? 냉정히 말해 그렇지 않아 보인다. 지금껏 우리는 감나무에서 감이 떨어지기만을 학수고대해왔다. 우리가 단지 몰두한 것은 북한을 포함한 주변국들이 협상에 대해 어떤 생각을 하고 있느냐 뿐이었다.

북한 비핵화에서 우리가 느끼는 가장 큰 부담은 비핵화에 대한 보상이다. 그리고 북한 비핵화에 찬성하는 미국 등 다른 나라들 모두 이를 공감한다고 또 착각한다. 그러나 그들에게 북한에 대한 경제적 보상은 오히려 부담이 덜한 문제이다. 십시일반으로 그 비용을 충당하거나, 국제 금융 기관의 협조를 끌어낸다든지 제재 완화라는 수단 등을 통해 북한에 필요한 수준의 경제적 지원을 제공할 수 있기 때문이다. 다시 말해 물리적인 보상 문제는 다양한 경로와 방식으로 충분히 해결될 수 있다.

따라서 지역 강국들이 정작 두려워하는 부분은 실상 비핵화의 최종 형상에 도사리는 정치적 부담에 있다. 여기에는 그들 간의 라이벌 관계라는 구조적 문제가 기본적으로 존재한다. 북한의 비핵화가 뒤집어 놓을 지역 내의 역학 구조부터 전략 이익의 본질까지가 모두 위험 부담이다.

북한 비핵화의 필연적 결과 중 하나는 북미 양국 간의 수교다. 그럼에도 국내에서 북미 수교가 지역 내 역학 구조에 미칠 영향을 심각하게 고민한 적은 매우 드물다. 북미 수교의 전략적 함의는 역학 구도의 본질적 변화로 인해 탄생하는 새로운 지역 질서를 포함한다. 그 파급 효과로 우선 우리와 한미 동맹의 주적 개념이 소실될 수 있다. 한미 동맹의 존재 이유에 본질적인 변화가 필연적으로 발생하는 것이다.

그래서 대두되는 문제가 평화 협정과 한반도의 영구적 평화 체제의 안착 문제이다. 북한과 중국은 이를 통해 주한 미군의 철수와 한미 동맹의 폐기, 유엔 사령부의 해체를 실현하려 한다. 이런 이유로 국내 일각에선 그러한 문제들의 해결이 시기상조라는 의견을 강력히 제기한다. 하지만 정작 북한과 중국 두 나라의 주장에 반론을 펴는 목소리는 없다. 두 나라의 요구에 대응해 북중 동맹의 파기나 북러 간의 준동맹 관계를 청산하라는 요구는 없다. 그 대신 피해 의식에 사로잡혀 평화 협정의 부작용과 그 후유증을 우려하는 목소리만 당당하다.

평화 협정을 통해 주한 미군과 한미 동맹, 유엔 사령부 문제를 해결하면, 그 대가로 중국 역시 북중 동맹 관계를 청산할 의사가 있는지 반문해야 한다. 현재로서는 중국이 북한의 전략적 가치를 포기할 낌새는 보이지 않는다. 특히 미중 간의 전략적 경쟁 관계가 격화되면 격화될수록 한반도의 지정학적 전략 가치가 상한가를 치는 오늘날의 현실에서 그것은 무척이나 요원해 보인다. 무엇보다 중국이 주장하는 영토, 즉 9단선[13]과 1도련선[14] 이내 영토의 중심엔 한반도가 자리하고 있다. 따라서 북미 수교와 평화 협정이 이뤄져도 중국은 한반도의 전략적 가치를 포기할 수 없다. 더구나 평화 협정이 체결되어도 주한 미군과 한미 동맹은 존재할 수 있다는 북한의 입장이 진심일 경우, 중국은 북미의 관계 개선과 수교를

---

13) 9단선은 중국이 남중국해 주변에 자의적으로 획정한 9개의 해상 경계선을 의미한다. 1947년 중국은 남중국해와 동중국해에 11개의 해양 경계선을 획정했는데, 이후 50년대 2개의 단선을 베트남에 양도하면서 현재의 '9단선'이 등장하게 되었다. 그 결과 두 바다의 80%가 중국의 영해로 규정되었으며, 현재 중국은 이 단선을 남중국해에 대한 자신의 영유권을 뒷받침하는 근거로 삼고 있다.

14) 1도련선은 1980년대 중국이 본토 근해를 따라 설정한 해상 방어선으로, 극동 러시아 지역의 쿠릴 열도/오오츠크 해협을 시작으로 대한 해협, 대만 해협, 필리핀, 말라카 해협에까지 이어진다. 해당 방어선은 중국의 입장에선 미국의 침략에 저항하는 최후의 방어선이고, 역으로 미국에게는 중국의 태평양 진입을 막는 최전방의 방어선이다. 1950년 미국이 설정했던 악명 높은 '애치슨 라인'과 지리적 범위가 유사하다.

절대 달가워하지 않을 것이다. 주한 미군과 한미 동맹이 유효한 가운데 북한이 만약 미국을 향해 기울어진다면, 중국은 전략적으로 상당히 불리해질 수밖에 없는 위치로 전락하게 되기 때문이다.

한반도의 영구적 평화 정착 문제도 같은 맥락에서 이해할 수 있다. 이는 지역 강대국들이 라이벌 관계를 청산하고, 다자 차원에서 한반도의 평화 정착에 협력하는 것을 전제한다. 그러나 강대국들 간의 라이벌 관계가 명명백백한 가운데 그들 간의 협력을 기대하기란 어렵다. 최선의 대안으로 한반도의 중립 선언이 고려될 수는 있겠지만, 강대국들의 라이벌 관계가 지속되는 현실에서 한반도의 중립 선언이 얼마나 그 효력을 발휘할 수 있을지는 미지수다.

북한 비핵화는 필연적으로 동북아의 권력 지형과 구조의 판도를 완전히 바꿔 놓을 것이다. 특히 북미 수교, 북일 수교, 평화 협정의 체결과 평화 체제의 구축은 동북아 역학 관계에 중대한 전환점이 될 것이다. 하지만 안타깝게도 이의 최종 형상은 아직 불확실하다. 상상하기 어려울 뿐 아니라 지역 강대국들 역시도 이 문제를 심각하게 고려해 본 적이 없다. 따라서 현재로서는 한반도와 동북아의 현 상황을 유지하는 것이 아마도 제일 나은 선택일 것이다. 북핵 협상이 기존의 역학 구도와 지역 질서의 체계에 큰 변화를 주지 않으면서 북한 핵 문제를 해결하려는 데 주력하는 이유도 그래서이다. 상상할 수 없는 최종 형상이 자국의 역내 전략 이익에 어떠한 결과를 안겨줄지 알 수 없다는 두려움은 미래에 대한 기대를 압도한다.

그러므로 결국 북한 비핵화 이후의 최종 형상에 대한 청사진은 우리 스스로가 마련해야 한다. 이를 우리가 스스로, 먼저 제기할 수 있을 때 우리는 비로소 한반도 문제의 중재자와 운전자가 될 수 있다. 우리가 최종 형상에 무관심하고 무지하다면 한반도 문제를 주도하는 것은 절대 불가하다. 또한 우리가 원하는 방향으로 한반도의 운명을 결정하기 위한 설득력조차 갖출 수 없다. 현실에서 우리를 대변해 줄 나라는 아무도 없다. 그 누구도 타인의 운명을 제 것처럼 적극적으로 도와주지는 않는다. 감나무에서 감이 떨어지길 기다리다 굶어 죽는 시대의 바보가 되지 않으려면 이제 몸을 움직여 가지를 흔들고 나무에 올라야 한다. 그렇지 않으면 훗날 북한과 주변 강대국들이 내린 결론을 놓고 다시금 남 탓만 한다는 지적과 비판에서 벗어날 수 없을 것이다.